高等院校教材

金属固态相变原理

主编 徐 洲 赵连城

科学出版社
北京

内 容 简 介

本书是材料科学与工程专业的基础理论课程教材，按照材料科学与工程专业的教学大纲编写。其内容分为金属固态相变基础、钢中奥氏体的形成、珠光体转变、马氏体相变、贝氏体相变、钢中的回火转变和合金的脱溶沉淀与时效等部分，着重讲述金属材料在热处理过程中的基本原理和理论知识。

本书既可作为材料科学与工程专业或相关专业本科生的专业基础课程的教材，又可作为从事金属材料的研究、生产和使用的科研人员和工程技术人员的参考书。

图书在版编目(CIP)数据

金属固态相变原理/徐洲，赵连城主编：—北京：科学出版社，2004.3
（高等院校教材）
ISBN 978-7-03-012738-9

Ⅰ．金… Ⅱ．①徐…②赵… Ⅲ．金属-固体-相变-高等学校-教材
Ⅳ．TG111．5

中国版本图书馆 CIP 数据核字（2004）第 003006 号

责任编辑：匡 敏 朱晓颖 邓 静/责任校对：柏连海
责任印制：赵 博/封面设计：陈 敬

科学出版社 出版
北京东黄城根北街 16 号
邮政编码：100717
http://www.sciencep.com
天津市新科印刷有限公司印刷
科学出版社发行 各地新华书店经销

*

2004 年 3 月第 一 版 开本：720×1000 1/16
2024 年 5 月第二十一次印刷 印张：11 1/2
字数：209 000
定价：55.00 元
（如有印装质量问题，我社负责调换）

前　言

　　为了与工业发达国家的材料学科教学体制接轨，体现教学内容的系统性、基础性、先进性和广泛性，培养基础宽厚扎实、适应能力强的高素质人才，国内许多高校进行了专业整合和学科调整，成立了材料科学与工程专业。材料科学与工程专业涵盖金属材料、陶瓷材料、高分子材料及复合材料。金属固态相变原理或称金属热处理原理是材料科学与工程专业本科生必修的专业基础课程之一。在专业拓宽、课程内容增加而总学时数减少的情况下，为使本科生教学与研究生教学内容层次分明，迫切需要一本基础理论系统、内容翔实，通俗易懂的新教材，以满足材料科学与工程专业本科生基础教学的需要。

　　本书共分为7章，包括金属固态相变基础、钢中奥氏体的形成、珠光体转变、马氏体相变、贝氏体相变、钢中的回火转变和合金的脱溶沉淀与时效等部分，着重讲述金属材料在热处理过程中的基本原理和理论知识。

　　本教材既可作为材料科学与工程专业或相关专业本科生的专业基础课程教材，又可作为从事金属材料的研究、生产和使用的科研人员和工程技术人员的参考书。

　　本教材由上海交通大学徐洲教授和哈尔滨工业大学赵连城院士主编，上海交通大学陈世朴教授和哈尔滨工业大学耿林教授审阅。

　　由于编者水平所限，书中出现疏漏和错误在所难免，恳切希望读者提出宝贵意见。

编　者
2003 年 8 月

符 号 表

C	溶质浓度，溶解度，比热	α	热力学参数，热膨胀系数
D	扩散系数，间距	γ	表面张力，切应变
d	直径，间距	δ	厚度，距离，孔径，点阵错配度，延伸率
E	弹性能		
F	力	μ	取向因子，化学势
f	频率，概率，分数	ν	速度，跳跃（振动）频率，配位数，泊松比
G	自由能，切变模量，长大速度		
H	焓	σ	界面张力，比界面能，强度，应力
I	形核率		
k	波尔兹曼常量，常数，系数	θ	接触角
L	间距，直径，长度	ρ	密度，马氏体含碳量
N	原子数，晶粒度级别	λ	导热系数，膨胀系数，层间距，距离
n	原子数，晶粒数，颗粒数，指数		
P	压力	ε	弹性应变能，应变
Q	激活能	υ	速度
R	气体常数，生长速度，半径	τ	孕育期，时间，切应力
r	半径		
S	熵，面积，间距		
T	温度		
t	时间		
u	生长速度，位移矢量		
V	体积，速度		
W	形核功，变形功，质量		
X	体积分数		

目 录

第一章 金属固态相变基础 1
1.1 金属固态相变概论 1
1.1.1 金属固态相变的主要分类 1
1.1.2 金属固态相变的主要特点 7
1.2 金属固态相变热力学 11
1.2.1 金属固态相变的热力学条件 11
1.2.2 金属固态相变的形核 14
1.2.3 金属固态相变的晶核长大 20
1.3 金属固态相变动力学 25
1.3.1 金属固态相变的速率 25
1.3.2 钢中过冷奥氏体转变动力学 28

第二章 钢中奥氏体的形成 37
2.1 奥氏体的组织特征 37
2.1.1 奥氏体形成的温度范围 37
2.1.2 奥氏体的组织和结构 38
2.1.3 奥氏体的性能 39
2.2 奥氏体的形成机制 40
2.2.1 奥氏体形核 40
2.2.2 奥氏体晶核长大 41
2.2.3 剩余碳化物溶解 42
2.2.4 奥氏体均匀化 42
2.3 奥氏体形成动力学 43
2.3.1 奥氏体等温形成动力学 43
2.3.2 连续加热时奥氏体的形成 48
2.4 奥氏体晶粒长大及其控制 50
2.4.1 奥氏体晶粒度 51
2.4.2 奥氏体晶粒长大原理 52
2.4.3 影响奥氏体晶粒长大的因素 55

第三章 珠光体转变 58
3.1 珠光体的组织特征 58
3.2 珠光体转变机制 61

  3.2.1 珠光体转变时的领先相 ·················· 61
  3.2.2 珠光体的形成过程 ······················ 62
  3.2.3 亚（过）共析钢的珠光体转变 ·············· 65
 3.3 珠光体转变动力学 ··························· 67
  3.3.1 珠光体的形核率 I 和长大速度 G ············ 67
  3.3.2 珠光体转变动力学图 ···················· 69
  3.3.3 先共析相的长大动力学 ·················· 69
  3.3.4 影响珠光体转变动力学的因素 ·············· 70
 3.4 珠光体转变产物的机械性能 ····················· 72
  3.4.1 珠光体的机械性能 ······················ 72
  3.4.2 铁素体加珠光体的机械性能 ··············· 73
  3.4.3 形变珠光体的机械性能 ·················· 75

第四章 马氏体相变 ····································· 76
 4.1 马氏体相变的主要特征 ······················· 76
  4.1.1 切变共格和表面浮突现象 ················· 76
  4.1.2 无扩散性 ····························· 77
  4.1.3 具有特定的位向关系和惯习面 ·············· 77
  4.1.4 在一个温度范围内完成相变 ··············· 79
  4.1.5 可逆性 ······························· 80
 4.2 马氏体相变热力学 ··························· 80
  4.2.1 马氏体相变热力学条件 ·················· 80
  4.2.2 影响钢中 M_s 点的主要因素 ················ 82
 4.3 马氏体相变晶体学的经典模型 ·················· 86
  4.3.1 马氏体相变的形核理论 ·················· 86
  4.3.2 马氏体相变的切变模型 ·················· 87
 4.4 马氏体相变动力学 ··························· 89
  4.4.1 降温瞬时形核、瞬时长大 ················· 89
  4.4.2 等温形核、瞬时长大 ···················· 90
  4.4.3 自触发形核、瞬时长大 ·················· 90
  4.4.4 表面马氏体相变 ······················· 91
 4.5 钢中马氏体的晶体结构 ······················· 91
  4.5.1 马氏体点阵常数和碳含量的关系 ············ 91
  4.5.2 马氏体的点阵结构及其畸变 ··············· 92
 4.6 钢及铁合金中马氏体的组织形态 ················ 93
  4.6.1 板条状马氏体 ························· 93
  4.6.2 片状马氏体 ··························· 94

  4.6.3 其他马氏体形态 ……………………………………………………… 95
  4.6.4 影响马氏体形态及其内部亚结构的因素 ……………………… 96
 4.7 奥氏体的稳定化 ………………………………………………………… 99
  4.7.1 奥氏体的热稳定化 ……………………………………………… 99
  4.7.2 奥氏体的机械稳定化 …………………………………………… 101
 4.8 马氏体的机械性能 ……………………………………………………… 102
  4.8.1 马氏体的硬度和强度 …………………………………………… 102
  4.8.2 马氏体的韧性 …………………………………………………… 106
  4.8.3 马氏体的相变诱发塑性 ………………………………………… 106

第五章 贝氏体相变 …………………………………………………………… 109
 5.1 贝氏体相变的基本特征和组织形态 …………………………………… 109
  5.1.1 贝氏体相变的基本特征 ………………………………………… 109
  5.1.2 钢中贝氏体的组织形态 ………………………………………… 110
 5.2 贝氏体相变机制 ………………………………………………………… 114
  5.2.1 恩金贝氏体相变假说 …………………………………………… 114
  5.2.2 柯俊贝氏体相变假说 …………………………………………… 115
  5.2.3 贝氏体的形成过程 ……………………………………………… 117
 5.3 贝氏体相变动力学及其影响因素 ……………………………………… 119
  5.3.1 贝氏体等温相变动力学 ………………………………………… 119
  5.3.2 贝氏体相变时碳的扩散 ………………………………………… 120
  5.3.3 影响贝氏体相变动力学的因素 ………………………………… 121
 5.4 钢中贝氏体的机械性能 ………………………………………………… 123
  5.4.1 影响贝氏体机械性能的主要因素 ……………………………… 123
  5.4.2 贝氏体的强度和硬度 …………………………………………… 124
  5.4.3 贝氏体的韧性 …………………………………………………… 124

第六章 钢中的回火转变 ……………………………………………………… 126
 6.1 淬火碳钢回火时的组织转变 …………………………………………… 126
  6.1.1 马氏体中碳原子偏聚 …………………………………………… 126
  6.1.2 马氏体分解 ……………………………………………………… 127
  6.1.3 残余奥氏体转变 ………………………………………………… 130
  6.1.4 碳化物析出与转变 ……………………………………………… 132
  6.1.5 α 相状态变化及碳化物聚集长大 ……………………………… 134
 6.2 合金元素对回火转变的影响 …………………………………………… 136
  6.2.1 合金元素对马氏体分解的影响 ………………………………… 136
  6.2.2 合金元素对残余奥氏体转变的影响 …………………………… 137
  6.2.3 合金元素对碳化物转变的影响 ………………………………… 137

    6.2.4 回火时的二次硬化现象 ·· 138
    6.2.5 合金元素对 α 相回复和再结晶的影响 ································ 139
  6.3 回火时机械性能的变化 ··· 140
    6.3.1 硬度和强度的变化 ·· 140
    6.3.2 塑性和韧性的变化 ·· 141
    6.3.3 钢的回火脆性 ·· 141

第七章 合金的脱溶沉淀与时效 ··· 146
  7.1 脱溶过程和脱溶物的结构 ··· 147
    7.1.1 G.P. 区的形成及其结构 ·· 147
    7.1.2 过渡相的形成及其结构 ·· 148
    7.1.3 平衡相的形成及其结构 ·· 149
  7.2 脱溶热力学和动力学 ··· 150
    7.2.1 脱溶的热力学分析 ·· 150
    7.2.2 脱溶动力学及其影响因素 ·· 151
  7.3 脱溶后的显微组织 ·· 153
    7.3.1 连续脱溶及其显微组织 ·· 153
    7.3.2 非连续脱溶及其显微组织 ·· 154
    7.3.3 脱溶过程中的显微组织变化 ··· 156
  7.4 脱溶时效时的性能变化 ··· 157
    7.4.1 冷时效和温时效 ·· 157
    7.4.2 时效硬化机制 ·· 159
    7.4.3 回归现象 ··· 161
  7.5 铁基合金的脱溶与时效 ··· 162
    7.5.1 马氏体时效钢的脱溶 ··· 162
    7.5.2 铁基合金的淬火时效 ··· 164
    7.5.3 应变时效 ··· 165
  7.6 合金的调幅分解 ·· 165
    7.6.1 调幅分解的热力学条件 ·· 166
    7.6.2 调幅分解过程 ·· 168
    7.6.3 调幅分解的结构、组织和性能 ······································ 169

参考文献 ··· 171

第一章 金属固态相变基础

从广义上讲,构成物质的原子(或分子)的聚合状态(相状态)发生变化的过程均称为相变,如从液相到固相的凝固过程、从液相到气相的蒸发过程。金属和陶瓷等固态材料在温度和压力改变时,其内部组织或结构会发生变化,即发生从一种相状态到另一种相状态的转变,这种转变称为固态相变。相变前的相状态称为旧相或母相,相变后的相状态称为新相。固态相变发生后,新相与母相之间必然存在某些差别。这些差别或者表现在晶体结构上(如同素异构转变),或者表现在化学成分上(如调幅分解),或者表现在表面能上(如粉末烧结),或者表现在应变能上(如形变再结晶),或者表现在界面能上(如晶粒长大),或者几种差别兼而有之(如过饱和固溶体脱溶沉淀)。

金属材料的固态相变种类很多,许多材料在不同条件下会发生几种不同类型的相变。掌握金属材料固态相变的规律,就可以采取措施(如特定的加热和冷却工艺)控制固态相变过程以获得所预期的组织和结构,从而使之具有所预期的性能,最大限度地发挥现有金属材料的潜力,并可以根据性能要求开发出新型材料。

1.1 金属固态相变概论

1.1.1 金属固态相变的主要分类

目前,常见的金属固态相变主要分类方法有以下几种。

1. 按热力学分类

根据相变前后热力学函数的变化,可将固态相变分为一级相变和二级相变[1~4]。

(1) 一级相变

相变时新旧两相的化学势相等,但化学势的一级偏微商不等的相变称为一级相变。设 α 代表旧相,β 代表新相,μ 为化学势、T 为温度、P 为压力,则有

$$\mu_\alpha = \mu_\beta$$

$$\left(\frac{\partial \mu_\alpha}{\partial T}\right)_P \neq \left(\frac{\partial \mu_\beta}{\partial T}\right)_P$$

$$\left(\frac{\partial \mu_\alpha}{\partial P}\right)_T \neq \left(\frac{\partial \mu_\beta}{\partial P}\right)_T$$

已知
$$\left(\frac{\partial \mu}{\partial T}\right)_P = -S$$
$$\left(\frac{\partial \mu}{\partial P}\right)_T = V$$

所以
$$S_\alpha \neq S_\beta$$
$$V_\alpha \neq V_\beta$$

因此，在一级相变时，熵 S 和体积 V 将发生不连续变化，即一级相变有相变潜热和体积改变。材料的凝固、熔化、升华以及同素异构转变等均属于一级相变。几乎所有伴随晶体结构变化的金属固态相变都是一级相变。

(2) 二级相变

相变时新旧两相的化学势相等，且化学势的一级偏微商也相等，但化学势的二级偏微商不等的相变称为二级相变，即

$$\mu_\alpha = \mu_\beta$$
$$\left(\frac{\partial \mu_\alpha}{\partial T}\right)_P = \left(\frac{\partial \mu_\beta}{\partial T}\right)_P$$
$$\left(\frac{\partial \mu_\alpha}{\partial P}\right)_T = \left(\frac{\partial \mu_\beta}{\partial P}\right)_T$$
$$\left(\frac{\partial^2 \mu_\alpha}{\partial T^2}\right)_P \neq \left(\frac{\partial^2 \mu_\beta}{\partial T^2}\right)_P$$
$$\left(\frac{\partial^2 \mu_\alpha}{\partial P^2}\right)_T \neq \left(\frac{\partial^2 \mu_\beta}{\partial P^2}\right)_T$$
$$\frac{\partial^2 \mu_\alpha}{\partial T \partial P} \neq \frac{\partial^2 \mu_\beta}{\partial T \partial P}$$

已知
$$\left(\frac{\partial^2 \mu}{\partial T^2}\right)_P = -\left(\frac{\partial S}{\partial T}\right)_P = -\frac{1}{T}\left(\frac{\partial H}{\partial T}\right)_P = -\frac{C_P}{T}$$
$$\left(\frac{\partial^2 \mu}{\partial P^2}\right)_T = \left(\frac{\partial V}{\partial P}\right)_T = \frac{V}{V}\left(\frac{\partial V}{\partial P}\right)_T = VK$$
$$\left(\frac{\partial^2 \mu}{\partial T \partial P}\right) = \left(\frac{\partial V}{\partial T}\right)_P = \frac{V}{V}\left(\frac{\partial V}{\partial T}\right)_P = V\lambda$$

式中，$K = \frac{1}{V}\left(\frac{\partial V}{\partial P}\right)_T$ 为等温压缩系数；$\lambda = \frac{1}{V}\left(\frac{\partial V}{\partial T}\right)_P$ 为等压膨胀系数；$C_P = \left(\frac{\partial H}{\partial T}\right)_P$ 为等压比热。可见，相变时，$S_\alpha = S_\beta$；$V_\alpha = V_\beta$；$C_{P\alpha} \neq C_{P\beta}$；$K_\alpha \neq K_\beta$；$\lambda_\alpha \neq \lambda_\beta$。

即在二级相变时，无相变潜热和体积改变，只有比热 C_P，压缩系数 K 和膨胀系数 λ 的不连续变化。材料的部分有序化转变、磁性转变以及超导体转变均属于二级相变。

2. 按平衡状态图分类

根据金属材料的平衡状态图，可将固态相变分为平衡相变和非平衡相变[5,6]。

（1）平衡相变

平衡相变是指在缓慢加热或冷却时所发生的能获得符合平衡状态图的平衡组织的相变。金属材料在固态下发生的平衡相变主要有以下几种：

1）同素异构转变和多形性转变

纯金属在温度和压力改变时，由一种晶体结构转变为另一种晶体结构的过程称为同素异构转变。在固溶体中发生的同素异构转变称为多形性转变。例如，钢在加热或冷却时发生的铁素体向奥氏体或奥氏体向铁素体的转变即属于这种多形性转变。

2）平衡脱溶沉淀

在缓慢冷却条件下，由过饱和固溶体中析出过剩相的过程称为平衡脱溶沉淀。设 A-B 二元合金的平衡状态图如图 1.1 所示，当 b 成分的合金被加热至 T_1 温度时，β 相将全部溶入 α 相中而形成单一固溶体。若自 T_1 温度缓慢冷却，β 相将沿固溶度曲线 MN 不断析出，这一过程即为平衡脱溶沉淀。其特点是母相 α 不消失，但随着新相 β 析出，母相的成分和体积分数不断变化，新相的结构和成分与旧相不同，且新相的成分一般也有变化。

3）共析相变

合金在冷却时由一个固相分解为两个不同固相的转变称为共析相变（或珠光体型转变）。如图 1.1 中 c 成分的合金自 γ 状态缓慢冷却，当低于临界温度时将发生共析相变，即 $\gamma \rightarrow \alpha + \beta$。共析相变类似于合金结晶时的共晶反应，其两个生成相的结构和成分都与母相不同。加热时也可发生 $\alpha + \beta \rightarrow \gamma$ 转变，称为逆共析相变[7]。例如，钢在冷却时由奥氏体（γ）向珠光体（$\alpha + Fe_3C$）的转变（$\gamma \rightarrow \alpha + Fe_3C$）以及加热时由珠光体向奥氏体的转变（$\alpha + Fe_3C \rightarrow \gamma$）即属于这种共析与逆共析型相变。

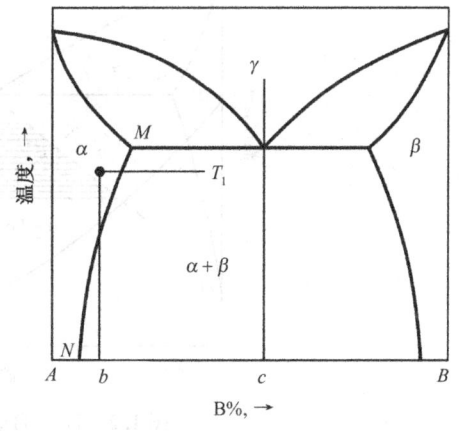

图 1.1 具有脱溶沉淀的二元合金平衡状态图

4）调幅分解

某些合金在高温下具有均匀单相固溶体，但冷却到某一温度范围时可分解成为与原固溶体结构相同但成分不同的两个微区，如 $\alpha \to \alpha_1 + \alpha_2$，这种转变称为调幅分解。调幅分解的特点是，在转变初期形成的两个微区之间并无明显界面和成分突变，但是通过上坡扩散，最终使原来的均匀固溶体变成不均匀固溶体。

5）有序化转变

固溶体（包括以中间相为基的固溶体）中，各组元原子在晶体点阵中的相对位置由无序到有序（指长程有序）的转变称为有序化转变。在 Cu-Zn、Cu-Au、Mn-Ni、Fe-Ni、Ti-Ni 等许多合金系中都可发生这种有序化转变。

（2）非平衡相变

若加热或冷却速度很快，上述平衡相变将被抑制，固态材料可能发生某些平衡状态图上不能反映的转变并获得被称为不平衡或亚稳态的组织，这种转变称为非平衡相变。固态材料中发生的非平衡相变主要有以下几种：

1）伪共析相变

图 1.2 是 Fe-C 合金平衡状态图的左下部分。当奥氏体（γ）自高温缓慢冷却到 GSE 线以下时将析出铁素体（α）或渗碳体（Fe_3C），同时奥氏体的碳含量向 S 点靠拢，当达到 S 点时将通过共析相变转变为珠光体（$\alpha + Fe_3C$）。但若以较快速度冷却，使上述转变来不及进行，非共析成分的奥氏体被过冷到 GS 和 ES 的延长线以下温度（图中影线区）时将同时析出铁素体和渗碳体。这种转变过程和转变产物类似于共析相变，但转变产物中铁素体量与渗碳体量的比值（或转变产物的平均成分）不是定值，而是随奥氏体碳含量变化而变化，故称为伪共析相变。

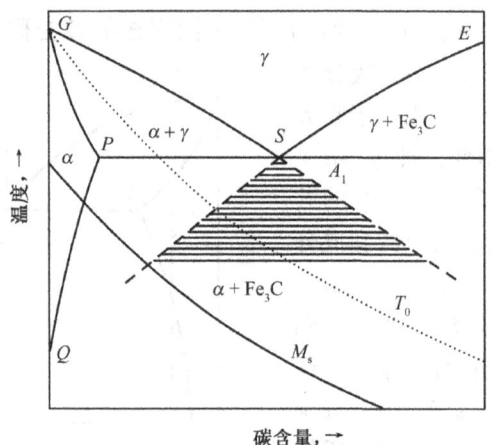

图 1.2 Fe-C 合金平衡状态图

2) 马氏体相变

同样以 Fe-C 合金为例，若进一步提高冷却速度，使伪共析相变也来不及进行而将奥氏体过冷到更低温度，则由于在低温下铁原子和碳原子都已不能或不易扩散，故奥氏体只能以不发生原子扩散、不引起成分改变的方式，通过切变由 γ 点阵改组为 α 点阵，这种转变称为马氏体相变，转变产物称为马氏体（为区别于平衡相变所形成的 α 相，称其为 α' 相），其成分与母相奥氏体相同。图 1.2 中的 T_0 是成分相同的 α' 相（马氏体）与 γ 相（奥氏体）自由能相等的温度，在 T_0 点以下 α' 相的自由能低于 γ 相的自由能，γ 相应该转变为 α' 相，即发生马氏体相变。但实际上由于种种原因，钢中的马氏体相变不在 T_0 点附近而在比 T_0 点低约 250℃的 M_s 点（称为马氏体相变开始温度）发生[8]。

除 Fe-C 合金外，许多其他合金以及陶瓷中也能发生马氏体相变。

不仅在冷却时，在加热时也可发生马氏体型相变，习惯上称为马氏体逆相变。

3) 贝氏体相变

以钢为例，当奥氏体被冷却至珠光体转变和马氏体相变之间的温度范围时，由于温度较低，铁原子已不能扩散，但碳原子尚具有一定的扩散能力，因此出现了一种独特的碳原子扩散而铁原子不扩散的非平衡相变，这种相变称为贝氏体相变（或称为中温转变）。其转变产物也是 α 相与碳化物的混合物，但 α 相的碳含量和形态以及碳化物的形态和分布均与珠光体不同，称其为贝氏体。

4) 非平衡脱溶沉淀

如图 1.1 所示的合金平衡状态图，若 b 成分的合金自 T_1 温度快冷时，β 相在冷却过程中来不及析出，则冷到室温时便得到过饱和的 α 固溶体。若在室温或低于固溶度曲线 MN 的某一温度下溶质原子尚具有一定的扩散能力，则在上述温度等温时，过饱和 α 固溶体仍可能发生分解，逐渐析出新相。但在析出的初期阶段，新相的成分和结构均与平衡脱溶沉淀相有所不同，这一过程称为非平衡脱溶沉淀（或时效）。

3. 按原子迁移情况分类

按相变过程中原子迁移情况可将金属固态相变分为扩散型相变和非扩散型相变。

(1) 扩散型相变

相变时，相界面的移动是通过原子近程或远程扩散而进行的相变称为扩散型相变，也称为"非协同型"转变。只有当温度足够高，原子活动能力足够强时，才能发生扩散型相变。温度愈高，原子活动能力愈强，扩散距离也就愈远。同素异构转变、多形性转变、脱溶型相变、共析型相变、调幅分解和有序化转变等均属于扩散型相变。

扩散型相变的基本特点是：①相变过程中有原子扩散运动，相变速率受原子扩散速度所控制；②新相和母相的成分往往不同；③只有因新相和母相比容不同而引起的体积变化，没有宏观形状改变。

（2）非扩散型相变

相变过程中原子不发生扩散，参与转变的所有原子的运动是协调一致的相变称为非扩散型相变，也称为"协同型"转变。非扩散型相变时原子仅作有规则的迁移以使晶体点阵发生改组。迁移时，相邻原子相对移动距离不超过一个原子间距，相邻原子的相对位置保持不变。马氏体相变以及某些纯金属（如 Pb、Ti、Li、Co）在低温下进行的同素异构转变即为非扩散型相变，这类固态相变均在原子已不能（或不易）扩散的低温条件下发生。

非扩散型相变的一般特征是：①存在由于均匀切变引起的宏观形状改变，可在预先制备的抛光试样表面上出现浮突现象；②相变不需要通过扩散，新相和母相的化学成分相同；③新相和母相之间存在一定的晶体学位向关系；④某些材料发生非扩散相变时，相界面移动速度极快，可接近声速。

4. 按相变方式分类

按相变方式可以将金属固态相变分为有核相变和无核相变[5]。

（1）有核相变

有核相变是通过形核-长大方式进行的。新相晶核可以在母相中均匀形成，也可以在母相中某些有利部位优先形成。新相晶核形成后不断长大而使相变过程得以完成。新相与母相之间有相界面隔开。大部分的金属固态相变均属于有核相变。

（2）无核相变

无核相变时没有形核阶段。无核相变以固溶体中的成分起伏为开端，通过成分起伏形成高浓度区和低浓度区，但两者之间没有明显的界限，成分由高浓度区连续过渡到低浓度区。以后依靠上坡扩散使浓度差逐渐增大，最后导致由一个单相固溶体分解成为成分不同而点阵结构相同的以共格界面相联系的两个相。如合金中的调幅分解即为无核相变。

综上所述，尽管金属材料的固态相变类型繁多，但就相变过程的实质而言，其中所发生的变化不外乎以下三个方面：结构、成分和有序化程度[6]。有些相变只具有某一种变化，而有些相变则同时兼有两种或两种以上的变化。同一种金属材料在不同条件下可发生不同的相变，从而获得不同的组织和性能。例如，共析碳钢平衡转变后具有珠光体组织，硬度约为 HRc23；若快速冷却使之转变为马氏体，则硬度可达 HRc60 以上。具有平衡组织的 Al-4% Cu 合金，抗拉强度仅为 150MPa；若使之发生不平衡脱溶沉淀后，抗拉强度可达 350MPa。由此可见，通过改变加热与冷却条件，使之发生某种转变继而获得某种组织，则可在很大程度上改变材料的性能。

1.1.2 金属固态相变的主要特点

大多数金属固态相变（除调幅分解）都是通过形核和长大过程完成的。因此，金属液态结晶理论及其基本概念原则上仍适用于金属固态相变。但是，由于相变是在"固态"这一特定条件下进行的，固态晶体的原子呈有规则排列，并具有许多晶体缺陷，因此，金属固态相变具有许多不同于金属液态结晶过程的特点。

1. 相界面

金属固态相变时，新旧两相都是固相。根据界面上新旧两相原子在晶体学上匹配程度的不同，可分为共格界面、半共格界面和非共格界面，如图1.3所示[9,10]。新相与旧相的界面结构对金属固态相变的形核和长大过程以及相变后的组织形态等都有很大的影响。

(1) 共格界面

若两相晶体结构相同、点阵常数相等，或者两相晶体结构和点阵常数虽有差异，但存在一组特定的晶体学平面可使两相原子之间产生完全匹配。此时，界面上原子所占位置恰好是两相点阵的共有位置，界面上原子为两相所共有，这种界面称为共格界面（图1.3(a)）。在理想的共格界面条件下（如孪晶界），其弹性

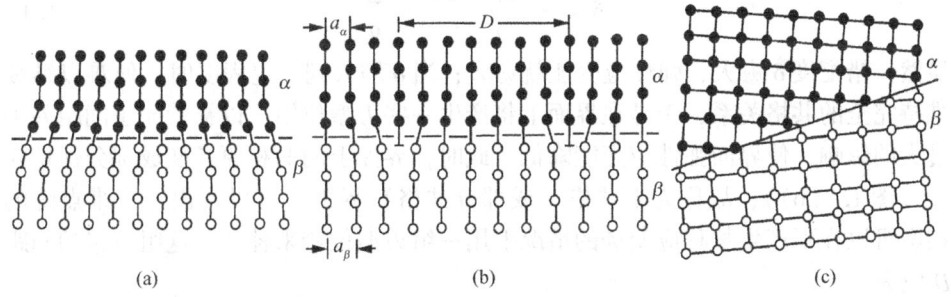

图1.3 固态相变界面结构示意图
(a) 共格界面 (b) 半共格界面 (c) 非共格界面

应变能和界面能都接近于零。实际上，两相点阵总有一定的差别，或者点阵类型不同，或者点阵参数不同，因此两相界面完全共格时，相界面附近必将产生弹性应变。当两相之间的共格关系依靠正应变来维持时，称为第一类共格；而以切应变来维持时，称为第二类共格，两者的晶界两侧都有一定的晶格畸变，如图1.4所示。图1.4(a)为第一类共格界面，靠近晶界处一侧受压缩，另一侧受拉伸；图1.4(b)为第二类共格界面，晶界附近有晶面弯曲。

一般来说，共格界面的特点是界面能较小，但因界面附近有畸变，所以弹性

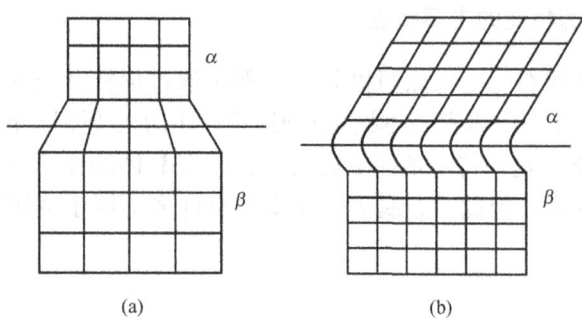

图1.4 第一类共格界面和第二类共格界面
(a) 第一类共格界面 (b) 第二类共格界面

应变能较大。共格界面必须依靠弹性畸变来维持,当新相不断长大而使共格界面的弹性应变能增大到一定程度时,可能超过母相的屈服极限而产生塑性变形,使共格关系遭到破坏。

(2) 半共格界面

共格界面上弹性应变能的大小取决于相邻两相界面上原子间距的相对差值δ(称为错配度)。若以 a_α 和 a_β 分别表示两相沿平行于界面的晶向上的原子间距,在此方向上的两相原子间距之差以 $\Delta a = |a_\beta - a_\alpha|$ 表示,则错配度δ为[11]

$$\delta = \frac{|a_\beta - a_\alpha|}{a_\alpha} = \frac{\Delta a}{a_\alpha} \tag{1.1}$$

显然,错配度δ愈大,弹性应变能就愈大;当δ增大到一定程度时,便难以继续维持完全的共格关系,于是在界面上将产生一些刃型位错,以补偿原子间距差别过大的影响,使界面弹性应变能降低。此时,界面上的两相原子变成部分保持匹配(图1.3(b)),故称为半共格(或部分共格)界面。可以看出,一维点阵的错配可以在不产生长程应变场的情况下用一组刃型位错来补偿。这组位错的间距 D 应为

$$D = \frac{a_\beta}{\delta} \tag{1.2}$$

在界面上除了位错核心部分以外,其他地方几乎完全匹配。在位错核心部分的结构是严重扭曲的,并且点阵面是不连续的。

(3) 非共格界面

当两相界面处的原子排列差异很大,即错配度δ很大时,两相原子之间的匹配关系便不再维持,这种界面称为非共格界面(图1.3(c))。非共格界面结构与大角晶界相似,系由原子不规则排列的很薄的过渡层所构成[12]。

一般认为,错配度小于0.05时两相可以构成完全的共格界面;错配度大于0.25时易形成非共格界面;错配度介于0.05~0.25之间,则易形成半共格界面。

金属固态相变时两相的界面能与界面结构和界面成分的变化有关。两相界面上原子排列的不规则性将导致两相界面能升高，同时两相界面也有吸附溶质原子的作用。由于溶质原子在晶格中存在时会引起晶格畸变而产生晶格应变能，而当溶质原子在界面处分布时，则会使界面应变能降低。因此，溶质原子总是趋向于在界面处偏聚，而使总的能量降低。

2. 位向关系与惯习面

在许多情况下，金属固态相变时新相与母相之间往往存在一定的位向关系，而且新相往往在母相一定的晶面上开始形成，这个晶面称为惯习面，通常以母相的晶面指数来表示。惯习面的存在意味着在该晶面上新相和母相的原子排列相近，匹配较好，有助于减少界面能，同时也意味着新相与母相之间必然存在一定的位向关系。因为两相晶体各自相对于惯习面的位向关系是确定的，因而两相之间的位向关系也就确定了，结果在两相中便存在着彼此保持平行关系的低指数（密排）晶面和晶向。例如，钢中发生由奥氏体（γ）到马氏体（α'）的转变时，奥氏体的密排面 $\{111\}_\gamma$ 与马氏体的密排面 $\{110\}_{\alpha'}$ 相平行；奥氏体的密排方向 $<110>_\gamma$ 与马氏体的密排方向 $<111>_{\alpha'}$ 相平行，这种位向关系称为 K-S 关系[1]，可记为

$$\{111\}_\gamma \parallel \{110\}_{\alpha'}; \quad <110>_\gamma \parallel <111>_{\alpha'}$$

一般来说，当新相与母相之间为共格或半共格界面时必然存在一定的位向关系；若无一定的位向关系，则两相界面必定为非共格界面。但反过来，有时两相之间虽然存在一定的位向关系，但也未必都具有共格或半共格界面，这可能是在新相长大过程中其界面的共格或半共格性已遭破坏所致[6]。

3. 弹性应变能

金属固态相变时，因新相和母相的比容不同可能发生体积变化。但由于受到周围母相的约束，新相不能自由胀缩，因此新相与其周围母相之间必将产生弹性应变和应力，使系统额外地增加了一项弹性应变能。研究证明，在完整晶体中因相变产生的弹性应变能不仅与新相母相的比容差和弹性模量有关，而且与新相的形状有关。假定把各种不同形状的新相看做旋转椭球体，a 代表旋转椭球体的赤道直径，c 代表旋转轴两极间的距离，则比值 c/a 可反映旋转椭球体的具体形状，$c \ll a$ 时为圆盘（片）；$c = a$ 时为圆球；$c \gg a$ 时为圆棒（针）。图 1.5 示出了新相粒子的几何形状（c/a）对因比容差而产生的应变能（相对值）的影响，可以看出，新相呈球状时应变能最大，呈圆盘（片）状时应变能最小，呈棒（针）状时应变能居中[2]。

除新相与母相的比容差产生弹性应变能外，两相界面上的不匹配也产生弹性应变能。这一项弹性应变能以共格界面为最大，半共格界面次之（因形成界面

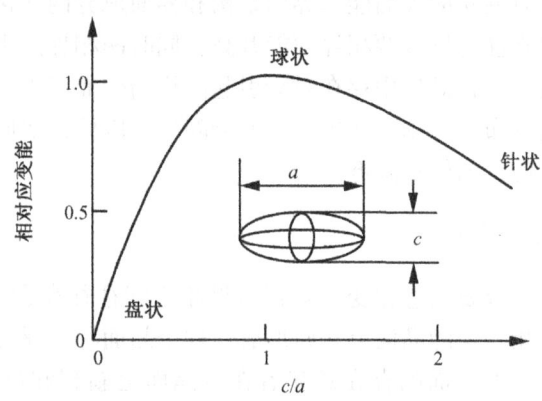

图 1.5 新相形状与相对应变能的关系

位错而使弹性应变能下降），而非共格界面则为零。

由上述可知，金属固态相变时的相变阻力应包括界面能和弹性应变能两项。新相和母相的界面类型对界面能和弹性应变能的影响是不同的。当界面共格时，可以降低界面能，但使弹性应变能增大。当界面不共格时，盘（片）状新相的弹性应变能最低，但界面能较高；而球状新相的界面能最低，但弹性应变能却最大。固态相变时究竟是界面能还是弹性应变能起主导作用取决于具体条件。如过冷度很大，临界晶核尺寸很小，单位体积新相的界面面积很大，则巨大的界面能增加了形核功而成为主要的相变阻力，此时界面能起主导作用。两相界面易取共格方式以降低界面能，而且界面能的降低可超过共格引起的弹性应变能的增加，从而降低总的形核功，易于形核。在过冷度很小的情况下，临界晶核尺寸较大，界面能不起主导作用，易形成非共格界面。此时，若两相比容差别较大，弹性应变能起主导作用，则形成盘（片）状新相以降低弹性应变能；若两相比容差别较小，弹性应变能作用不大，则形成球状新相以降低界面能。

4. 过渡相的形成

根据相变热力学，相变是由于新相和母相存在负的自由能差所引起的，并且力求从自由能较高的不稳定母相转变为自由能最低的稳定新相。但是，当稳定的新相与母相的晶体结构差异较大时，两者之间只能形成高能量的非共格界面。此时新相的临界尺寸很小，单位体积新相有较大的界面面积，界面能对形核的阻碍作用很大，并且非共格界面的界面能和形核功均较大，相变不容易发生。在这种情况下，母相往往不直接转变为自由能最低的稳定新相，而是先形成晶体结构或成分与母相比较接近，自由能比母相稍低些的亚稳定的过渡相。此时，过渡相往往具有界面能较低的共格界面或半共格界面，以降低形核功，使形核容易进行。

过渡相虽然在一定条件下可以存在，但其自由能仍高于平衡相，故有继续转变直至达到平衡相为止的倾向,并且这种倾向随温度升高而增大。若经过适当热处理后获得的过渡相组织在室温下使用,这种趋向于平衡状态的转变往往慢得可以忽略不计。

5. 晶体缺陷的影响

固态晶体中存在着晶界、亚晶界、空位及位错等各种晶体缺陷,在其周围点阵发生畸变,储存有畸变能。一般地说,金属固态相变时新相晶核总是优先在晶体缺陷处形成。这是因为,晶体缺陷是能量起伏、结构起伏和成分起伏最大的区域,在这些区域形核时,原子扩散激活能低,扩散速度快,相变应力容易被松弛。例如,晶界就是引起非自发形核的既存位置,具有较低的形核功,因此对相变起催化作用。

位错对相变亦有较明显的催化作用。一般认为,在位错线上形核时,新相出现部位的位错线消失,位错中心的畸变能得到释放,从而使系统自由能降低。这部分被释放的能量可作为克服形成新相界面和相变应变所需的能量,从而使相变加速。位错对相变的催化作用还有另一种方式,即新相形成时位错本身不消失,它依附在新相界面上,构成半共格界面中位错的一部分,结果也会使系统自由能降低。

总之,在固态相变中,从能量的观点来看,均匀形核的形核功最大,空位形核次之,位错形核更次之,晶界非均匀形核的形核功最小。

6. 原子的扩散

在很多情况下,由于新相和母相的成分不同,金属固态相变必须通过某些组元的扩散才能进行,这时扩散便成为相变的控制因素。但是,固态金属中原子的扩散速度远远低于液态金属中的原子,因此,原子扩散速度对固态相变有显著的影响。受扩散控制的固态相变,在冷却时可以产生很大程度的过冷。随着过冷度的增大,相变驱动力增大,相变速度也增大。但是,当过冷度增大到一定程度后,由于原子扩散能力下降,相变速度反而随过冷度增大而减慢。若进一步增大过冷度,也可使扩散型相变被抑制,在低温下发生无扩散型相变,形成亚稳定的过渡相。例如,碳钢从奥氏体状态快速冷却时,可抑制扩散型相变,而在低温下以切变方式发生无扩散的马氏体相变,生成亚稳定的马氏体组织。

1.2 金属固态相变热力学

1.2.1 金属固态相变的热力学条件

1. 相变驱动力

相变热力学指出,系统内相状态的稳定性决定于其自由能的高低,自由能最低的状态是该条件下的最稳定状态。一切系统都有降低自由能以达到稳定状态的自发趋势。如果具备引起系统自由能降低的条件，系统将自发地从高能状态向低能状态转变，这种转变称为自发转变。金属固态相变就是这种自发转变，因此只有当新相自由能低于旧相自由能时相变才可能发生。新旧两相的自由能差和新相自由能较低是旧相自发转变为新相的驱动力，这就是所谓的相变热力学条件。可见，为了发生固态相变，必须在系统中造成新旧相之间负的自由能差的条件，否则相变是不可能发生的。

自由能 G 是系统的一个特征函数，设 H 为焓，S 为熵，T 为绝对温度，则有

$$G = H - TS \tag{1.3}$$

任何相的自由能都是温度的函数，通过改变温度是可以获得相变热力学条件的。为了探求这种关系的特征，可以对 T 求 G 的一阶和二阶导数。式（1.3）的全微分为

$$dG = dH - TdS - SdT \tag{1.4}$$

对于可逆过程，热力学第一定律和第二定律的一般方程式可写成

$$TdS = dH + dW$$

在固态材料中相变只引起轻微的体积变化，因此可忽略这些体积变化。假定 W 是膨胀功（PdV），则在等容过程中，体积 V 为常数，$dW = 0$，因此 $TdS = dH$，将此代入式（1.4），可得 $dG = -SdT$，从而得一阶导数为

$$\left(\frac{\partial G}{\partial T}\right)_V = -S \tag{1.5}$$

由于 S 总为正值，所以 $\left(\frac{\partial G}{\partial T}\right)_V$ 应总为负值，即 G 总是随 T 的增加而降低。二阶导数为

$$\left(\frac{\partial^2 G}{\partial T^2}\right)_V = -\left(\frac{\partial S}{\partial T}\right)_V \tag{1.6}$$

由于熵 S 总是随温度 T 增加而增加，所以 $\left(\frac{\partial S}{\partial T}\right)_V$ 为正值，因而 $\left(\frac{\partial^2 G}{\partial T^2}\right)_V$ 为负值，这意味着自由能 G-温度 T 的特性曲线总是凹面向下。

图 1.6 表示某材料中 α 相和 γ 相的自由能 G 随温度 T 的变化曲线，自由能均随温度升高而降低，但由于两相的熵值大小以及熵值随温度的变化程度不同，两相的自由能曲线可能相交于一点，如 T_0。在 T_0 处，$G_\alpha = G_\gamma$，两相处于平衡状态，T_0 称为理论转变温度。由于系统趋向于自由能减至最低，所以当温度低于 T_0 时，G_α 低于 G_γ，γ 相应该转变为 α 相；反之当温度高于 T_0 时，α 相应该转变为 γ 相。但是，这种转变并不发生在 T_0 处。只有通过冷却或加热，产生必要的过冷（$\Delta T = T_0 - T_1$）或过热（$\Delta T = T_2 - T_0$）以获得相变所需的自由能差（$\Delta G_{\gamma\to\alpha}$ 或 $\Delta G_{\alpha\to\gamma}$），即满足相变热力学的能量条件时才能发生 $\gamma\to\alpha$ 或 $\alpha\to\gamma$ 的相变[13]。显然，随着过冷度或

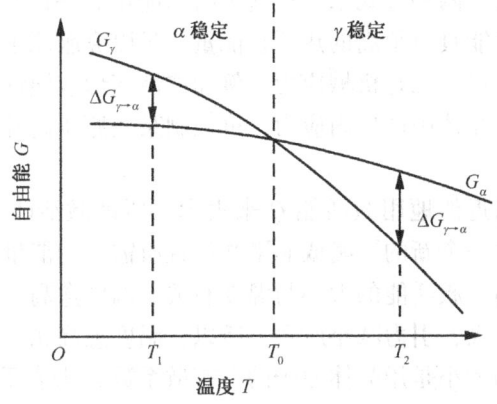

图 1.6 各相自由能与温度的关系

过热度(ΔT)增大,相变驱动力也增大,有利于相变的进行,而相变总是朝着自由能降低的方向进行的。

2. 相变势垒

要使系统从旧相转变为新相,除了要有相变驱动力以外,还必须克服相变势垒。所谓相变势垒（或能垒）是指相变时改组晶格所必须克服的原子间引力。在图 1.7 中,状态 Ⅰ 代表不稳定的旧相（γ）,自由能较高；状态 Ⅱ 代表较稳定的新相（α）,自由能较低。根据热力学条件,α 相比 γ 相的自由能低,存在自由能差 $\Delta G_{\gamma \to \alpha} = G_\gamma - G_\alpha$,并且 $\Delta G_{\gamma \to \alpha} < 0$,$\gamma$ 相有转变为 α 相的自发趋势。但要使相变得以进行,不仅要有自由能差 $\Delta G_{\gamma \to \alpha}$,而且还要有克服因原子间引力而产生的相变势垒 Δg 的附加能量。

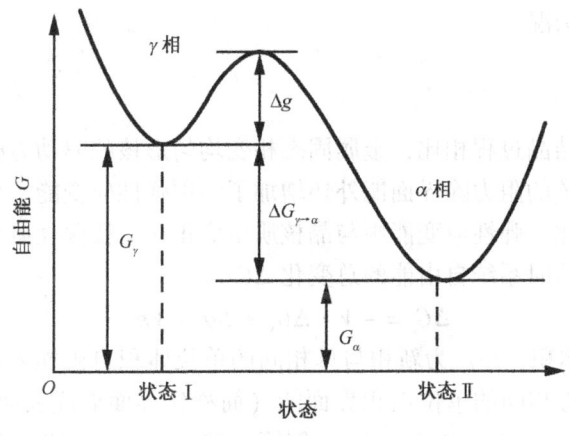

图 1.7 固态相变势垒示意图

晶体中原子可通过两种方式来获得这种附加能量。一是原子热振动的不均匀性,它使个别原子可能具有很高的热振动能量,足以克服原子间引力而离开平衡位置,即获得附加能量。二是机械应力,例如弹性变形或塑性变形破坏了晶体原子排列的规律性,在晶体中产生内应力,可强制某些原子离开平衡位置,从而获得附加能量。

势垒的高低可以近似地用激活能 Q 来表示。所谓激活能就是使晶体原子离开平衡位置迁移到另一个新的平衡或非平衡位置所需的能量。显然,激活能愈大,相变势垒就愈高。激活能的大小与温度有关,温度愈高,激活能就愈小,这是由于原子间距离增大,引力减小所致。所以,温度愈高相变愈容易进行。但在更多情况下,势垒的大小是用晶体原子的自扩散系数 D 来表示的,自扩散系数 D 随温度下降呈指数关系下降,如

$$D = D_0 \exp\left(-\frac{Q}{RT}\right) \tag{1.7}$$

式中,D_0 为系数(频率因子);R 为气体常数;T 为绝对温度;Q 为激活能。可见,自扩散系数愈大,克服势垒的能力愈强,相变愈容易进行。

1.2.2 金属固态相变的形核

绝大多数金属固态相变都是通过形核和长大过程完成的。形核过程往往是先在母相中某些微小区域内形成新相所必需的成分和结构,称为核胚;若核胚尺寸超过某一临界值,便能稳定存在并自发长大,成为新相晶核。若晶核在母相中无择优地任意均匀分布,称为均匀形核;若晶核在母相中某些区域择优地不均匀分布,则称为非均匀形核。

研究指出,金属固态相变与液态金属结晶过程相类似,很少发生均匀形核,新相主要在母相的晶界、层错、位错等晶体缺陷处非均匀形核。为便于分析,先讨论均匀形核的情况。

1. 均匀形核

与液态金属结晶过程相比,金属固态相变均匀形核的驱动力亦是新旧两相的自由能差,而形核的阻力除界面能外还增加了一项弹性应变能。晶核的界面能与晶核表面积成正比,弹性应变能则与晶核质量成正比。按照经典形核理论,金属固态相变均匀形核时系统自由能的总变化 ΔG 为

$$\Delta G = -V \cdot \Delta G_v + S\sigma + V\varepsilon \tag{1.8}$$

式中,V 为新相体积;ΔG_v 为新相与母相间的单位体积自由能差;S 为新相表面积;σ 为新相与母相间的单位面积界面能(简称比界面能或表面张力);ε 为新相单位体积弹性应变能。式(1.8)右侧第一项 $V \cdot \Delta G_v$ 为体积自由能差即相变驱动力,而 $S\sigma$ 为界面能,$V\varepsilon$ 为弹性应变能,两者均为相变阻力。可见,只有当

$V \cdot \Delta G_v > S\sigma + V\varepsilon$ 时，式（1.8）右侧才能为负值，即 $\Delta G < 0$，新相形核才有可能。这只有在一定的过冷度下，当高能微区中形成大于临界尺寸的新相晶核时才能实现。

若假设新相晶核为球形（半径为 r）时，则式（1.8）可写为[9]

$$\Delta G = -\frac{4}{3}\pi r^3 \Delta G_v + 4\pi r^2 \sigma + \frac{4}{3}\pi r^3 \varepsilon \qquad (1.9)$$

令 $\dfrac{\mathrm{d}\Delta G}{\mathrm{d}r} = 0$，则可得新相的临界晶核半径 r_c 为

$$r_c = \frac{2\sigma}{\Delta G_v - \varepsilon} \qquad (1.10)$$

形成临界晶核的形核功 W 为

$$W = \Delta G_{\max} = \frac{16\pi\sigma^3}{3(\Delta G_v - \varepsilon)^2} \qquad (1.11)$$

由式（1.10）和式（1.11）可知，当表面能 σ 和弹性应变能 ε 增大时，临界晶核半径 r_c 增大，形核功 W 增高。因此，具有低界面能和高弹性应变能的共格新相核胚，倾向于呈盘状或片状；而具有高界面能和低弹性应变能的非共格新相核胚，则易成等轴状。但若新相核胚界面能的异向性很大（对母相晶面敏感）时，后者也可呈片状或针状。

临界晶核半径和形核功都是自由能差的函数，因此，它们也将随过冷度（过热度）而变化。随过冷度（过热度）增大，临界晶核半径和形核功都减小，新相形核几率增大，新相晶核数量也增多，即相变容易发生。因此，只有在一定的温度滞后条件下系统才可能发生相变。与克服相变势垒所需的附加能量一样，形核功所需的能量也来自两个方面：一是依靠母相内存在的能量起伏来提供；二是依靠变形等因素引起的内应力来提供。

与液态金属结晶相似，金属固态相变均匀形核时的形核率 I 可用下式表示[5]

$$I = n\nu\exp\left(-\frac{Q + W}{kT}\right) \qquad (1.12)$$

式中，n 为单位体积母相中的原子数，ν 为原子振动频率，Q 为原子扩散激活能，k 为玻尔兹曼（Boltzmann）常量，T 为相变温度。固态金属原子的扩散激活能 Q 较大，金属固态相变的弹性应变能又进一步增大形核功 W。所以，与液态金属结晶相比，金属固态相变的均匀形核率要低得多。同时，固态材料中存在的大量晶体缺陷可提供能量，促进形核。因此，非均匀形核便成为固态相变的主要形核方式。

2. 非均匀形核

母相中存在的各种晶体缺陷均可作为形核位置，晶体缺陷所储存的能量可使

形核功降低，形核容易。当新相核胚在母相晶体缺陷处形成时，系统自由能的总变化为

$$\Delta G = -V \cdot \Delta G_v + S\sigma + V\varepsilon - \Delta G_d \tag{1.13}$$

与式（1.8）相比，增加了最后一项 ΔG_d，即由于晶体缺陷消失或减少所降低的能量。因此，晶体缺陷的存在将促进形核过程。下面分别说明晶体缺陷对形核的作用。

(1) 晶界形核

多晶体中两个相邻晶粒的边界叫做界面；三个晶粒的共同交界是一条线，叫做晶棱；四个晶粒交于一点，构成一个界隅。界面、界棱和界隅都不是几何意义上的面、线和点，它们都占有一定的体积。用 δ 代表边界厚度，L 代表晶粒平均直径，可近似地估算界面、界棱和界隅在多晶体中所占的体积分数分别为 (δ/L)、$(\delta/L)^2$、$(\delta/L)^3$。

界面、界棱和界隅都可以提供其所储存的畸变能来促进形核。在界面形核时，只有一个界面可供晶核吞食；在界棱形核时，可有三个界面供晶核吞食；在界隅形核时，被晶核吞食的界面有六个。所以，从能量角度来看，界隅提供的能量最大，界棱次之，界面最小。然而，从三种形核位置所占的体积分数来看，界面反而居首位，而界隅最小。全面考虑这两种因素，晶界不同位置非均匀形核率 I 可综合表达为[5]

$$N = n\nu \left(\frac{\delta}{L}\right)^{3-i} \exp\left(-\frac{Q}{kT}\right) \exp\left(-\frac{A_i W}{kT}\right) \tag{1.14}$$

式中，$i=0, 1, 2, 3$ 分别表示界隅形核、界棱形核、界面形核、均匀形核。A_i 为在晶界不同位置形核的形核功与均匀形核的形核功之比值，$A_0 < A_1 < A_2 < 1$，$A_3 = 1$。

为了减少晶核表面积，降低界面能，非共格形核时各界面均呈球冠形。界面、界棱和界隅上的非共格晶核应分别呈双凸透镜片、两端尖的曲面三棱柱体和球面四面体等形状，如图 1.8 所示[5]。而共格和半共格界面一般呈平面。前已述及，界面两侧的新相与母相存在一定的晶体学位向关系。大角晶界形核时，因为不能同时与晶界两侧的晶粒都具有一定的晶体学位向关系，所以新相晶核只能与一侧母相晶粒共格或半共格，而与另一侧母相晶粒非共格。结果将使晶核形状发生改变，一侧为球冠形，另一侧则为平面，如图 1.9 所示。

设 α 为母相，β 为新相，则晶界形核时系统自由能的总变化可表达为[5]

$$\Delta G = -V \cdot \Delta G_v + S_{\alpha\beta} \sigma_{\alpha\beta} + V\varepsilon - S_{\alpha\alpha} \sigma_{\alpha\alpha} \tag{1.15}$$

式中，$S_{\alpha\beta}$ 为 β 相表面积；$\sigma_{\alpha\beta}$ 为 β 相与 α 相的单位界面积的界面能；$S_{\alpha\alpha}$ 为被 β 相吞食掉的 α 相晶界面积；$\sigma_{\alpha\alpha}$ 为 α 相晶界的单位面积界面能。将式（1.15）整理为

$$\Delta G = -V \cdot \Delta G_v + V\varepsilon + S_{\alpha\beta}\sigma_{\alpha\beta}\left(1 - \frac{S_{\alpha\alpha}}{S_{\alpha\beta}} \cdot \frac{\sigma_{\alpha\alpha}}{\sigma_{\alpha\beta}}\right) \tag{1.16}$$

令 $\chi = \sigma_{\alpha\alpha}/\sigma_{\alpha\beta}$，由此可导出晶界形核的形核功 W 为

$$W = \Delta G_{max} = \frac{16}{3} \cdot \frac{\pi\sigma_{\alpha\beta}^3\left(1 - \frac{S_{\alpha\alpha}}{S_{\alpha\beta}} \cdot \chi\right)^3}{(\Delta G_v - \varepsilon)^2} \tag{1.17}$$

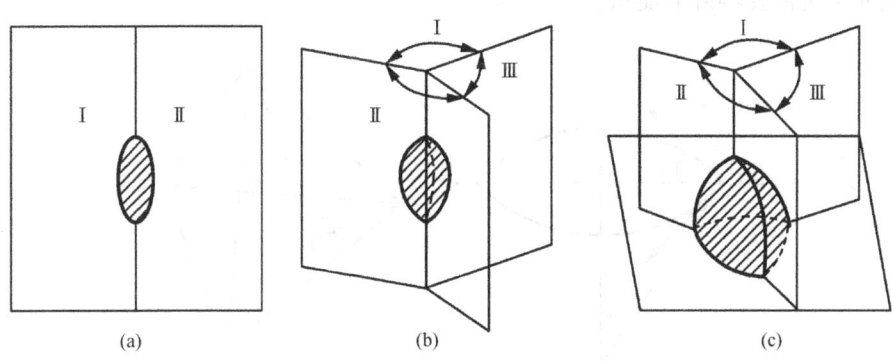

图 1.8　晶界上非共格晶核的形状
（a）界面形核　（b）界棱形核　（c）界隅形核

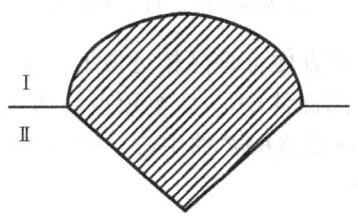

图 1.9　一侧共格的界面晶核

对于界面形核，由界面张力平衡（图 1.10(a)）可知，界面能之间存在下列关系

$$2\sigma_{\alpha\beta}\cos\theta = \sigma_{\alpha\alpha}$$

$$\chi = \frac{\sigma_{\alpha\alpha}}{\sigma_{\alpha\beta}} = 2\cos\theta \tag{1.18}$$

若晶核为双球冠形，R 为曲率半径，则有

$$S_{\alpha\alpha} = \pi R^2 \sin^2\theta = \pi R^2(1 - \cos^2\theta)$$

$$S_{\alpha\beta} = 4\pi R^2(1 - \cos\theta)$$

$$\frac{S_{\alpha\alpha}}{S_{\alpha\beta}} = \frac{1}{4}(1 + \cos\theta) = \frac{1}{4}\left(1 + \frac{1}{2}\chi\right) \tag{1.19}$$

根据式 (1.17)，当 $1 - \dfrac{S_{\alpha\alpha}}{S_{\alpha\beta}}\chi = 0$ 时，$W = 0$。满足这一条件时，由式 (1.19) 得

$$\frac{1}{2}\chi^2 + \chi - 4 = 0 \tag{1.20}$$

该二次方程式的解为 $\chi = 2$、$\chi = -4$。由此可知，界面形核时，只要 $\chi = \dfrac{\sigma_{\alpha\alpha}}{\sigma_{\alpha\beta}} \geq 2$，形核便不再需要额外的能量。

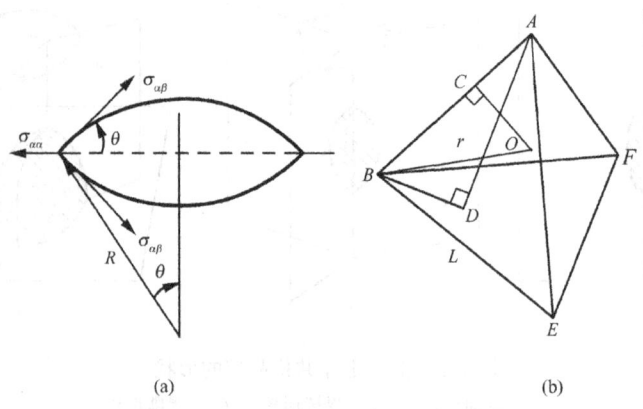

图 1.10 界面和界隅晶核表面面积及被吞食晶界面积[5]
(a) 界面形核 (b) 界隅形核

对于界隅形核，为计算方便可将晶核近似地看成正四面体（图 1.10(b)），正四面体棱边长度为 L，四面体中心 O 至顶点距离为 r。图中 OA 的延长线与 BEF 平面相交于 D，D 点应是 $\triangle BEF$ 的中心，$BD \perp AD$。由 O 作 AB 的垂线 OC。因 $\triangle AOC \sim \triangle ABD$，所以有

$$\frac{OC}{BD} = \frac{AC}{AD}$$

又因 $AC = \dfrac{1}{2}L$，$BD = \dfrac{2}{3} \cdot \dfrac{\sqrt{3}}{2}L = \dfrac{1}{\sqrt{3}}L$，$AD = \sqrt{L^2 - \dfrac{1}{3}L^2} = \sqrt{\dfrac{2}{3}}L$，所以

$$OC = \frac{AC \cdot BD}{AD} = \frac{1}{2\sqrt{2}}L$$

而 $\triangle OAB$ 是六个被吞食界面之一，其面积为 $S_1 = \dfrac{1}{2}L \cdot OC = \dfrac{1}{4\sqrt{2}}L^2$。所以被吞食的总面积为 $S_{\alpha\alpha} = 6S_1 = \dfrac{3}{2\sqrt{2}}L^2$。四面体晶核的表面积为 $S_{\alpha\beta} = 4 \cdot \dfrac{1}{2} \cdot \dfrac{\sqrt{3}}{2}L^2 = \sqrt{3}L^2$，所以

$$\frac{S_{\alpha\alpha}}{S_{\alpha\beta}} = \frac{\sqrt{3}}{2\sqrt{2}} \tag{1.21}$$

将此代入式（1.17），当 $W=0$，即 $1-\dfrac{S_{\alpha\alpha}}{S_{\alpha\beta}}\chi=0$ 时，$1-\dfrac{\sqrt{3}}{2\sqrt{2}}\chi=0$，得

$$\chi = \frac{2\sqrt{2}}{\sqrt{3}} \tag{1.22}$$

即当 $\chi=\dfrac{\sigma_{\alpha\alpha}}{\sigma_{\alpha\beta}}\geqslant\dfrac{2\sqrt{2}}{\sqrt{3}}$ 时，界隅形核无能量障碍。

对于界棱形核，计算结果表明，当 $\chi=\dfrac{\sigma_{\alpha\alpha}}{\sigma_{\alpha\beta}}\geqslant\sqrt{3}$ 时，界棱形核无能量障碍。

上述分析结果表明，界隅形核的能量障碍最小。然而，界隅能否成为优先形核位置，还要看过冷度和 $\sigma_{\alpha\alpha}/\sigma_{\alpha\beta}$ 数值。当过冷度较大时，形核驱动力增大，形核功减小，无论哪种位置能量障碍都不大，此时，体积分数较大的界面对形核的贡献必然较大。当 $\sigma_{\alpha\alpha}/\sigma_{\alpha\beta}\geqslant 2$ 时，所有位置都没有能量障碍，界面也就成为对形核贡献最大的位置。

（2）位错形核

位错促进形核，有以下三种形式。

第一种形式：新相在位错线上形核，新相形成处的位错线消失，释放出来的畸变能使形核功降低，从而促进形核。如果近似把围绕位错形成的新相晶核看成半径为 r 的圆柱，则单位长度由于位错线消失而释放的畸变能应为[5]

$$A\ln\frac{r}{r_0} = A(\ln r - \ln r_0) = A\ln r \tag{1.23}$$

对于刃型位错，$A=Gb^2/4\pi(1-\nu)$；对于螺型位错，$A=Gb^2/4\pi$。这里，r_0 为假想的位错中心小孔半径，G 为切变模量，b 为柏氏矢量，ν 为泊松比。可见，位错的畸变能与柏氏矢量 b 有关，b 值越大，位错促进形核的作用也就越大。

此时单位长度晶核柱的自由能的变化应为

$$\Delta G = -A\ln r - \pi r^2(\Delta G_v - \varepsilon) + 2\pi r\sigma \tag{1.24}$$

由式（1.24）可导出晶核临界半径 r_c 为

$$r_c = \frac{2\pi\sigma \pm \sqrt{4\pi^2\sigma^2 - 8\pi A(\Delta G_v - \varepsilon)}}{4\pi(\Delta G_v - \varepsilon)} \tag{1.25}$$

当 ΔG_v 及 A 值较大，$4\pi^2\sigma^2<8\pi A(\Delta G_v-\varepsilon)$ 时，r_c 无实根。在这种情况下，位错形核没有能量障碍。

第二种形式：位错线不消失，依附在新相界面上，成为半共格界面中的位错部分，补偿了错配，因而降低了界面能，故使新相形核功降低。

第三种形式：在新相与基体成分不同的情况下，由于溶质原子在位错线上偏聚（形成气团），有利于沉淀相晶核的形成，因此对相变起催化作用。

根据估算，当相变驱动力甚小而新相和母相之间的界面能约为 2×10^{-5}

J/cm²时，均匀形核的形核率仅为 10^{-70}/（cm³·s）；如果晶体中位错密度为 10^8/cm，则由位错促成的非均匀形核的形核率约高达 10^8/（cm³·s）。可见，当晶体中存在较高密度位错时，固态相变很难以均匀形核方式进行。

(3) 空位形核

空位通过影响扩散或利用本身能量提供形核驱动力而促进形核。此外空位群可凝聚成位错而促进形核。例如，在过饱和固溶体脱溶分解的情况下，当固溶体从高温快速冷却下来，与溶质原子被过饱和地保留在固溶体内的同时，大量过饱和空位也被保留下来。它们一方面促进溶质原子扩散，同时又作为沉淀相的形核位置而促进非均匀形核，使沉淀相弥散分布于整个基体中。而在晶界附近常有"无析出带"，无析出带中看不到沉淀相，这是因为靠近晶界附近的过饱和空位扩散到晶界而消失，因此这里未发生非均匀形核。而远离晶界处仍保留较多的空位，沉淀相易于在此形核长大。

1.2.3 金属固态相变的晶核长大

1. 新相长大机制

新相晶核的长大，实质上是界面向母相方向的迁移。固态相变类型不同，其晶核长大机制也不同。对于共析相变和脱溶转变等固态相变，由于新相和母相的成分不同，新相晶核的长大必须依赖于溶质原子在母相中作长程扩散，使界面附近成分符合新相要求时新相晶核才能长大。发生这类相变时，必然伴随有传质过程。相反，对于同素异构转变和马氏体相变等固态相变，其新相和母相的成分相同，晶核长大时不需要有传质过程，界面附近的原子只需作短程扩散，甚至完全不需要扩散亦可使新相晶核长大。

若新相晶核与母相之间存在一定的晶体学位向关系，则长大时仍保持这种位向关系。新相的长大机制还与晶核的界面结构（如共格、半共格或非共格界面）有关。事实上，新相晶核完全地与母相匹配，形成完全共格界面的情况极少，通常所见的大多是形成半共格和非共格两种界面。这两种界面有着不同的迁移机制。

(1) 半共格界面的迁移

因为半共格界面具有较低的界面能，故在长大过程中界面往往保持为平面。例如马氏体相变，其晶核长大是通过半共格界面上母相一侧原子的切变来完成的，其特点是大量原子有规则地沿某一方向作小于一个原子间距的迁移，并保持原有的相邻关系不变，如图1.11所示。这种晶核长大过程也称为协同型长大或位移式长大。由于相变过程中原子迁移都小于一个原子间距，故又称为无扩散型相变。以均匀切变方式进行的协同型长大，其结果导致抛光试样表面产生倾动，如图1.12所示。

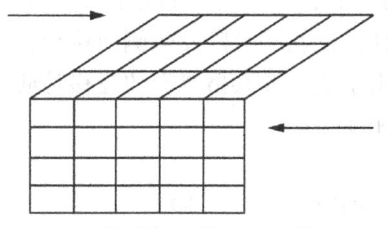 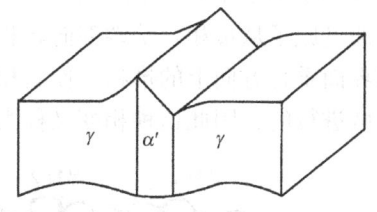

图1.11 切变造成协同型长大　　图1.12 马氏体相变的表面倾动示意图

除上述切变机制外,还可通过半共格界面上的界面位错运动,使界面作法向迁移,从而实现新相晶核的长大。包含界面位错的半共格界面的可能结构如图1.13所示[6,9]。图1.13(a)为平界面,界面位错处于同一平面上,其刃型位错的柏氏矢量 b 平行于界面。此时,若界面沿法线方向迁移,界面位错必须攀移才能随界面移动,这在无外力作用或温度不是足够高时难以实现,故其牵制界面迁移,阻碍晶核长大。但若如图1.13(b)所示,界面位错分布于阶梯状界面上,相当于其刃型位错的柏氏矢量 b 与界面成某一角度。这样,位错的滑移运动就可使台阶跨过界面侧向迁移,造成界面沿其法线方向推进,从而使新相长大,如图1.14所示。这种晶核长大方式称为台阶式长大。

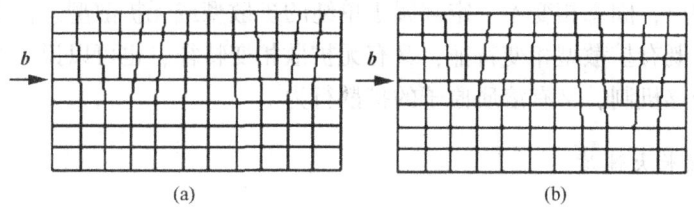

图1.13 半共格界面的可能结构
(a) 平界面　(b) 阶梯界面

(2) 非共格界面的迁移

在许多情况下,新相晶核与母相之间呈非共格界面,界面处原子排列紊乱,形成不规则排列的过渡薄层,其可能结构如图1.15(a)所示[9]。这种界面上原子的移动不是协同的,即无一定先后顺序,相对位移距离不等,其相邻关系也可能变化。这种界面可在任何位置接受原子或输出原子,随母相原子不断向新相转移,界面本身便沿其法向推进,从而使新相逐渐长大。但也有人认为,在非共格界面的微观区域中也可能呈现台阶状结构(图

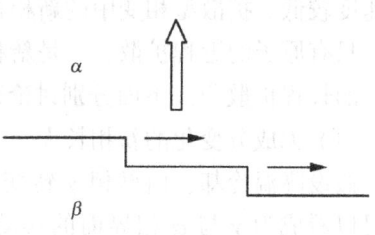

图1.14 晶核以台阶方式长大示意图

1.15(b)），这种台阶平面是原子排列最密的晶面，台阶高度约相当于一个原子层，通过原子从母相台阶端部向新相台阶转移，使新相台阶发生侧向移动，从而引起界面垂直方向上的推移，使新相长大。由于这种非共格界面的迁移是通过界面扩散进行的，因此这种相变又称为扩散型相变。

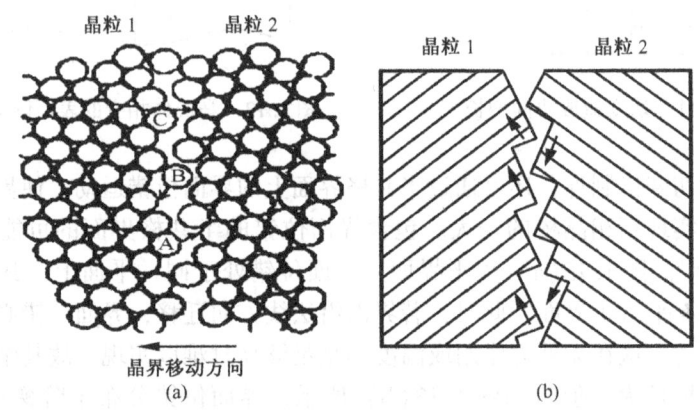

图1.15 非共格界面的可能结构
(a) 原子不规则排列的过渡薄层　(b) 台阶状非共格界面

应该指出，固态相变不一定都属于单纯的扩散型或无扩散型。例如，钢中贝氏体相变，既有扩散型相变特征，又有无扩散相变特征；也可以说，既符合半共格界面的迁移机制，又有溶质原子的扩散行为。

2. 新相长大速度

新相的长大速度取决于相界面的移动速度。对于无扩散型相变，其界面迁移是通过点阵切变完成的，不需要原子扩散，故其长大激活能为零，因此新相的长大速度很高。而对于扩散型相变，其界面迁移需要借助原子的扩散，故新相的长大速度较低。扩散型相变中的新相长大又分两种情况：一是新相形成时无成分变化，只有原子的近程扩散；二是新相形成时有成分变化，新相长大需要通过溶质原子的长程扩散[9]。下面分别讨论这两种情况：

(1) 无成分变化的新相长大

假设降温冷却，由母相 γ 转变为新相 α 时，新相与母相成分相同。新相长大可以看成为 γ 与 α 相界面的移动，其实质是两相界面附近原子的短程扩散。当母相中的原子通过短程扩散越过相界面进入新相时便导致相界面向母相中迁移，使新相逐渐长大。显然，其长大速率受界面扩散（短程扩散）所控制。前面图1.7示出了 γ 和 α 两相的自由能差 $\Delta G_{\gamma \to \alpha}$ 和相变势垒 Δg。若以 Δg 表示 γ 相中的一个原子越过相界跳到 α 相上所需的激活能，则振动原子中能够具有这一

激活能的概率应为 $\exp\left(-\dfrac{\Delta g}{kT}\right)$。若原子的振动频率为 ν_0，则 γ 相中的原子能够越过相界跳到 α 相上的频率 $\nu_{\gamma\to\alpha}$ 为

$$\nu_{\gamma\to\alpha} = \nu_0 \exp\left(-\frac{\Delta g}{kT}\right) \qquad (1.26)$$

即单位时间内将有 $\nu_{\gamma\to\alpha}$ 个原子从 γ 相中跳到 α 相上去。同理，α 相中的原子也可以越过相界跳到 γ 相上去，但其所需的激活能应为 $(\Delta g + \Delta G_{\gamma\to\alpha})$，其中 $\Delta G_{\gamma\to\alpha}$ 为 γ 相中的原子越过相界跳到 α 相上所引起的自由能变化，即原子由 γ 相跳到 α 相上去的驱动力。因此，α 相中的一个原子能够越过相界跳到 γ 相上去的频率 $\nu_{\alpha\to\gamma}$ 应为

$$\nu_{\alpha\to\gamma} = \nu_0 \exp\left(-\frac{\Delta g + \Delta G_{\gamma\to\alpha}}{kT}\right) \qquad (1.27)$$

亦即单位时间内可能有 $\nu_{\alpha\to\gamma}$ 个原子从 α 相中跳到 γ 相上去。这样，原子从 γ 相跳到 α 相的净跳跃频率应为 $\nu = \nu_{\gamma\to\alpha} - \nu_{\alpha\to\gamma}$。若原子跳一次的距离为 λ，每当相界上有一层原子从 γ 相跳到 α 相上后，α 相便增厚 λ，则在单位时间内 α 相的长大速度为

$$u = \lambda\nu = \lambda\nu_0 \exp\left(-\frac{\Delta g}{kT}\right)\left[1 - \exp\left(-\frac{\Delta G_{\gamma\to\alpha}}{kT}\right)\right] \qquad (1.28)$$

当过冷度很小时，$\Delta G_{\gamma\to\alpha}\to 0$。根据近似计算，$e^x \approx 1 + x$（当 $|x|$ 很小时），所以

$$\exp\left(-\frac{\Delta G_{\gamma\to\alpha}}{kT}\right) \approx 1 - \frac{\Delta G_{\gamma\to\alpha}}{kT} \qquad (1.29)$$

将式（1.29）代入式（1.28）中，则有

$$u = \frac{\lambda\nu_0}{k}\left(\frac{\Delta G_{\gamma\to\alpha}}{T}\right)\exp\left(-\frac{\Delta g}{kT}\right) \qquad (1.30)$$

可见，当过冷度很小时，新相长大速度与新相和母相的自由能差成正比。但实际上两相自由能差是过冷度或温度的函数，故新相长大速度随温度降低而增大。

当过冷度很大时，$\Delta G_{\gamma\to\alpha} \gg kT$，根据 $e^{-x} = \dfrac{1}{e^x} \to 0$（$x$ 很大时），式（1.28）变为

$$u = \lambda\nu_0 \exp\left(-\frac{\Delta g}{kT}\right) \qquad (1.31)$$

由此可见，长大速度取决于原子越过相界的激活能 Δg。对于非共格界面，Δg 值等于晶界扩散激活能；对于半共格界面则可认为大致等于原子在母相中的激活能（实际稍小些）。所以，原子越过非共格界面的激活能远小于越过半共格界面的激活能。由式（1.31）可知，当过冷度很大时，新相长大速度随温度降低呈指数函数减小。

综上所述，在整个相变温度范围内，新相长大速度与温度的关系如图1.16

所示，出现两头小中间大的趋势，即过冷度与新相长大速度有极大值的关系。

（2）有成分变化的新相长大

仍以降温冷却转变为例。当新相 α 和母相 γ 的成分不同时，新相的长大必须通过溶质原子的长程扩散来实现，故其长大速度受扩散所控制。生成新相时的成分变化有两种情况：一种是新相 α 中溶质原子的浓度 C_α 低于母相 γ 中的浓度 C_∞；另一种则相反，新相 α 中溶质原子的浓度 C_α 高于母相 γ 中的浓度 C_∞，如图 1.17 所示[5]。在某一转变温度下，相界面上新相 α 和母相 γ 的成分由平衡状态图所确定，设其分别为 C_α 和 C_γ。由于 C_γ 大于或小于母相 γ 的原始浓度 C_∞，故在界面附近的母相 γ 中存在一定的浓度梯度 $C_\gamma - C_\infty$ 或 $C_\infty - C_\gamma$。在这个浓度梯度的推动下，将引起溶质原子在母相 γ 内的扩散，以降低其浓度差，结果便破坏了相界面上的浓度平衡（C_α 和 C_γ）。为了恢复相界面上的浓度平衡，就必须通过相间扩散，使新相长大。因此，新相长大过程需要溶质原子由相界处扩散到母相内远离相界的区域（图 1.17（a）），或者由母相内远离相界的区域扩散到相界处（图 1.17（b））。在这种情况下，相界面的移动速度将由溶质原子的扩散速度所控制，即新相长大速度取决于原子的扩散速度。

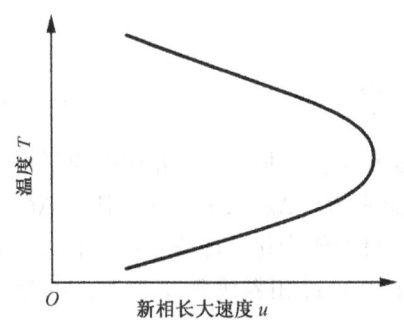

图 1.16 新相长大速度与温度的关系

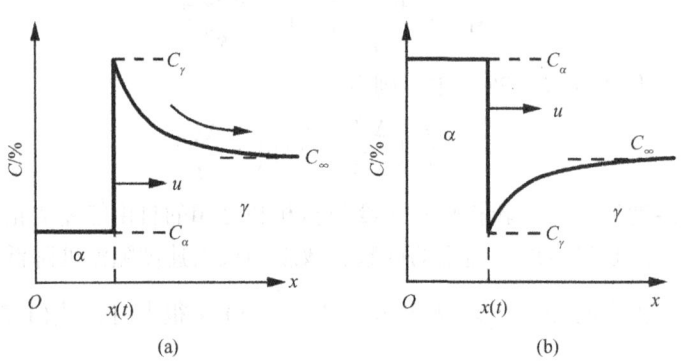

图 1.17 新相生长过程中溶质原子的浓度分布

以图 1.17（b）为例，假定 γ 和 α 的相界面为一平面，设在 dt 时间内相界面向 γ 相一侧推移 dx 距离，则新增加的 α 相单位界面面积所占体积内所需的溶质量为 $|C_\gamma - C_\alpha| dx$。这部分新增加的溶质量是依靠溶质原子在 γ 相中的扩散所提供的。设溶质原子在 γ 相中的扩散系数为 D，并假定其不随位置、时间和浓度而变化，相界面附近 γ 相中的浓度梯度为 $\left(\dfrac{\partial C_\gamma}{\partial x}\right)_{x_0}$，由 Fick 第一定律可知，扩散通量

为 $D\left(\dfrac{\partial C_\gamma}{\partial x}\right)_{x_0} dt$,故有

$$|C_\gamma - C_\alpha| dx = D\left(\dfrac{\partial C_\gamma}{\partial x}\right)_{x_0} dt$$

则

$$u = \dfrac{dx}{dt} = \dfrac{D}{|C_\gamma - C_\alpha|}\left(\dfrac{\partial C_\gamma}{\partial x}\right)_{x_0} \tag{1.32}$$

这表明新相的长大速度 u 与扩散系数 D 和相界面附近母相中的浓度梯度 $\left(\dfrac{\partial C_\gamma}{\partial x}\right)_{x_0}$ 成正比,而与两相在相界面上的平衡浓度差 $|C_\gamma - C_\alpha|$ 成反比。当温度下降时,扩散系数 D 急剧减小,因此,新相长大速度亦随温度下降而降低。此外,当温度不变时,新相长大速度还随时间延长而发生变化,这是因为 $\left(\dfrac{\partial C_\gamma}{\partial x}\right)_{x_0}$ 值将随着晶核的长大而不断降低。

1.3 金属固态相变动力学

1.3.1 金属固态相变的速率

相变动力学通常是讨论相变的速率问题,即描述在恒温条件下相变量与时间的关系。相变动力学取决于新相的形核率和长大速率。假设相变系统在某一温度下发生 $\gamma \to \alpha$ 的转变,经过 τ 时间(孕育期)后,在母相 γ 基体中产生了一些新相 α 的晶核。在新相彼此接触之前,新相晶核的长大线速率往往是恒定的,因此新相晶核半径 R 与时间 t 之间近似为直线关系,可用下式表示[2]

$$R = G(t - \tau) \tag{1.33}$$

式中,G 为新相晶核的长大线速率,可定义为 $G = \dfrac{dR}{dt}$。设新相晶核为球形,球的体积为 $\dfrac{4}{3}\pi R^3$,即每一个新相晶核的体积为 $\dfrac{4}{3}\pi G^3(t-\tau)^3$。若能确定新相晶核的数目,就可计算在 t 时间内新相的转变量。

设 I 为新相晶核的形核率,V_0 为试样的总体积,V 为已转变的新相体积,$(V_0 - V)$ 则为未转变的体积。显然,在 dt 时间内形成的新相晶核数目 n 为

$$n = I \cdot (V_0 - V) \cdot dt \tag{1.34}$$

在 dt 时间内已转变的新相体积 V 为

$$V = \int_0^t \dfrac{4}{3}\pi G^3(t-\tau)^3 I(V_0 - V) dt \tag{1.35}$$

由于未转变的体积 $(V_0 - V)$ 是随时间变化的,难以确定,所以无法直接计算

式（1.35）。这里，我们用试样的总体积 V_0 来取代式（1.34）中的未转变体积 $(V_0 - V)$，则得到在 dt 时间内形成的新相公称晶核数目 n_e 为

$$n_e = I \cdot V_0 \cdot dt \tag{1.36}$$

同样，在 dt 时间内已转变的新相公称体积 V_e 为

$$V_e = \int_0^t \frac{4}{3}\pi G^3 (t - \tau)^3 IV_0 dt \tag{1.37}$$

为方便起见，可改用已转变的新相公称体积分数 X_e 来表述，即

$$X_e = \frac{V_e}{V_0} = \int_0^t \frac{4}{3}\pi G^3 (t - \tau)^3 I dt \tag{1.38}$$

下面将新相公称体积分数 X_e 与新相实际体积分数 X 联系起来。由于在任一 dt 时间内，不管是实际晶核或是公称晶核，每一个晶核的体积是相同的，均为 $\frac{4}{3}\pi G^3 (t - \tau)^3$，因此可以写成

$$\frac{n}{n_e} = \frac{V}{V_e} = \frac{V/V_0}{V_e/V_0} = \frac{X}{X_e} \tag{1.39}$$

取微分形式得

$$\frac{dn}{dn_e} = \frac{dV}{dV_e} = \frac{dX}{dX_e} \tag{1.40}$$

令在 dt 时间内单位体积中形成的新相晶核数目为 dp，则有

$$dn = (V_0 - V) \cdot dp \tag{1.41}$$

$$dn_e = V_0 \cdot dp \tag{1.42}$$

设新相晶核在整个基体中任意形成，即 dp 与位置无关，则得

$$\frac{dn}{dn_e} = \frac{V_0 - V}{V_0} = 1 - \frac{V}{V_0} = 1 - X \tag{1.43}$$

把式（1.40）和式（1.43）结合起来，则得

$$\frac{dX}{dX_e} = 1 - X \tag{1.44}$$

解此微分方程得

$$X = 1 - \exp(-X_e) \tag{1.45}$$

由于在时间为 0 时 X 和 X_e 均为 0，故此时的积分常数为 0。假设晶核长大线速率 G 和形核率 I 均为常数，而 τ 小至可忽略不计，对式（1.38）积分，得

$$X_e = \frac{\pi}{3} I G^3 t^4 \tag{1.46}$$

代入式（1.45）中，则得

$$X = 1 - \exp\left(-\frac{\pi}{3} I G^3 t^4\right) \tag{1.47}$$

式（1.47）常称为Johnson-Mehl方程，可应用于服从四个约束条件（即任意形

核，I 为常数、G 为常数和 τ 很小）的所有相变[2]。

针对式（1.47）中不同 G 和 I 值（实际是不同温度）而绘出的新相转变体积分数与时间的关系曲线（相变动力学曲线）如图 1.18(a) 所示。这些相变动力学曲线均呈 "S" 形，即相变初期和后期的转变速度较小，而相变中期的转变速度最大，具有形核和长大过程的所有相变均具有此特征。

若将图 1.18(a) 中的实验数据改绘成时间（time）-温度（temperature）-转变量（transformation）的关系曲线，则如图 1.18(b) 所示，得到一般常用的"等温转变曲线"，亦称"TTT 曲线"（或称等温转变图、TTT 图）。由于该图中

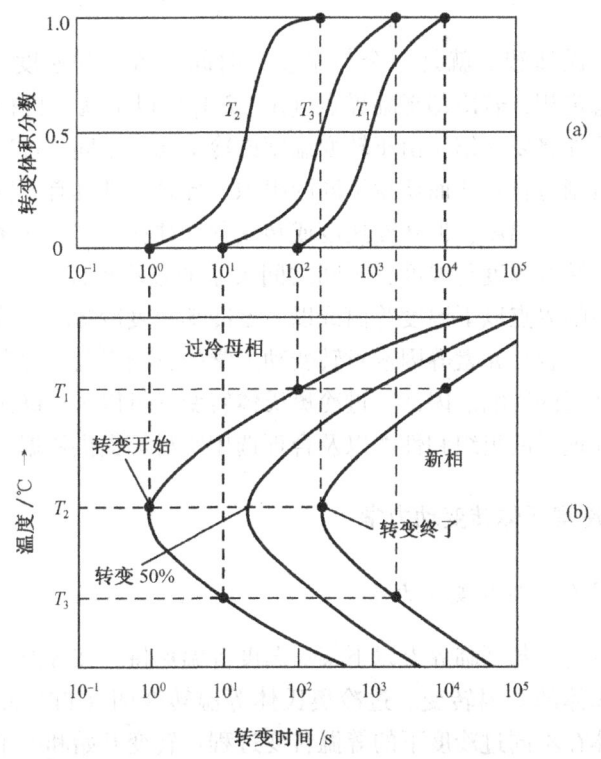

图 1.18　相变动力学曲线（a）和等温转变图（b）

的曲线常呈 "C" 字形，所以又称为 "C 曲线"。这是扩散型相变典型的等温转变曲线，转变开始阶段决定于形核，它需要一段孕育期。转变温度较高时，形核孕育期很长，转变延续时间亦很长；随温度下降，孕育期缩短，转变加速，至某一温度（对应于鼻尖）时，孕育期最短，转变速度最快；温度再降低，孕育期又逐渐加长，转变过程持续的时间也加长；当温度很低时，转变基本上被抑制而不能发生。由这些曲线可清楚地看出：①某相过冷到临界点以下某一温度保温时，相变何时开始，何时转变量达 50%，何时转变终止？②相变速率最初是随

温度下降而逐渐增大,达到一最大值后又逐渐减小。

应当指出,固态相变时尽管长大速率可以看做常数,但形核率并不是常数(因为许多固态相变往往是晶界等处优先形核,而不是任意形核,故形核率是变化的),因此,式(1.47)是不严格的,而应改用如下由 Avrami 提出的经验方程式[11]

$$X = 1 - \exp(-Kt^n) \qquad (1.48)$$

式中,K 和 n 均为系数。K 取决于相变温度、母相成分和晶粒大小;n 取决于相变的类型(其数值一般在 1 至 4 之间)。大多数固态相变的实验数据均与 Avrami 方程式符合较好。

钢的过冷奥氏体转变就是一个与温度和时间(或冷却速度)相关的过程。奥氏体是高温稳定相,若冷却至临界点(A_3 或 A_1)以下就不再稳定,一般称为过冷奥氏体。后面将要介绍,由于转变温度或冷却速度不同,过冷奥氏体可以通过不同的相变机制进行转变而获得不同的组织,导致钢件具有不同的性能。相变类型主要取决于相变温度,但转变速度或转变程度往往又与时间密切相关,所以通常可以用表征转变程度与温度、时间之间关系的过冷奥氏体转变图予以表示。转变图反映了在临界点以下温度等温或以一定冷却速度冷却时过冷奥氏体的转变规律,综合显示了合金元素等因素对转变动力学的影响以及等温温度或冷却速度对转变产物和性能的影响。因此,过冷奥氏体转变图可以为正确选择钢的热处理工艺、分析热处理后的组织和性能以及合理选用钢材等提供依据[14]。

1.3.2 钢中过冷奥氏体转变动力学

1. 过冷奥氏体等温转变动力学

将奥氏体迅速冷却到临界点以下某一温度等温保持,在等温过程中发生的相变称为过冷奥氏体的等温转变。过冷奥氏体等温转变图(TTT 曲线)可以综合反映过冷奥氏体在不同过冷度下的等温转变过程:转变开始和终了时间、转变产物的类型以及转变量与温度和时间的关系等等[15]。

(1) TTT 曲线的建立

可以采用金相硬度、膨胀、磁性、电阻和热分析等方法测定 TTT 曲线。下面简要介绍用金相硬度法测定 TTT 曲线的方法。

将一组圆片试样(约 $\Phi 10 \times 1.5mm$)加热至奥氏体区保温 10~15 分钟,获得均匀奥氏体后,迅速置于一定温度的恒温盐浴(或金属浴)槽中冷却并保持不同时间,然后逐个取出在盐水中激冷,使未转变的奥氏体转变成马氏体,马氏体量即为浴槽等温时未转变的奥氏体量。显然,等温时间不同,转变产物量就不同。最后将试样研磨、抛光、腐蚀,在金相显微镜下观察并结合硬度测试确定其转变产物的类型和转变量，并将结果绘成转变量与等温时间的关系曲线。然后，在不同等温温度下重复上述试验，即可获得不同等温温度下的转变量与时间的关系曲线（与图 1.18（a）类似）。可见，转变有孕育期，不同温度下的转变孕育期不同。转变开始后转变速度逐渐加快，转变量约为 50% 时转变速度最大，以后逐渐降低，直至转变终了[16]。

若将不同温度下的等温转变开始时间和终了时间以及某些特定转变量（如 50%）所对应的时间绘制在温度-时间半对数坐标系中，并将不同温度下的转变开始点和转变终了点以及转变 50% 点分别连结成曲线，则可得到如图 1.19 所示的过冷奥氏体等温转变图，即 TTT 曲线。图中 abcde 线代表不同温度下的转变开始（通常取转变量为 2% 左右）时间，而 fghij 线和 klm、noq 线分别表示转变 50% 和转变终了（实际上常为 98% 左右）时间。图中 M_s 和 M_f 分别为马氏体相变开始温度和终了温度，大多采用膨胀或磁性等物理方法来测定。

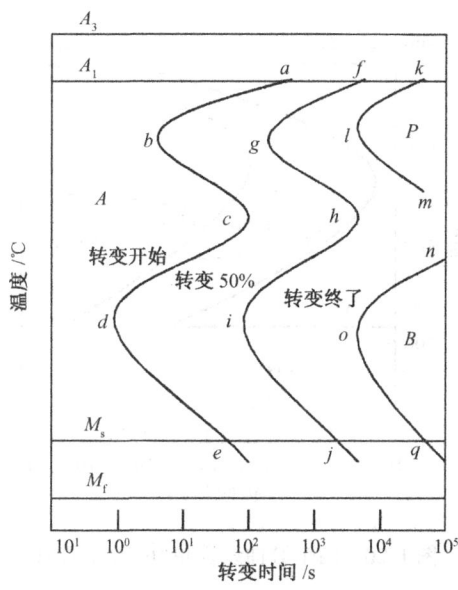

图 1.19 过冷奥氏体等温转变图

等温转变图中常标出临界点 A_{c1} 和 A_{c3}、各个相区（γ 或 A：奥氏体、α 或 F：铁素体、P：珠光体、B：贝氏体、α' 或 M：马氏体、K：碳化物）、转变产物的硬度、M_s 点、M_f 点等，有时也给出各类组织所占的百分数。

图 1.19 中的 TTT 曲线可以看成是由两个"C"形曲线所组成，第一个"C"曲线与珠光体形成（$A\rightarrow P$）相对应，第二个"C"曲线与贝氏体形成（$A\rightarrow B$）相对应。曲线中的两个凸出部分称为 C 曲线的"鼻尖"，分别对应珠光体转变和贝氏体转变孕育期最短的温度。在两个曲线相重叠的区域等温时可以得到珠光体

和贝氏体的混合组织。在珠光体区内，随等温温度下降，珠光体片层间距减小，珠光体组织变细。在贝氏体上区（较高温度）等温时，获得上贝氏体，在下区（较低温度）等温时，获得下贝氏体。

对于 M_s 点较高的钢，贝氏体等温转变曲线可延伸到 M_s 线以下，即贝氏体相变与马氏体相变重叠，在稍低于 M_s 点等温，则先形成少量马氏体，继而形成贝氏体。

（2）TTT 曲线的基本类型

由于各种合金元素的不同影响，TTT 曲线的形状是多种多样的。

第一种，具有单一的"C"形曲线。碳钢以及含有 Si、Ni、Cu、Co 等合金元素的钢均属于此种（图1.20），其鼻尖温度约为500～600℃。实际上是由两个邻近的 C 曲线合并而成（如图中虚线所示），在鼻尖以上等温时，形成珠光体，在鼻尖以下等温时，形成贝氏体。

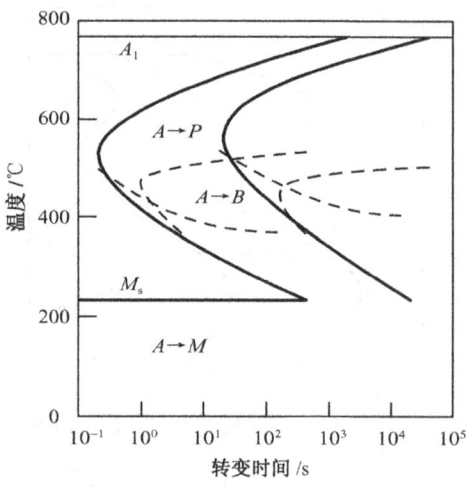

图1.20 两个 C 曲线合并为一个 C 曲线

第二种和第三种，曲线呈双"C"形。若钢中加入能使贝氏体转变温度范围下降，或使珠光体转变温度范围上升的合金元素（如 Cr、Mo、W、V 等）时，则随合金元素含量增加，珠光体转变曲线与贝氏体转变曲线逐渐分离。当合金元素含量足够高时，两曲线将完全分开，在珠光体转变和贝氏体转变之间出现一个过冷奥氏体稳定区。

若加入的合金元素不仅能使珠光体转变与贝氏体转变分离，而且能使珠光体转变速度显著减慢，但对贝氏体转变速度影响较小时，则得到如图1.21所示的等温转变图（第二种）；反之，若加入的合金元素能使贝氏体转变速度显著减慢，而对珠光体转变速度影响不大时，则得到如图1.22所示的等温转变图（第三种）。

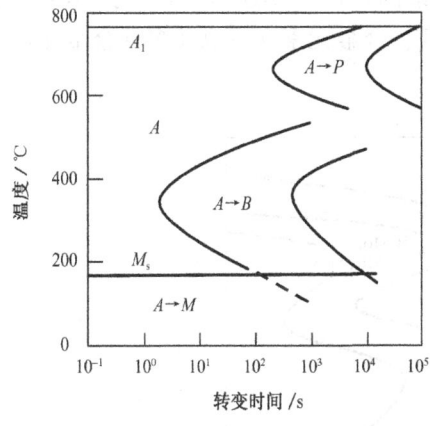

图1.21 第二种类型的C曲线　　图1.22 第三种类型的C曲线

第四种，只有贝氏体转变的C曲线。在含Mn、Cr、Ni、W、Mo量高的低碳钢中，扩散型的珠光体转变受到极大阻碍，因而只出现贝氏体转变的C曲线（图1.23）。

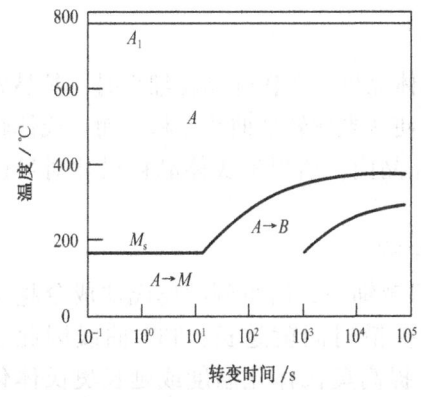

图1.23 第四种类型的C曲线　　图1.24 第五种类型的C曲线

第五种，只有珠光体转变的C曲线（图1.24）。常出现于中碳高铬钢中。

第六种，在M_s点以上整个温度区间内不出现C曲线。这类钢通常为奥氏体钢，高温下稳定的奥氏体组织能全部过冷至室温。

(3) TTT曲线的影响因素

1) 合金元素的影响

如上所述，合金元素对TTT曲线的影响最大。一般来说，除Co和Al以外的合金元素均使TTT曲线右移，即增加过冷奥氏体的稳定性。各种合金元素对TTT

曲线的影响示于图 1.25[5]。但是，合金元素的作用大小还与其在奥氏体中的溶解状态、形成的碳化物状态、奥氏体化温度、合金元素含量以及多种合金元素的相互作用等因素有关。

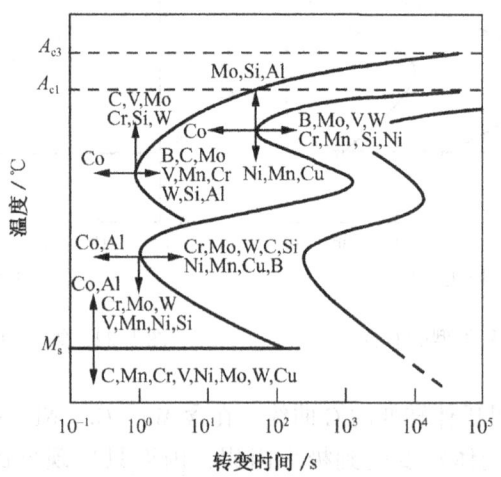

图 1.25　合金元素对过冷奥氏体等温转变图的影响

2) 奥氏体晶粒尺寸的影响

由于珠光体转变的形核位置主要是奥氏体晶界，奥氏体晶粒细小时，其晶界总面积增大，有利于形核，从而促进转变，使珠光体转变曲线左移。而贝氏体转变中 α 相的形核位置可以是晶界，也可以在晶内，所以奥氏体晶粒尺寸对贝氏体转变的影响较小。

3) 原始组织、加热温度和保温时间的影响

工业用钢在相同加热条件下，原始组织越细小，所得到的奥氏体成分越均匀，冷却时新相形核及长大过程中所需的扩散时间就越长，TTT 曲线因此右移，并且 M_s 点下降。当原始组织相同时，提高奥氏体化温度或延长奥氏体化时间，将促使碳化物溶解、奥氏体成分均匀和奥氏体晶粒长大，导致 TTT 曲线右移。

4) 奥氏体塑性变形的影响

奥氏体的塑性变形会显著影响珠光体转变动力学。一般来说，形变量越大，珠光体转变孕育期就越短，即加速珠光体转变。形变加速珠光体转变的原因可分为三种情况：①相变前形变奥氏体处于完全再结晶状态时，其原因是再结晶细化了奥氏体晶粒；②相变前形变奥氏体处于加工硬化状态时，其原因是形变促进了晶界与晶内（如滑移带、孪晶）形核；③相变前形变奥氏体中析出大量细小的形变诱发碳化物时，其原因是形变诱发碳化物促进了珠光体的晶内形核。

2. 过冷奥氏体连续冷却转变动力学

TTT 曲线可以直接用来指导等温热处理工艺的制订。但是实际热处理常常是在连续冷却条件下进行的，此时过冷奥氏体的转变规律与 TTT 曲线差别很大。连续冷却时，过冷奥氏体是在一个温度范围内进行转变的，几种转变往往相互重叠，得到不均匀的混合组织。过冷奥氏体的连续冷却转变图——CCT 曲线（continuous cooling transformation）则是分析连续冷却过程中奥氏体的转变过程以及转变产物的组织和性能的重要依据。

(1) CCT 曲线的建立

测定 CCT 曲线一般较测定 TTT 曲线困难，其原因有：①维持恒定冷却速度十分困难。在任何一种均匀介质中都难以维持恒定的冷却速度，并且过冷奥氏体在转变过程中还要释放相变潜热，使冷却速度发生改变。由于冷却速度改变，曲线的形状、位置均会改变；②在连续冷却时，转变产物往往是混合的，各种组织的精确定量也比较困难；③在快速冷却时，保证测量时间、温度的精度也很困难。因此，目前仍有许多钢的 CCT 曲线有待进一步精确测定。

通常综合应用膨胀法、端淬法、金相硬度法、热分析法和磁性法来测定 CCT 曲线。端淬法是以往应用较多的方法之一，而快速膨胀仪的问世为 CCT 曲线的测定提供了许多方便。快速膨胀仪所用试样尺寸通常为 $\Phi 3 \times 10mm$ 的小试样。采用真空感应加热方法加热试样，程序控制冷却速度，在 800～500℃ 范围内平均冷却速度可从 100000℃/min 变化到 1℃/min。从不同冷却速度的膨胀曲线上可确定转变开始（转变量为 1%）、各种中间转变量和转变终了（转变量为 99%）所对应的温度和时间。将数据记录在温度-时间半对数坐标系中，连接相应的点，便得到连续冷却转变图，即 CCT 曲线。为了提高测量精度，常用金相硬度法或热分析法进行定点校对。

(2) 冷却速度对转变产物的影响

图 1.26 为 0.46% C 钢的 CCT 曲线，图中标注的符号意义与 TTT 曲线相同[9]。自左上方至右下方的若干曲线代表不同冷速的冷却曲线。这些冷却曲线依次与铁素体、珠光体和贝氏体转变终止线相交处所标注的数字，分别代表以该速度冷却至室温后组织中铁素体、珠光体和贝氏体所占的体积百分数。冷却曲线下端的数字代表以该速度冷却所获组织的室温维氏硬度。常在图的右上角注明奥氏体化温度和时间。

现根据图 1.26 讨论在三种典型的冷却速度（图中 (a)、(b)、(c)）下，过冷奥氏体的转变过程和转变产物组成，并说明冷却速度对转变产物的影响。以速度 (a) 冷却时，直至 M_s 点（360℃）仍无扩散型相变发生。从 M_s 点开始马氏体转变，冷至室温后的组织为马氏体加少量残余奥氏体，硬度为 HV685；以速度 (b) 冷却时，2s 后在 630℃ 开始析出铁素体，3s 冷却至 600℃ 铁素体转变量达5%时开始珠光体转变，6s冷却至480℃珠光体转变量达50%时进入贝氏体转变区，10s冷却至305℃贝氏体转变量为13%，随后开始马氏体转变，冷却至室温后仍有部分奥氏体残留下来。室温组织由5%铁素体、50%珠光体、13%贝氏体、30%马氏体和2%残余奥氏体所组成，硬度为HV350。以速度（c）冷却时，80s冷却至720℃时开始析出铁素体，105s冷却至680℃形成35%铁素体并开始珠光体转变，115s冷却至655℃转变终了，获得35%铁素体和65%珠光体的混合组织，硬度为HV200。

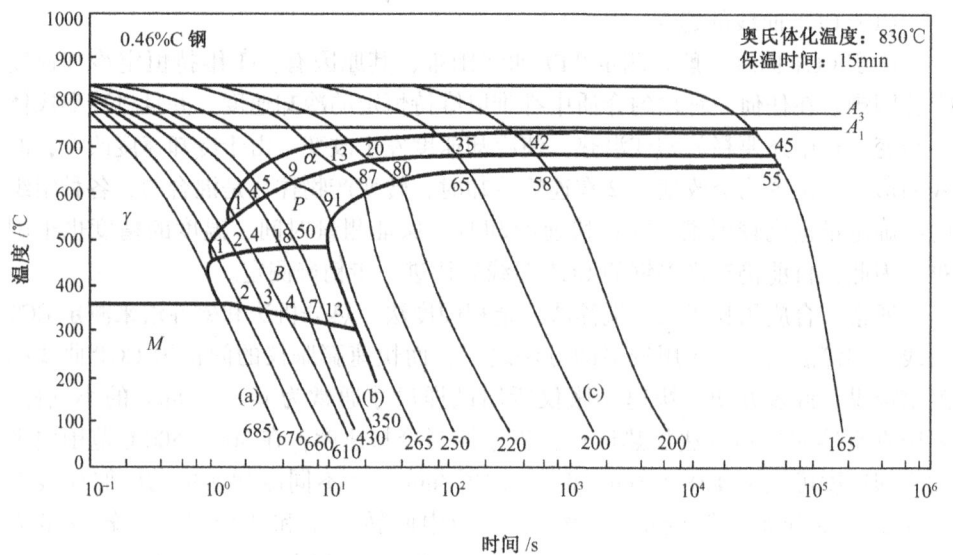

图1.26 中碳钢（0.46%C）的过冷奥氏体连续冷却转变图

（3）与TTT曲线的比较

与等温转变TTT曲线相比，过冷奥氏体的连续冷却转变CCT曲线有如下特点[17]：

（a）连续冷却转变CCT曲线都处于同种材料的等温转变TTT曲线的右下方。这是由于连续冷却转变时转变温度较低、孕育期较长所致。

（b）从形状上看，连续冷却转变CCT曲线不论是珠光体转变区还是贝氏体转变区都只有相当于等温转变TTT曲线的上半部。

（c）碳钢连续冷却时可使中温的贝氏体转变被抑制。共析碳钢的CCT曲线示于图1.27，图中的细线为共析碳钢的TTT曲线[9]。由图可见，共析碳钢的CCT曲线只有高温的珠光体转变区和低温的马氏体转变区，而无中温的贝氏体转变区。这是由于贝氏体转变的孕育期较长所致。例如，以90℃/s的速度冷却时，到a点有50%奥氏体转变为珠光体，在$a \sim b$之间转变中止，从b点开始剩余奥氏体发生马氏体转变。同时还可看到，CCT 曲线的 P_s 曲线和 P_f 曲线（珠光体转变开始线和终了线）均向右下方移动。

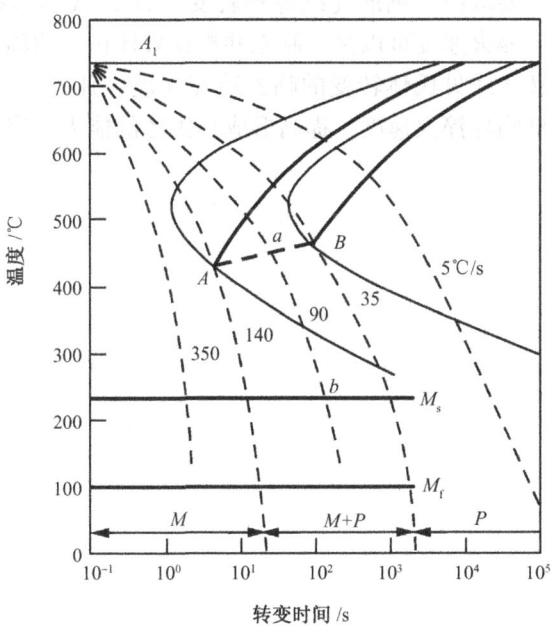

图 1.27 共析碳钢的 CCT 图

（d）合金钢连续冷却时可以有珠光体转变而无贝氏体转变，也可以有贝氏体转变而无珠光体转变，或者两者兼而有之。具体图形由加入钢中合金元素的种类和含量而定。合金元素对连续冷却转变 CCT 曲线的影响规律与对等温转变 TTT 曲线的影响相似。

（4）钢的临界冷却速度

在连续冷却中，使过冷奥氏体不析出先共析铁素体（亚共析钢）或先共析碳化物（过共析钢高于 A_{cm} 点奥氏体化）以及不转变为珠光体或贝氏体的最低冷却速度分别称为抑制先共析铁素体或先共析碳化物析出以及抑制珠光体或贝氏体转变的临界冷却速度。它们可以分别用与 CCT 曲线中先共析铁素体或先共析碳化物析出线以及珠光体或贝氏体转变开始线相切的冷却曲线所对应的冷却速度来表示[18]。

为获得完全的马氏体组织，冷却速度应大于某一临界值而使过冷奥氏体在冷却过程中不发生分解。在连续冷却时，使过冷奥氏体不发生分解，完全转变为马氏体（包括残余奥氏体）的最低冷却速度称为临界淬火速度。如图 1.27 中通过 A 点的冷却速度（140℃/s）是不发生珠光体转变而获得完全马氏体组织的最低冷却速度，即共析碳钢的临界淬火速度。临界淬火速度代表钢件淬火冷却形成马氏体的能力，是决定钢件淬透层深度的重要因素，也是合理选用钢材和正确制定热处理工艺的重要依据之一。

临界淬火速度主要取决于钢的连续冷却转变 CCT 曲线的形状和位置。根据钢的成分不同，临界淬火速度可以是抑制先共析铁素体析出的临界冷却速度，也可以是抑制珠光体转变或贝氏体转变的临界冷却速度。凡是使 CCT 曲线右移的各种因素，都将降低临界淬火速度，提高形成马氏体的能力，容易获得完全的马氏体组织。

第二章 钢中奥氏体的形成

金属材料的热处理过程一般是由加热、保温和冷却三个阶段所组成,其目的是改变金属及合金的内部组织结构,使其满足服役条件所提出的性能要求。

为了使钢件经热处理后获得所要求的组织和性能,大多数热处理工艺(如淬火、正火和退火等)都需要将钢件加热至相变临界点以上,形成奥氏体组织,称之为奥氏体化,然后再以一定的发生(或冷速)进行冷却。因此,钢在加热时的转变是钢件热处理的基础,而且热处理钢件的组织和性能与其加热时形成的奥氏体组织有很大的关系。如过热将引起奥氏体晶粒粗大,导致钢件热处理后冲击韧性降低,断口呈粗晶状,表现出明显的脆化倾向。近年发展起来的超细晶粒化处理、亚温淬火处理等强韧化处理新工艺均以改变加热规范为主要手段。由此可见研究加热转变对改进钢件热处理工艺有很重要的意义,掌握钢件在加热过程中的组织转变规律是学好以后各种冷却转变的必不可少的基础。

2.1 奥氏体的组织特征

钢件实际热处理加热时所发生的相变常常是非平衡的,很难用 Fe-Fe$_3$C 平衡状态图完全说明问题。这里我们仍以 Fe-Fe$_3$C 平衡状态图为基础来介绍奥氏体的组织特征。

2.1.1 奥氏体形成的温度范围

根据 Fe-Fe$_3$C 平衡状态图(如图 2.1 所示),奥氏体(γ)是高温稳定相,状态图中的 *GSEJNG* 区域是奥氏体稳定存在的区域。S 点为共析成分点(碳含量为 0.77%),具有共析成分的钢称为共析钢,碳含量低于共析成分的钢称为亚共析钢,碳含量高于共析成分而低于 2.11%(E 点)的钢称为过共析钢,E 点即为碳在奥氏体中的最大溶解度。温度低于 A_1 点(727℃)时,碳钢的平衡组织为珠光体(α + Fe$_3$C)(共析钢)或珠光体加铁素体(α)(亚共析钢)或珠光体加渗碳体(Fe$_3$C)(过共析钢)。而珠光体是铁素体与渗碳体的混和物,所以从相组成来说,A_1 点以下的平衡相为铁素体和渗碳体。温度高于 A_1 点时,共析钢的珠光体将转变为单相的奥氏体。随温度继续升高,亚共析钢的过剩相铁素体将不断转变为奥氏体,过共析钢的过剩相渗碳体也将不断溶入奥氏体中,使奥氏体量逐渐增多,其成分分别沿 *GS* 线(A_3 点)和 *SE* 线(A_{cm} 点)变化。当加热到 *GSE* 线以上时,平衡相均为单相的奥氏体。

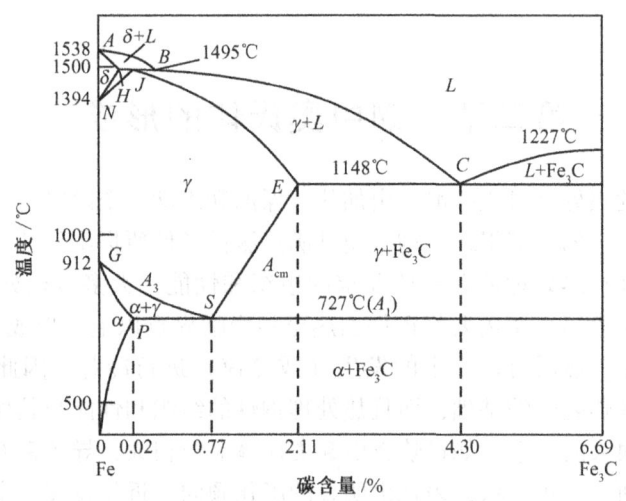

图 2.1 Fe-Fe₃C 合金平衡状态图示意图

Fe-Fe₃C 平衡状态图是热力学上达到平衡时的状态图，但实际的相变并不是按照状态图中所示的温度进行的，往往存在一定的温度滞后，且温度滞后的程度随加热或冷却速度的增大而增大。因此，实际加热和冷却时的相变临界点不在同一温度上。为了区别，通常把实际加热时的相变临界点标以字母 c（如 A_{c1}、A_{c3}、A_{ccm}），把冷却时的相变临界点标以字母 r（如 A_{r1}，A_{r3}，A_{rcm}）。

2.1.2 奥氏体的组织和结构

奥氏体的组织通常是由等轴状的多边形晶粒所组成，晶内常可出现相变孪晶。图 2.2 为 12CrNi3 钢奥氏体化后快冷（淬火）得到的金相组织，虽然基体已转变为马氏体组织（如后述），但仍可以腐蚀并显示出淬火前奥氏体晶粒的晶界。研究证明，奥氏体是 C 在 γ-Fe 中的固溶体，C 原子在 γ-Fe 点阵中处于由 Fe 原子组成的八面体中心间隙位置，即面心立方晶胞的中心或棱边中点，如图 2.3 所示。若按所有的八面体间隙位置均填满 C 原子计算，单位晶胞中应含有 4 个 Fe 原子和 4 个 C 原子，其原子百分比为 50%，重量百分比为 20%。但实际上，奥氏体的最大碳含量为 2.11%（重量），原子百分比为 10%，即 2.5 个晶胞中才有一个 C 原子。这是因为 C 原子半径为 0.77Å，而 γ-Fe 点阵中八面体间隙半径仅为 0.52Å，C 原子进入间隙位置后将引起点阵畸变，使其周围的间隙位置不可能都填满 C 原子。实际上，C 在奥氏体中呈统计性均匀分布，存在着浓度起伏，即存在着高浓度区域。C 原子的存在，使奥氏体点阵发生等称膨胀，因而点阵常数随碳含量升高而增大，如图 2.4 所示[9]。

合金钢中的奥氏体是 C 和合金元素溶于 γ-Fe 中的固溶体。合金元素如 Mn、

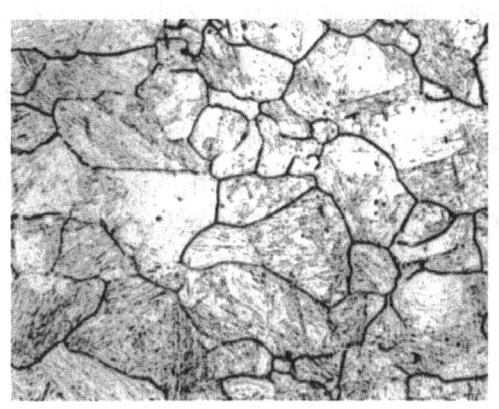

图 2.2　12CrNi3 钢的原奥氏体晶粒组织

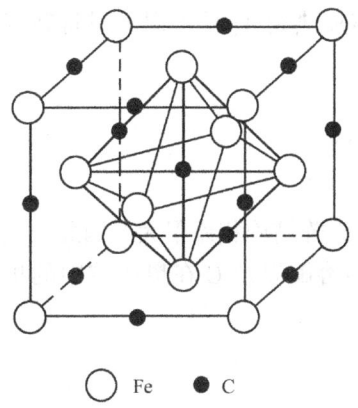

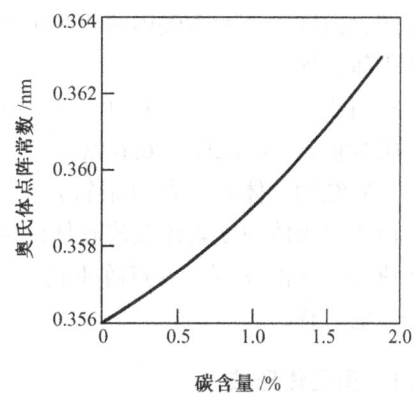

○ Fe　● C

图 2.3　C 原子在 γ-Fe 点阵中
可能存在的间隙位置

图 2.4　奥氏体点阵常数和
碳含量的关系

Si、Cr、Ni、Co 等在 γ-Fe 中取代 Fe 原子的位置而形成置换式固溶体。它们的存在也引起晶格畸变和点阵常数变化。所以合金奥氏体的点阵常数还与合金元素含量以及合金元素原子和 Fe 原子的半径差等因素有关。

2.1.3　奥氏体的性能

奥氏体是钢中的高温稳定相，但若钢中加入足够量的能够扩大 γ 相区的元素，则可使奥氏体在室温成为稳定相。因此，奥氏体可以是钢在使用时的一种组织状态，以奥氏体状态使用的钢称为奥氏体钢。

在钢的各种组织中，具有面心立方点阵的奥氏体的硬度和屈服强度均不高，碳的固溶也不能有效地提高其硬度和强度；因面心立方点阵滑移系统多，奥氏体的塑性很好，易于变形，即加工成形性好；又因面心立方点阵是一种最密排的点阵结构，致密度高，所以奥氏体的比容最小；奥氏体中铁原子的自扩散激活能大，扩散系数小，因此奥氏体钢的热强性好，可作为高温用钢；奥氏体具有顺磁性，而奥氏体的转变产物均为铁磁性，所以奥氏体钢又可作为无磁性钢；奥氏体的线膨胀系数大，因此奥氏体钢也可用来制作热膨胀灵敏的仪表元件；奥氏体的导热性能差，故奥氏体钢加热时，不宜采用过大的加热速度，以免因热应力过大而引起工件变形。

2.2 奥氏体的形成机制

以共析钢为例，讨论奥氏体的形成机制。共析钢的奥氏体与珠光体的体积自由能相等的温度是 A_1 点（727℃），根据固态相变热力学条件，必须加热到 A_1 点以上，即要有一定的过热度（ΔT），奥氏体才会自发地形成。根据 Fe-Fe$_3$C 平衡状态图，由铁素体和渗碳体两相组成的珠光体加热到 A_{c1} 稍上温度时将转变为单相奥氏体，即

相组成：（ α + Fe$_3$C ） → γ
碳含量： 0.02% 6.69%   0.77%
点阵结构：体心立方 复杂斜方   面心立方

由于奥氏体与铁素体及渗碳体的碳含量和点阵结构相差很大，因此，奥氏体的形成是一个由 α 到 γ 的点阵重构、渗碳体的溶解以及 C 在奥氏体中的扩散重新分布的过程。

2.2.1 奥氏体形核

奥氏体的形成符合一般的固态相变规律，是通过形核和长大完成的。根据扩散理论，奥氏体的晶核是依靠系统内的能量起伏、浓度起伏和结构起伏形成的。

从图 2.1 中的 GS 线可知，奥氏体中与铁素体相平衡的碳含量随温度升高而下降。铁素体中的最大碳含量为 0.02%（在 A_1 温度），而为使铁素体转变为奥氏体，铁素体的最低碳含量必须是：727℃为 0.77%、740℃为 0.66%、780℃为 0.40%、800℃为 0.32% 等等，均远远高于铁素体中的最大碳含量。实际上，在微观体积内由于碳原子的热运动而存在着浓度起伏。所以，在平均碳浓度很低的铁素体中，存在着高碳微区，其碳浓度可能达到该温度下奥氏体能够稳定存在的成分（由 GS 线决定）。如果这些高碳微区因结构起伏和能量起伏而具有面心立方点阵结构和足够高的能量时，就有可能转变成该温度下稳定存在的奥氏体临界晶核。但是，这些晶核要保持下来并进一步长大，必须要有碳原子继续不断的供应。

奥氏体晶核的形核位置通常在铁素体和渗碳体的两相界面上。这是因为：

①在两相界面处,碳原子的浓度差较大,有利于获得形成奥氏体晶核所需的碳浓度;②在两相界面处,原子排列不规则,铁原子有可能通过短程扩散由母相点阵向新相点阵转移,从而促使奥氏体形核,即形核所需的结构起伏较小;③在两相界面处,杂质及其他晶体缺陷较多,具有较高的畸变能,新相形核时可能消除部分晶体缺陷而使系统的自由能降低。并且新相形核时产生的应变能也较容易借助相界(晶界)流变而释放。

珠光体团边界与铁素体和渗碳体的相界面一样,也是奥氏体的形核部位。此外,在快速加热时,由于过热度大,奥氏体临界晶核尺寸减小,且相变所需的浓度起伏也减小,因此新相奥氏体也可在铁素体内的亚晶界上形核。

2.2.2 奥氏体晶核长大

当奥氏体在铁素体和渗碳体两相界面上形核后,便形成了 γ/α 和 γ/Fe_3C 两个新的相界面。奥氏体的长大过程即为这两个相界面向原来的铁素体和渗碳体中推移的过程。假定奥氏体与渗碳体及铁素体的相界面是平直的,则奥氏体在 A_{c1} 以上 T_1 温度形核时,相界面处各相中的碳浓度可由 Fe-Fe$_3$C 状态图来确定,如图 2.5(a)所示。可见,在相界面处,与奥氏体相接触的铁素体碳浓度为 $C_{\alpha/\gamma}$(下标符号中,前者表示该相(如 α),后者表示与之相接触的相(如 γ),后同),与渗碳体相接触的铁素体碳浓度为 $C_{\alpha/cem}$(沿 QP 延长线变化),与铁素体相接触的奥氏体碳浓度为 $C_{\gamma/\alpha}$,与渗碳体相接触的奥氏体碳浓度为 $C_{\gamma/cem}$,与奥氏体相接触的渗碳体碳浓度为 $C_{cem/\gamma}$(恒定不变,即 6.69%)。

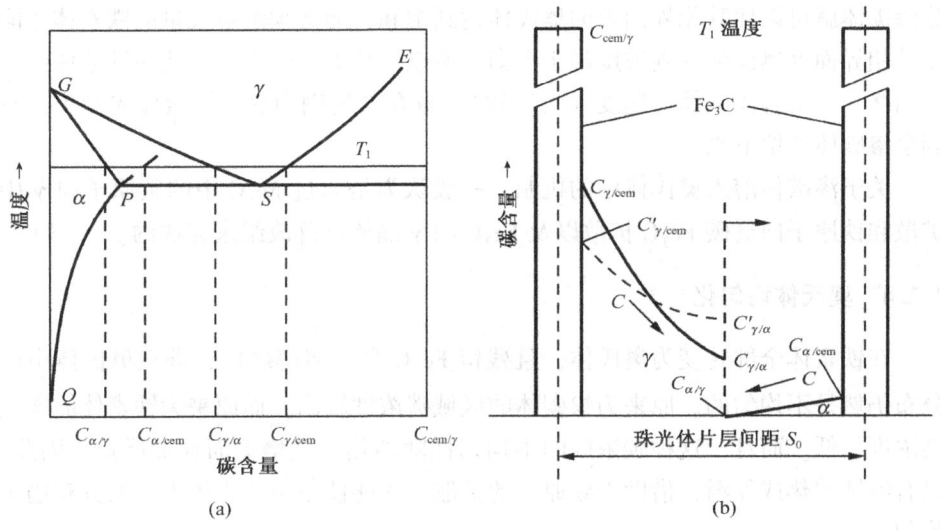

图 2.5 共析钢奥氏体晶核长大示意图
(a)T_1 温度下各相中的碳的浓度 (b)相界面推移示意图

若垂直于相界面截取一纵截面，则沿纵截面各相中的碳浓度分布如图2.5(b)所示。可见，由于新相奥氏体两个相界面（γ/α 和 γ/Fe_3C）的碳浓度不等（$C_{\gamma/cem} > C_{\gamma/\alpha}$），在奥氏体中就形成一个浓度差（$C_{\gamma/cem} - C_{\gamma/\alpha}$），使C原子从高浓度的 γ/Fe_3C 相界面处向低浓度的 γ/α 相界面处扩散，结果破坏了在该温度（T_1）下相界面的平衡浓度，同时奥氏体中碳的浓度梯度趋于减小，如图中 $C'_{\gamma/cem} - C'_{\gamma/\alpha}$ 虚线所示。为了维持原来相界面处的局部碳浓度平衡，在 γ/Fe_3C 相界面处的渗碳体必须溶入奥氏体以供应碳量，使其碳浓度恢复至 $C_{\gamma/cem}$。同时，在 γ/α 相界面处的铁素体必转变为奥氏体，使其碳浓度降至 $C_{\gamma/\alpha}$。这样，奥氏体的两个相界面便自然地同时向渗碳体和铁素体中推移，使奥氏体不断长大。

与此同时，在铁素体中也进行着碳的扩散。如图2.5(b)所示，在铁素体、奥氏体和渗碳体三相共存时，在铁素体中也存在着碳浓度差（$C_{\alpha/cem} - C_{\alpha/\gamma}$），也会引起碳从 α/Fe_3C 相界面处向 α/γ 相界面处扩散，这种扩散也促进奥氏体的长大。

综上所述，奥氏体中的碳浓度差是奥氏体在铁素体和渗碳体相界面上形核的必然结果，它是相界面推移的驱动力，相界面推移的结果是 Fe_3C 不断溶解，α 相逐渐转变为 γ 相。

2.2.3 剩余碳化物溶解

在奥氏体晶体长大过程中，由于 γ/Fe_3C 相界面处的碳浓度差（$C_{cem/\gamma} - C_{\gamma/cem}$）远远大于 γ/α 相界面处的碳浓度差（$C_{\gamma/\alpha} - C_{\alpha/\gamma}$），所以只需溶解一小部分渗碳体就可以使其相界面处的奥氏体达到饱和，而必须溶解大量的铁素体才能使其相界面处奥氏体的碳浓度趋于平衡。所以，长大中的奥氏体溶解铁素体的速度始终大于溶解渗碳体的速度（见后述），故在共析钢中总是铁素体先消失，有剩余渗碳体残留下来。

关于渗碳体溶入奥氏体中的机制，一般认为是通过 Fe_3C 中的碳原子向 γ 中扩散和铁原子向贫碳 Fe_3C 扩散以及 Fe_3C 向 γ 晶体点阵改组来完成的。

2.2.4 奥氏体均匀化

在铁素体全部转变为奥氏体，且残留 Fe_3C 全部溶解之后，碳在奥氏体中的分布仍然是不均匀的。原来为渗碳体的区域碳浓度较高，而原来为铁素体的区域碳浓度较低。而且，这种碳浓度的不均匀性随加热速度增大而愈加严重。因此，只有继续加热或保温，借助于碳原子的扩散，才能使整个奥氏体中碳的分布趋于均匀。

综上所述，奥氏体的形成过程可以分为四个阶段：①奥氏体形核；②奥氏体晶核向 α 及 Fe_3C 两个方向长大；③剩余碳化物溶解；④奥氏体均匀化。

2.3 奥氏体形成动力学

2.3.1 奥氏体等温形成动力学

奥氏体形成速度取决于形核率 I 和长大速度 G，在等温条件下 I 和 G 均为常数。随温度升高，形核率 I 和长大速度 G 均增大。表 2.1 示出了共析碳钢奥氏体形核率 I 和长大速度 G 与加热温度的关系[9,10]。由此可见，当温度从 740℃ 升高到 800℃ 时，形核率 I 增大了 270 多倍，而长大速度 G 增大了 80 余倍。因此，随温度升高，奥氏体的形成速度迅速增大。

表 2.1 奥氏体的形核率 I、长大速度 G 与温度的关系

转变温度/℃	形核率 I/(1/mm³·s)	长大速度 G/(mm/s)	转变一半所需时间/s
740	2280	0.0005	100
760	11000	0.010	9
780	51500	0.026	3
800	616000	0.041	1

1. 形核率 I

在奥氏体均匀形核条件下，形核率 I 与温度 T 之间的关系可表示为[9]

$$I = C\exp\left(-\frac{Q+W}{kT}\right) \tag{2.1}$$

式中，C 为常数；Q 为扩散激活能；T 为绝对温度；k 为波尔兹曼常数；W 为临界晶核的形核功。在忽略应变能时，形核功 W 可表示为

$$W = A\frac{\sigma^3}{\Delta C_v^2} \tag{2.2}$$

式中，A 为常数；σ 为奥氏体与珠光体的比界面能；ΔG_v 为奥氏体与珠光体的单位体积自由能差。

由式（2.1）和式（2.2）可见，当奥氏体形成温度 T 升高时，一方面使形核率 I 以指数函数关系迅速增大；另一方面，随温度升高相变驱动力 ΔG_v 增大而使形核功 W 减小，导致形核率 I 进一步增大。此外，随温度升高，原子扩散系数也增大，原子扩散速度加快，不仅有利于铁素体向奥氏体的点阵重构，而且也促进渗碳体的溶解，因而也加速奥氏体的形核。从图 2.5(a) 中还可看出，随温度升高，$C_{\gamma/\alpha}$ 与 $C_{\alpha/\gamma}$ 之差减小，奥氏体形核所需的碳浓度起伏减小，也有利于提高奥氏体的形核率。因此，奥氏体形成温度升高，即相变过热度增大，可以使奥氏体形核急剧增加，这对于形成细小的奥氏体晶粒是有利的。

2. 长大速度 G

根据奥氏体的形成机制，奥氏体晶核形成后，其线生长速度应等于相界面的推移速度，若忽略碳原子在铁素体中的扩散对相界面移动速度的影响，则可由扩散定律导出奥氏体形成时的相界面推移速度为[9]

$$G = -KD_c^\gamma \frac{dC}{dx} \frac{1}{\Delta C_B} \qquad (2.3)$$

式中，K 为常数；D_c^γ 为碳在奥氏体中的扩散系数；$\frac{dC}{dx}$ 为相界面处奥氏体中碳的浓度梯度；ΔC_B 为奥氏体与铁素体的相界面处或奥氏体与渗碳体的相界面处的两相浓度差；式中负号表示下坡扩散。

在等温转变时，D_c^γ、$\frac{dC}{dx}$ 均为常数（由状态图确定），则式（2.3）可改写成

$$G = \frac{K'}{\Delta C_B} \qquad (2.4)$$

式中 K' 为常数。式（2.4）同时适用于奥氏体向铁素体和奥氏体向渗碳体中推移的速度。由于在一个珠光体片层间距内形成奥氏体的同时，类似过程也在其他片层中进行，所以可用一个片层间距内的奥氏体的长大速度代替奥氏体长大的平均速度。此时 $\frac{dC}{dx} \approx \frac{C_{\gamma/cem} - C_{\gamma/\alpha}}{S_0}$，其中 S_0 为珠光体片层间距，$C_{\gamma/cem} - C_{\gamma/\alpha}$ 为奥氏体两个相界面之间的浓度差，可由状态图中 GS 线和 ES 线确定，这样便可按式（2.4）近似估算奥氏体向铁素体及渗碳体中的推移速度。但由于式（2.4）忽略了碳在铁素体中的扩散，所以计算值往往比实验值偏小，并且温度升高时两者误差增大。其原因是：当铁素体中的碳扩散到 γ/α 相界面处时，在相界面处形成高浓度区，使相界面浓度差 $C_{\gamma/\alpha} - C_{\alpha/\gamma}$ 减小，因而有利于奥氏体向铁素体中推移。

根据式（2.4），当奥氏体形成温度为 780℃时，奥氏体向铁素体中的推移速度为

$$G_{\gamma \to \alpha} \approx \frac{K'}{0.41 - 0.02}$$

奥氏体向渗碳体中的推移速度为

$$G_{\gamma \to cem} \approx \frac{K'}{6.69 - 0.89}$$

两者之比为

$$\frac{G_{\gamma \to \alpha}}{G_{\gamma \to cem}} = \frac{6.69 - 0.89}{0.41 - 0.02} \approx 14.9$$

即奥氏体的相界面向铁素体中的推移速度比向渗碳体中的推移速度快约 15 倍。

而在通常情况下,片状珠光体中的铁素体片厚度约为渗碳体片厚度的 7 倍。所以,奥氏体等温形成时,总是铁素体先消失,$\alpha \rightarrow \gamma$ 转变结束后,还有相当数量的剩余渗碳体未完全溶解,还需要经过剩余渗碳体溶解和奥氏体均匀化过程才能获得成分均匀的奥氏体。

与温度升高有利于奥氏体形核一样,奥氏体的长大速度亦随温度升高而增大。这是因为温度升高时,①原子扩散系数 D 成指数函数关系增大(见式(1.7)),而且奥氏体两相界面之间的碳浓度差($C_{\gamma/cem} - C_{\gamma/\alpha}$)增大(见图 2.5(a) 中的 SG 线及 SE 线),增大了碳在奥氏体中的浓度梯度,因而增加了奥氏体的长大速度;②铁素体中有利于奥氏体形核部位增多,原子扩散距离相对缩短,有利于奥氏体长大;③奥氏体与铁素体的相界面浓度差($C_{\gamma/\alpha} - C_{\alpha/\gamma}$)以及奥氏体与渗碳体的相界面浓度差($C_{cem/\gamma} - C_{\gamma/cem}$)均减小(图 2.5(a)),因而加速了奥氏体长大时的相界面推移速度。

综上所述,奥氏体形成温度升高时,奥氏体的形核率 I 和长大速度 G 均增大。所以,奥氏体形成速度随形成温度升高呈单调增大。

3. 奥氏体等温形成动力学曲线

将一组共析碳钢试样迅速加热至 A_{c1} 点以上不同温度,保温不同时间后在盐水中急冷至室温,测出每个试样中的马氏体转变量(即高温加热保温时的奥氏体形成量),作出各温度下奥氏体形成量与保温时间的关系曲线,即为奥氏体等温形成动力学曲线,如图 2.6(a) 所示。可见,加热温度越高,奥氏体等温形成动力学曲线就越向左移,奥氏体等温形成的开始及终了时间就越短。

将上述各加热温度下的奥氏体等温形成动力学曲线综合绘在温度与时间坐标系中,即可得到奥氏体等温形成图,如图 2.6(b) 所示。但这里的转变"终了"只表示珠光体到奥氏体的转变刚刚完成(即 α 相全部转变为 γ 相)时的情况。实际上,此时仍有部分剩余碳化物存在,需要继续保温才能完全溶解。而且在碳化物完全溶解之后,还需要继续保温才能使奥氏体的成分均匀化。若将剩余碳化物溶解及奥氏体成分均匀化过程全部标出,则共析碳钢的奥氏体等温形成图如图 2.7 所示[10]。

从图 2.6 和图 2.7 可以看出:①在高于 A_{c1} 温度加热保温时,奥氏体并不立即形成,而是经过一定的孕育期后才开始形成。加热温度愈高,孕育期就愈短;②奥氏体形成速度在开始时较慢,以后逐渐增大,当奥氏体形成量约为 50% 时最大,以后又逐渐减慢;③加热温度愈高,形成奥氏体所需的全部时间就愈短,即奥氏体形成速度就愈快;④在珠光体中的铁素体全部转变为奥氏体后,还需要一段时间使剩余碳化物溶解和奥氏体均匀化。而在整个奥氏体形成过程中,剩余碳化物溶解,特别是奥氏体成分均匀化所需的时间最长。

对于亚共析钢或过共析钢,当珠光体全部转变为奥氏体后,还有过剩相铁素

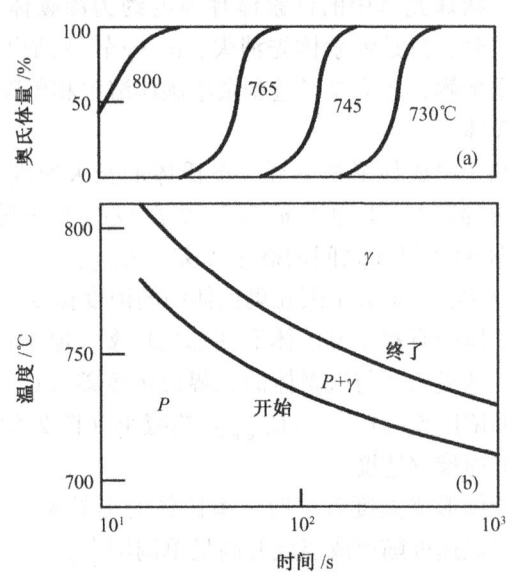

图 2.6 共析碳钢奥氏体等温形成动力学
曲线 (a) 和等温形成图 (b) 示意图

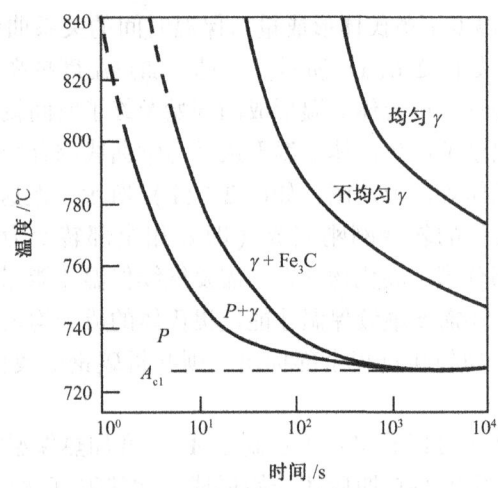

图 2.7 共析碳钢奥氏体等温形成图

体或过剩相渗碳体的转变。这些转变也需要通过碳原子在奥氏体中扩散以及奥氏体与过剩相之间的相界面推移来实现。也可以把过剩相铁素体转变终了曲线或过剩相渗碳体溶解终了曲线标在奥氏体等温形成图中。与共析钢相比，过共析钢的碳化物溶解和奥氏体成分均匀化所需的时间要长得多。

4. 影响奥氏体形成速度的因素

(1) 加热温度的影响

加热温度的影响如前所述，即加热温度愈高，奥氏体形成速度就愈快。而且随加热温度的升高，奥氏体的形核率 I 及长大速度 G 均增大，但 I 的增大速率高于 G 的增大速率（表2.1）。因此，奥氏体形成温度越高，获得的起始晶粒度就越细小。同时，随加热温度升高，奥氏体向铁素体中的相界面推移速度与奥氏体向渗碳体中的相界面推移速度之比增大。例如，温度为780℃时，二者之比为14.9，而当温度升高至800℃时，两者之比增大到19.1（由式（2.4）计算）。因此，奥氏体形成温度升高时，在珠光体中的铁素体相消失（即全部转变为奥氏体）的瞬间，剩余渗碳体量增大，刚形成的奥氏体的平均碳含量降低（表2.2）[9]。所以，实际热处理时加热速度愈大（或过热度愈大），钢中可能残留的碳化物数量就愈多。

表2.2 奥氏体形成温度对基体碳含量的影响

奥氏体形成温度/℃	735	760	780	850	900
基体碳含量（α相消失时）/%	0.77	0.69	0.61	0.51	0.46

综上所述，随着奥氏体形成温度的升高，奥氏体的起始晶粒细化；同时，相变的不平衡程度增大，在铁素体相消失的瞬间，剩余渗碳体量增多，因而奥氏体基体的平均碳含量降低。这两个因素均有利于改善淬火钢尤其是淬火高碳工具钢的韧性。

(2) 碳含量的影响

钢中碳含量愈高，奥氏体形成速度就愈快。因为碳含量增高时，碳化物数量增多，铁素体与渗碳体的相界面面积增大，因而增加了奥氏体的形核部位，使形核率增大。同时，碳化物数量增多后，使碳的扩散距离减小，并且随奥氏体中碳含量增加，碳和铁原子的扩散系数增大，这些因素都加速了奥氏体的形成。但是，在过共析钢中由于碳化物数量过多，随碳含量增加会引起剩余碳化物溶解和奥氏体均匀化的时间延长。

(3) 原始组织的影响

在钢的成分相同的情况下，原始组织中碳化物的分散度愈大，则相界面就愈多，形核率也就愈大。同时由于珠光体的片层间距减小，奥氏体中碳的浓度梯度增大，使碳原子的扩散速度加快，而且碳原子扩散距离也减小，这些都增大奥氏体的长大速度。因此，钢的原始组织愈细小，奥氏体的形成速度就愈快。例如，奥氏体形成温度为760℃，若珠光体的片层间距从 0.5μm 减至 0.1μm 时，奥氏体的长大速度增加约7倍。原始组织中碳化物的形状对奥氏体的形成速度也有一定的影响。与粒状珠光体相比，由于片状珠光体的相界面较大，渗碳体呈薄片状，易于溶解，所以加热时奥氏体容易形成。

(4) 合金元素的影响

钢中加入合金元素并不影响珠光体向奥氏体的转变机制，但影响碳化物的稳定性及碳在奥氏体中的扩散系数，并且多数合金元素在碳化物和基体之间的分布是不均匀的，所以合金元素将影响奥氏体的形核和长大、碳化物溶解、奥氏体均匀化的速度。

强碳化物形成元素如 Mo、W、Cr 等降低碳在奥氏体中的扩散系数，并形成特殊碳化物且不易溶解，所以显著减慢奥氏体的形成速度。非碳化物形成元素 Co 和 Ni 增大碳在奥氏体中的扩散系数，加速奥氏体的形成。Si 和 Al 对碳在奥氏体中扩散的影响不大，所以对奥氏体的形成速度无显著影响。

钢中加入合金元素可能改变相变临界点 A_1、A_3、A_{cm} 的位置，即改变相变时的过热度，从而影响奥氏体的形成速度。如 Ni、Mn、Cu 等降低 A_1 点，相对地增大了过热度，故使奥氏体的形成速度增大；Cr、Mo、Ti、Si、Al、W、V 等提高 A_1 点，相对地减小了过热度，所以减慢了奥氏体的形成速度。

钢中加入合金元素还可影响珠光体片层间距和碳在奥氏体中的溶解度，从而影响相界面浓度差和奥氏体中的浓度梯度以及形核功等，从而影响奥氏体的形成速度。

研究证明，钢中合金元素在原始组织各相中的分布是不均匀的。在退火状态下，碳化物形成元素（如 Mo、W、V、Ti、Cr 等）主要集中在碳化物相中，而非碳化物形成元素（如 Co、Ni、Si 等）则主要集中在铁素体相中。合金元素的这种不均匀分布现象直至碳化物完全溶解后还显著地保留在奥氏体中。因此，合金钢的奥氏体均匀化过程，除了碳的均匀化以外，还包括了合金元素的均匀化。由于合金元素的扩散系数比碳原子的扩散系数小约 1000~10000 倍，同时碳化物形成元素还降低碳原子在奥氏体中的扩散系数，如若形成特殊碳化物（如 VC、TiC 等）则更难于溶解。因此合金钢的奥氏体均匀化过程比碳钢要长得多。鉴于上述原因，合金钢淬火加热时，为了使奥氏体均匀化，需要加热到更高温度和保温更长时间。

2.3.2 连续加热时奥氏体的形成

钢在连续加热时珠光体向奥氏体的转变与等温加热转变大致相同，亦经过形核、长大、剩余碳化物溶解、奥氏体均匀化四个阶段，其影响因素也大致相同。但由于奥氏体的形成是在连续加热条件下进行的，所以与等温转变相比，尚有如下特点。

(1) 在一定的加热速度范围内，相变临界点随加热速度增大而升高

奥氏体形成的开始温度及终了温度均随加热速度增大而升高。所有相变临界

点（A_{c1}、A_{c3}、A_{ccm}）在快速加热条件下均向高温移动，如图 2.8 所示[10]。加热速度愈大，转变温度就愈高。但当加热速度为 $10^5 \sim 10^6$℃/s 时，含 0.2% ~ 0.9% C 钢的转变温度均为 1130℃。

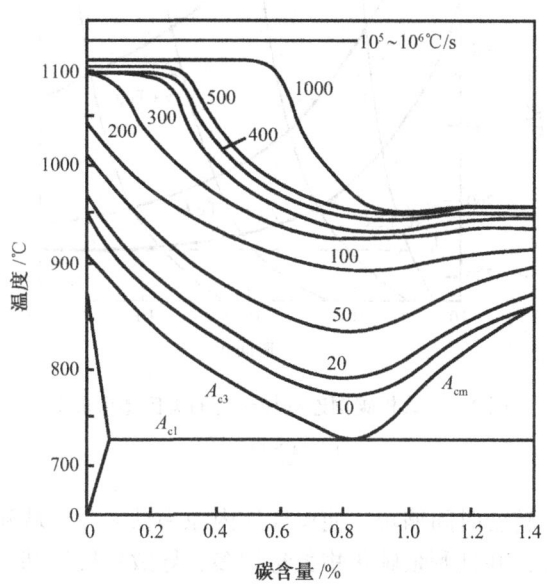

图 2.8　快速加热时的非平衡 Fe-C 状态图

（2）相变是在一个温度范围内完成的

连续加热时奥氏体形成的各个阶段分别在一个温度范围内完成，而且随加热速度增大，各个阶段的转变温度范围均向高温推移并扩大。因此，在连续加热时尤其是加热速度很大时，难以用 Fe-Fe$_3$C 状态图来判断钢加热时的组织状态。

（3）奥氏体形成速度随加热速度增大而增大

图 2.9 为共析碳钢在连续加热时的奥氏体形成图[9]。图中各加热曲线与转变曲线的交点表示不同加热速度下各个阶段转变开始及终了的时间和温度。可见，加热速度越快，转变开始和终了的温度就越高，转变所需的时间就越短，即奥氏体的形成速度就越快。同时还看到，连续加热时珠光体向奥氏体转变的各个阶段都不是在恒定温度下进行的，而是在一个相当大的温度范围内进行的，加热速度越快，奥氏体转变温度范围就越大。

（4）奥氏体成分的不均匀性随加热速度增大而增大

连续加热时，随加热速度增大，奥氏体形成温度升高，与铁素体相平衡的奥氏体碳浓度 $C_{\gamma/\alpha}$ 减小，而与渗碳体相平衡的奥氏体碳浓度 $C_{\gamma/cem}$ 则增大（图 2.5（a））。在快速加热条件下，因为碳化物来不及充分溶解，碳及合金元素来不及充分扩散，造成奥氏体中碳及合金元素的浓度很不均匀。当加热温度一定时，随

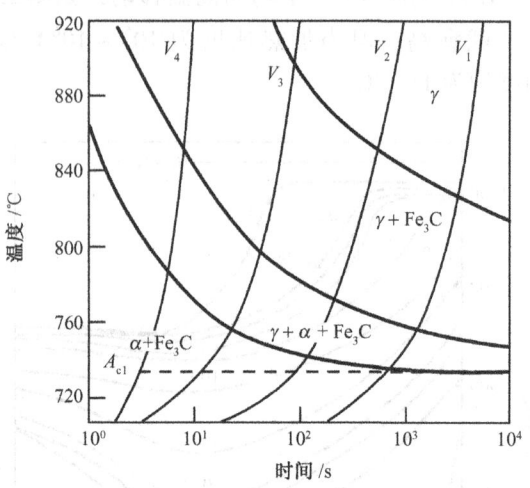

图 2.9 共析碳钢连续加热时的奥氏体形成图
($V_1 < V_2 < V_3 < V_4$)

着加热速度增大,转变时间缩短,使奥氏体内原为铁素体区域和原为渗碳体区域的碳含量差别增大,并且剩余碳化物数量增多,导致奥氏体基体的平均碳含量降低。加热速度快,保温时间短,对于亚共析钢将导致淬火后得到碳含量低于平均成分的马氏体和尚未完全转变的铁素体及碳化物,对于高碳钢则会出现碳含量低于共析成分的低、中碳马氏体及剩余碳化物。前者常常是有害的,是应当避免的,可以通过细化原始组织使其减轻;而后者则有助于使高碳钢的马氏体韧化,应当加以利用。

(5) 奥氏体起始晶粒大小随加热速度增大而细化

超快速加热时相变过热度很大,奥氏体不仅在铁素体和碳化物的相界面上形核,而且也可在铁素体内的亚晶界上形核。据测定,铁素体亚晶界处的碳浓度可达 0.2%~0.3%,在 800~840℃ 以上可能形成奥氏体晶核。所以,超快速加热时奥氏体的形核率急剧增大,并且加热时间极短,奥氏体晶粒来不及长大,经适时淬火后可获得超细化的原始奥氏体晶粒,并获得超细化的淬火马氏体组织。

综上所述,在连续加热时,随加热速度增大,奥氏体的形成温度升高,使奥氏体的起始晶粒细化;同时,剩余碳化物数量增多,使奥氏体基体的平均碳含量降低。这两个因素都可以使淬火马氏体获得韧化和强化。近年发展起来的快速加热、超快速加热和脉冲加热淬火等强韧化处理新工艺均是建立在这个理论基础上的。

2.4 奥氏体晶粒长大及其控制

奥氏体化的目的是获得成分均匀和一定晶粒大小的奥氏体组织。多数情况下希望获得细小的奥氏体晶粒，有时也需要得到较大的奥氏体晶粒。因此，为获得所期望的奥氏体晶粒尺度，必须了解奥氏体晶粒的长大规律，掌握控制奥氏体晶粒度的方法。

2.4.1 奥氏体晶粒度

可以用奥氏体晶粒直径或单位面积中奥氏体晶粒数目来表示奥氏体晶粒大小。为了方便起见，实际生产上习惯用奥氏体晶粒度来表示奥氏体晶粒大小。对于钢来说，如不特别指明，奥氏体晶粒度一般是指奥氏体化后的奥氏体实际晶粒大小。奥氏体晶粒度通常分为8级标准评定，1级最粗，8级最细，超过8级以上者称为超细晶粒。奥氏体晶粒度级别 N 与奥氏体晶粒大小的关系为

$$n = 2^{N-1} \tag{2.5}$$

式中，n 为放大100倍的视野中每平方英寸（6.45cm^2）所含的平均奥氏体晶粒数目。奥氏体晶粒愈细小，n 就愈大，N 也就愈大。表2.3是奥氏体晶粒度级别与其他各种表示方法的对照表[5]。

表2.3 晶粒度级别对照表

晶粒度级别 N	放大100倍时每平方英寸面积内晶粒数 n	平均每个晶粒所占面积/mm^2	晶粒平均直径 d /mm	弦平均长度 /mm
1	1	0.0625	0.250	0.222
2	2	0.0312	0.177	0.157
3	4	0.0156	0.125	0.111
4	8	0.0078	0.088	0.0783
5	16	0.0039	0.062	0.0553
6	32	0.00195	0.044	0.0391
7	64	0.00098	0.031	0.0267
8	128	0.00049	0.022	0.0196
9	256	0.000244	0.0156	0.0138
10	512	0.000122	0.0110	0.0098

奥氏体晶粒度有三种：

（a）起始晶粒度：在临界温度以上，奥氏体形成刚刚完成，其晶粒边界刚刚相互接触时的晶粒大小。

（b）实际晶粒度：在某一加热条件下所得到的实际奥氏体晶粒大小。

（c）本质晶粒度：根据标准试验方法，在930±10℃保温足够时间（3~8小时）后测得的奥氏体晶粒大小。经上述试验，奥氏体晶粒度在5~8级者称为本质细晶粒钢，而奥氏体晶粒度在1~4级者称为本质粗晶粒钢。

本质晶粒度只是表示钢在一定条件下奥氏体晶粒长大的倾向性，与实际晶粒

度不尽相同。例如，对于本质细晶粒钢，当加热温度超过950~1000℃时也可能得到十分粗大的实际晶粒。而对于本质粗晶粒钢，当加热温度略高于临界点时也可能得到比较细小的奥氏体晶粒。但在一般情况下，本质细晶粒钢热处理后获得的实际晶粒往往是细小的。图2.10 示出了这两种钢的奥氏体晶粒随加热温度升高而长大的情况[9,10]。可见，本质细晶粒钢在930~950℃以下加热时，奥氏体晶粒的长大倾向很小，所以其加热温度范围较宽，生产上易于掌握。这种钢可在930℃高温下渗碳后直接淬火，而不至引起奥氏体晶粒粗大。但是，对于本质粗晶粒钢，必须严格控制加热温度，以防止过热而引起奥氏体晶粒粗大。

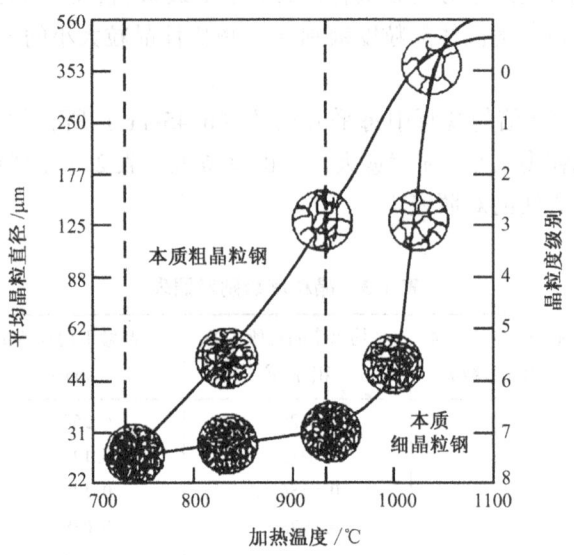

图2.10 加热温度对奥氏体晶粒大小的影响

奥氏体起始晶粒的大小，取决于奥氏体的形核率 I 和长大速度 G。单位面积内的奥氏体晶粒数目 n 与 I 和 G 之间的关系可用下式表示[9]

$$n = K\left(\frac{I}{G}\right)^{\frac{1}{2}} \qquad (2.6)$$

式中，K 为系数。可见，I/G 值愈大，n 就愈大，即奥氏体晶粒就愈细小。这说明增大形核率 I 或降低长大速度 G 是获得细小奥氏体晶粒的重要途径。

奥氏体实际晶粒度取决于钢材的本质晶粒度和实际加热条件。通常，在一般的加热速度下，加热温度愈高，保温时间愈长，最后得到的奥氏体实际晶粒就愈粗大。

2.4.2 奥氏体晶粒长大原理

因为晶界能量高，为了减少总的晶界面积，降低界面能，在一定温度条件下奥氏体晶粒会发生相互吞并而使晶粒长大的现象。所以，奥氏体晶粒长大在一定条件下是一个自发过程。奥氏体晶粒长大是通过晶界推移实现的，是晶粒长大动力和晶界推移阻力相互作用的结果。

1. 晶粒长大动力

奥氏体晶粒的长大动力是奥氏体晶粒大小的不均匀性。理想状态的晶界如图2.11所示。晶粒呈六边形，晶界成直线，三条晶界相交于一点并且互成120°角，在二维平面上每个晶粒均有六个邻接晶粒。处于这种状态下的奥氏体晶粒不易长大。但实际上，奥氏体晶粒的大小是不均匀的。因此，直径小于平均晶粒直径的晶粒，其邻接晶粒数可能小于6；而直径大于平均晶粒直径的晶粒，其邻接晶粒数可能大于6。为了保持界面张力平衡，相交于一点的三条晶界应互成120°角。因此，在一定温度条件

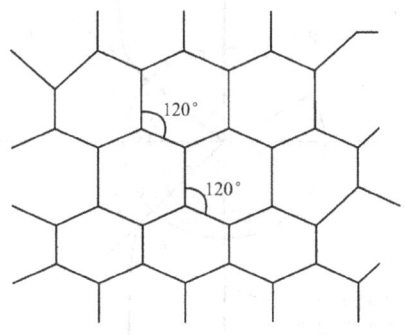

图2.11　二维金属中晶粒的稳定形状

下，由于界面张力平衡作用，凡邻接晶粒数小于6的晶粒的晶界将弯曲成正曲率弧，使晶界面积增大，界面能升高。而为了减少晶界面积以降低界面能，晶界有由曲线（曲面）变成直线（平面）的自发趋势，因此，将导致该晶粒缩小，直至消失；而邻接晶粒数大于6的晶粒的晶界也因界面张力平衡而弯曲成负曲率弧，同样为了减少界面面积，降低界面能，该晶粒将长大，从而吞并小晶粒。进一步提高加热温度或延长保温时间，大晶粒将继续长大。所以，奥氏体晶粒长大就是这种无数个小晶粒被吞并和大晶粒长大的综合结果。这种长大过程称为奥氏体的聚集再结晶。

奥氏体晶粒的长大驱动力 F 与晶粒大小和界面能大小有关，可用下式表示

$$F = \frac{2\sigma}{R} \tag{2.7}$$

式中，σ 为单位面积晶界界面能（比界面能）；R 为晶界曲率半径，若晶粒为球形时 R 即为其半径。由式（2.7）可知，若比界面能愈大，晶粒尺寸愈小，则奥氏体晶粒长大的驱动力 F 就愈大，即晶粒长大的倾向性就愈大，晶界愈容易迁移。

2. 晶界推移阻力

在实际材料中，在晶界或晶内往往存在很多细小难溶的第二相沉淀析出粒子。推移中的晶界如遇到第二相粒子时将发生弯曲，导致晶界面积增大，界面能

升高，因此这些第二相粒子将阻碍晶界迁移，起着钉扎晶界的作用。如图 2.12 所示[9]，设晶粒 A 和晶粒 B 的晶界为一个与 y 轴平行而与 x 轴垂直的平面，沿 x 轴方向移动，与半径为 r 的第二相粒子相遇。当晶界迁移到 y 轴（即第二相粒子的直径平面位置Ⅰ）时，因第二相粒子的存在省去了部分晶界而使两晶粒的界面能达到最低。当晶界再向前移动时（如位置Ⅱ），晶界将逐渐脱离第二相粒子，晶界面积将逐渐增大，同时为了保持界面张力平衡，必须使与第二相粒子相交处的晶界与第二相粒子界面始终保持垂直，即角 $\varphi = \theta$，从而引起第二相粒子附近的晶界发生弯曲，导致晶界面积增大，界面能升高。弥散析出的第二相粒子愈细小，粒子附近晶界的弯曲曲率就愈大，晶界面积的增大就愈多，因此界面能的增大也就愈多。显然，这个使系统自由能增加的过程是不可

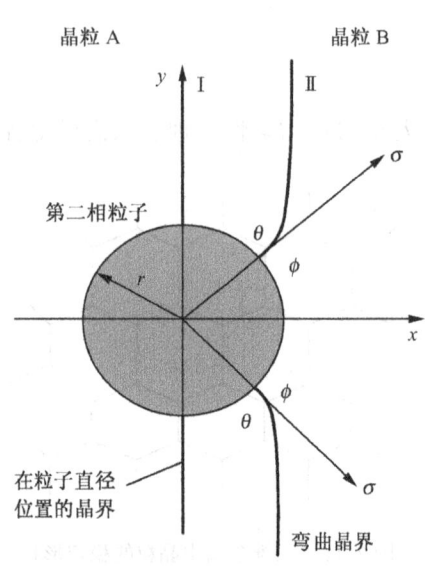

图 2.12　晶界移动时与第二相粒子的交互作用示意图

能自发进行的。所以，沉淀析出的第二相粒子的存在是晶界推移的阻力。第二相粒子对晶界推移的最大阻力 F_m 与粒子半径 r 及单位体积中粒子的数目 f 之间有如下关系：

$$F_m = \frac{3f\sigma}{2r} \tag{2.8}$$

可见，当第二相粒子的体积百分数一定时，粒子尺寸愈小，单位体积中粒子数目愈多（即分散度愈大），则其对晶界推移的阻力就愈大。

由上述可知，在有第二相粒子存在的情况下，奥氏体的长大过程要受到弥散析出的第二相粒子的阻碍作用。随奥氏体晶粒长大过程的进行，奥氏体总的晶界面积逐渐减小，晶粒长大动力逐渐降低，直至晶粒长大动力和第二相弥散析出粒子的阻力相平衡时奥氏体晶粒便停止长大。在一定温度下，奥氏体晶粒的平均极限半径 $R_{\lim}$ 取决于第二相沉淀析出粒子的半径 r 及其单位体积中的数目 f，即

$$R_{\lim} = \frac{4r}{3f} \tag{2.9}$$

由此可以解释本质细晶粒钢在 950℃ 以上加热时奥氏体晶粒突然长大的现象（图 2.10）。这是因为，在 950℃ 以上，阻止晶粒长大的难溶第二相粒子发生聚合长大或溶解于奥氏体中，失去了抑制晶粒长大的作用，奥氏体晶粒便迅速长大。

另外，由于沉淀析出粒子的分布是不均匀的，所以晶粒长大的阻力亦是不均匀的，往往可能在局部区域晶界推移阻力很小，晶粒异常长大，出现晶粒大小极不均匀的现象，即所谓的"混晶"。由于混晶造成的晶粒大小不均匀，又导致晶粒长大驱动力的增大，当晶粒长大驱动力超过晶界推移阻力时，其中较大的晶粒将吞并周围较小的晶粒而长大，形成更为粗大的晶粒。

总之，奥氏体晶粒长大是一种自发过程，其主要表现为晶界的推移，高度弥散的难溶第二相粒子对晶粒长大起很大的抑制作用。为了获得细小的奥氏体晶粒，必须保证钢中含有足够数量和足够细小的难溶第二相粒子。

2.4.3 影响奥氏体晶粒长大的因素

如前所述，形核率 I 与长大速度 G 之比值 I/G 愈大，奥氏体的起始晶粒就愈细小。在起始晶粒形成之后，实际晶粒度则取决于奥氏体晶粒在继续保温或升温过程中的长大倾向。而起始晶粒愈细小，大小愈不均匀，界面能愈高，则奥氏体晶粒长大的倾向就愈大。晶粒长大主要表现为晶界迁移，实质上是原子在晶界附近的扩散过程，它将受到诸多因素的影响。

1. 加热温度和保温时间的影响

加热温度愈高，保温时间愈长，奥氏体晶粒将愈粗大，如图 2.13 所示[13]。由图中可见，在每个温度下都有一个加速长大期，当奥氏体晶粒长到一定尺寸后，长大过程将减慢直至停止长大。加热温度愈高，奥氏体晶粒长大进行得就愈快。

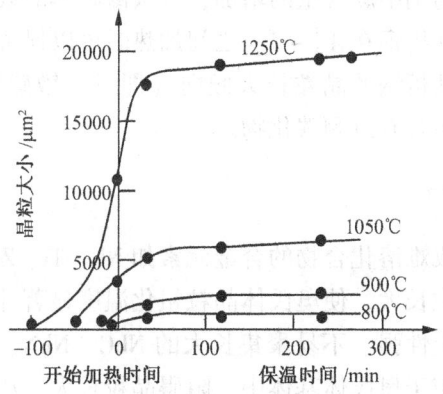

图 2.13　奥氏体晶粒大小与加热温度和
保温时间的关系

奥氏体晶粒长大速度 u 与晶界迁移速率及晶粒长大驱动力成正比，即

$$u = K\exp\left(-\frac{Q_\mathrm{m}}{RT}\right) \cdot \frac{\sigma}{D} \tag{2.10}$$

式中，K 为常数；R 为气体常数；T 为绝对温度；Q_m 为晶界移动激活能或原子扩散跨越晶界激活能，σ 为比界面能，D 为奥氏体晶粒直径。可见，随着加热温度升高，晶粒长大速度 u 呈指数函数关系迅速增大。同时，晶粒愈细小，界面能愈高，晶粒长大速度 u 就愈大。但当晶粒长大到一定程度后，由于 D 增大，晶粒长大速度将减慢，这与图 2.13 的结果一致。

2. 加热速度的影响

加热速度愈大，过热度就愈大，即奥氏体实际形成温度就愈高。由于随形成温度升高，奥氏体的形核率与长大速度之比值 I/G 增大（表 2.1），所以快速加热时可以获得细小的奥氏体起始晶粒。而且，加热速度愈快，奥氏体起始晶粒就愈细小。但由于起始晶粒细小，加之温度较高，奥氏体晶粒很容易长大，因此不宜长时间保温，否则晶粒反而更加粗大。所以，在保证奥氏体成分均匀的前提下，快速加热并短时保温能获得细小的奥氏体晶粒。

3. 钢中碳含量的影响

在钢中碳含量不足以形成过剩碳化物的情况下，加热时奥氏体晶粒随钢中碳含量增加而增大。这是因为，钢中碳含量增加时，C 原子在奥氏体中的扩散速度及 Fe 原子的自扩散速度均增大，故奥氏体晶粒长大的倾向增大。但是，当碳含量超过一定限度时，由于形成未溶解的二次渗碳体，反而阻碍奥氏体晶粒的长大。在这种情况下，随钢中碳含量的增加，二次渗碳体的数量增加，奥氏体晶粒反而细化。通常，过共析钢在 $A_{c1} \sim A_{ccm}$ 之间加热时可以保持较为细小的晶粒，而在相同加热温度下，共析钢的晶粒长大倾向（即过热敏感度）最大，这是因为共析钢的加热组织中不含有过剩碳化物。

4. 合金元素的影响

钢中加入适量形成难溶化合物的合金元素如 Nb、Ti、Zr、V、Al、Ta 等，将强烈地阻碍奥氏体晶粒长大，使奥氏体晶粒粗化温度显著升高。上述合金元素在钢中形成熔点高、稳定性强、不易聚集长大的 NbC、NbN、Nb（C，N）、TiC 等化合物，它们弥散分布于奥氏体基体中，阻碍晶粒长大，从而保持细小的奥氏体晶粒。形成易溶化合物的合金元素如 W、Mo、Cr 等也阻碍奥氏体晶粒的长大，但其影响程度为中等。不形成化合物的合金元素如 Si 和 Ni 对奥氏体晶粒长大的影响很小，Cu 和 Co 几乎没有影响。而 Mn、P、O 和含量在一定限度以下的 C 可增大奥氏体晶粒长大的倾向。当几种合金元素同时加入时，其相互影响十分复杂。

5. 冶炼方法的影响

钢的冶炼方法也影响奥氏体晶粒长大的倾向。用 Al 脱氧的钢，奥氏体晶粒长大倾向较小，属于本质细晶粒钢。Al 细化奥氏体晶粒的主要原因是钢中形成大量难溶的六方点阵结构的 AlN，它们弥散析出，阻碍奥氏体晶粒长大。但当钢中残余 Al（固溶 Al）含量超过一定限度时反而会引起奥氏体晶粒粗化。用 Si、Mn 脱氧的钢，因为不形成弥散析出的高熔点第二相粒子，没有阻碍奥氏体晶粒长大的作用，所以奥氏体晶粒长大倾向较大，属于本质粗晶粒钢。

6. 原始组织的影响

原始组织主要影响奥氏体起始晶粒度。一般来说，原始组织愈细，碳化物弥散度愈大，所得到的奥氏体起始晶粒就愈细小。

第三章 珠光体转变

钢中的珠光体转变,即冷却时由奥氏体(γ)向珠光体($\alpha + Fe_3C$)的转变($\gamma \rightarrow \alpha + Fe_3C$),是最具代表性的共析相变,在热处理实践中极为重要。共析相变是一种典型的平衡转变,其转变产物为符合状态图的平衡组织,无论是金属材料还是陶瓷材料都可发生共析相变。钢中产生珠光体转变的热处理工艺称为退火或正火。研究珠光体转变的规律,不仅与为了获得珠光体转变产物的退火和正火等热处理工艺有关,而且与为了避免产生珠光体转变产物的淬火和等温淬火等热处理工艺也有密切的联系。

3.1 珠光体的组织特征

共析碳钢加热奥氏体化后缓慢冷却,在稍低于 A_1 温度时奥氏体将分解为铁素体与渗碳体的混合物,称为珠光体,其典型形态呈片状或层状,如图3.1所示。片状珠光体是由一层铁素体与一层渗碳体交替紧密堆叠而成的。在片状珠光体组织中,一对铁素体片和渗碳体片的总厚度称为"珠光体片层间距",以 S_0 表示(如图3.2(a)所示)。片层方向大致相同的区域称为"珠光体团"或"珠光体晶粒"(如图3.2(b)所示)。在一个奥氏体晶粒内可以形成几个珠光体团。

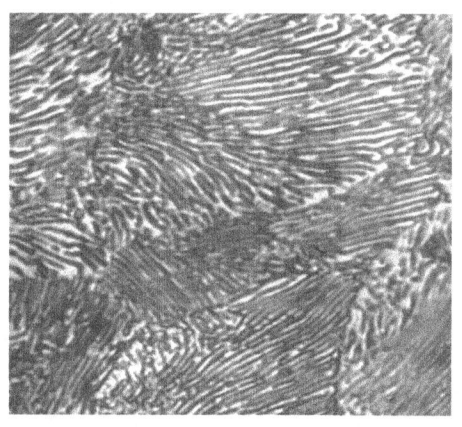

图3.1 共析碳钢的片状珠光体组织

随着珠光体转变温度下降,片状珠光体的片层间距 S_0 将减小。按照 S_0 的大小,工业上常将奥氏体分解为呈片层状交替紧密堆叠的铁素体和渗碳体的组织分

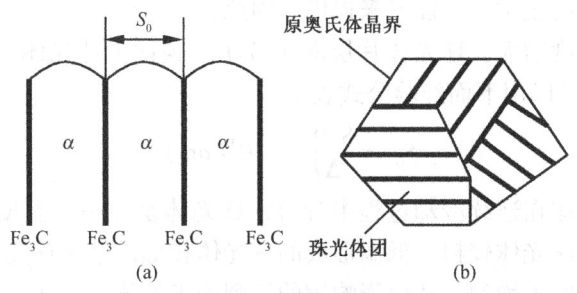

图 3.2 片状珠光体的片层间距和珠光体团示意图
(a) 珠光体片层间距　(b) 珠光体团

为：片状珠光体,其 S_0 约为 150~450nm；索氏体,其 S_0 约为 80~150nm；屈氏体,其 S_0 约为 30~80nm。虽然,片状珠光体、索氏体、屈氏体的组织形态在光学显微镜下观察差别较大,但是,在电子显微镜下观察都具有片层状特征,它们之间的差别只是片层间距不同而已。

研究指出,在一定温度下形成的珠光体组织中每个珠光体团内的片层间距不是一个定值,而是在一个中值附近呈统计分布,因此通常所指的片层间距是一个平均值。

珠光体的片层间距大小主要取决于珠光体的形成温度。在连续冷却条件下,冷却速度愈大,珠光体的形成温度愈低,即过冷度愈大,则片层间距就愈小,如图 3.3 所示[10]。其原因是：由于形成温度降低,C 原子的扩散能力下降,不易进行较大距离的迁移,因而只能形成片层间距较小的珠光体。但片层间距减小,则使铁素体与渗碳体的相界面积增大,即界面能增加,而这部分增加的能量由增

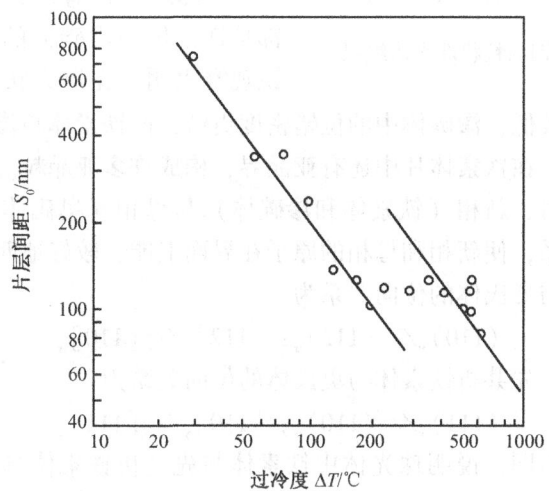

图 3.3 T12 钢珠光体片层间距与过冷度的关系

大过冷度所得到的化学自由能差来提供。因此，在一定过冷度下，有一定的片层间距。随着过冷度增大，珠光体片层间距减小。碳钢中珠光体片层间距 S_0 与过冷度 ΔT 的关系可以用下面经验公式表示

$$S_0 = \frac{8.02}{\Delta T} \times 10^3 (\text{nm}) \tag{3.1}$$

若过冷奥氏体在连续冷却过程中分解，珠光体是在一个温度范围内形成的，则在高温形成的珠光体较粗，低温形成的珠光体较细。这种珠光体组织的不均匀将导致机械性能的不均匀，从而影响钢的切削加工性能。因此，应采用一定温度的等温处理（等温正火或等温退火）的方法，来获得粗细相近的珠光体组织，以提高钢的切削性能。试验证明，奥氏体晶粒大小对珠光体的片层间距没有明显影响，但影响珠光体团的大小。随珠光体片层间距的减小，珠光体中渗碳体片的厚度减薄。而且，当珠光体的片层间距相同时，随钢中碳含量的降低，渗碳体片也将变薄。

图 3.4 T12A 钢的粒状珠光体组织

工业用钢中也可见到如图 3.4 所示的在铁素体基体上分布着粒状渗碳体的组织，称为"粒状珠光体"或"球状珠光体"，一般是经过球化退火处理后获得的[19]。随钢中的原始组织和退火工艺不同，粒状珠光体的形态也不一样。粒状珠光体中碳化物的大小、形态和分布，常常对最终热处理后的组织和性能产生影响。

虽然珠光体有多种形态，但本质上都是铁素体与渗碳体的机械混合物。电镜观察表明，在退火状态下珠光体铁素体中的位错密度较低，渗碳体中的位错密度更低，而铁素体与渗碳体两相交界处的位错密度较高。在铁素体片中还有亚晶界，构成许多亚晶粒。

珠光体形成时，新相（铁素体和渗碳体）与母相（奥氏体）之间存在一定的晶体学位向关系，使新相和母相的原子在界面上能够较好地匹配。珠光体形成时，其中铁素体与奥氏体的位向关系为

$$(110)_\gamma // (112)_\alpha; \quad [112]_\gamma // [110]_\alpha$$

而在亚共析钢中，先共析铁素体与奥氏体的位向关系为

$$(111)_\gamma // (110)_\alpha; \quad [110]_\gamma // [111]_\alpha$$

这两种位向关系不同，说明珠光体中铁素体与先共析铁素体具有不同的转变特性。珠光体中渗碳体与奥氏体的位向关系比较复杂。

实验分析表明，在一个珠光体团中，铁素体与渗碳体之间也存在一定的位向

关系。这种位向关系通常有两类：

第一类 $(001)_{cem}//(2\bar{1}\bar{1})_\alpha$，$[100]_{cem}//[01\bar{1}]_\alpha$，$[010]_{cem}//[111]_\alpha$；

第二类 $(001)_{cem}//(5\bar{2}\bar{1})_\alpha$，$[100]_{cem}//[13\bar{1}]_\alpha$（相差2°36'）；$[010]_{cem}//[113]_\alpha$（相差2°36'）。

通常，第一类位向关系是珠光体晶核在有先共析渗碳体存在的奥氏体晶界上产生时测得的，而第二类位向关系是珠光体晶核在纯奥氏体晶界上产生时测得的。

3.2 珠光体转变机制

3.2.1 珠光体转变时的领先相

珠光体转变是一个形核和长大的过程。由于珠光体是由铁素体和渗碳体两相所组成的，因此就有领先相的问题。珠光体转变时的晶核究竟是铁素体还是渗碳体，很难通过实验直接验证，所以目前尚无定论。许多研究证实，珠光体形成时的领先相随相变发生的温度和奥氏体成分的不同而异。过冷度小时渗碳体是领先相，过冷度大时铁素体是领先相；在亚共析钢中铁素体是领先相，在过共析钢中渗碳体是领先相，而在共析钢中两者为领先相的几率相同。但是，一般认为共析钢中珠光体形成时的领先相是渗碳体，其理由如下：

(a) 珠光体中渗碳体与从奥氏体中析出的先共析渗碳体的晶体学位向相同，而珠光体中铁素体与直接从奥氏体中析出的先共析铁素体的晶体学位向不同。

(b) 珠光体中渗碳体与共析转变前产生的渗碳体在组织上常常是连续的，而珠光体中铁素体与共析转变前产生的铁素体在组织上常常是不连续的。

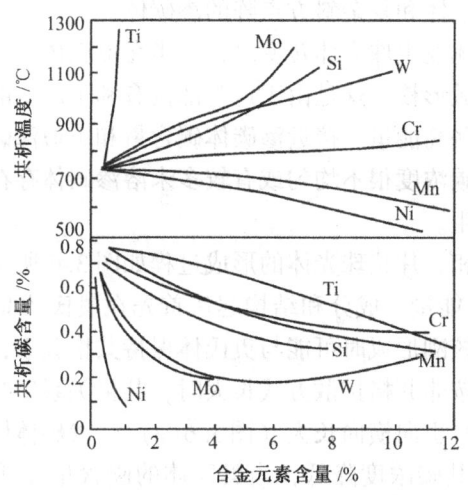

图3.5 合金元素对共析温度和共析碳含量的影响

(c) 奥氏体中未溶解的渗碳体有促进珠光体形成的作用,而先共析铁素体的存在对珠光体形成无明显影响。

合金元素对珠光体形成的领先相亦有一定的影响。图 3.5 表示合金元素对 A_1 点和共析碳浓度的影响[20]。可见,除 Ni、Mn 降低 A_1 点以外,其他合金元素均提高 A_1 点,而几乎所有合金元素皆使钢的共析碳浓度降低。合金元素改变 A_1 点,若转变温度相同则过冷度就不同,从而改变相变驱动力的大小,并影响珠光体片层间距。而共析碳浓度的改变导致先共析铁素体或先共析渗碳体的析出,并影响珠光体转变的领先相。

3.2.2 珠光体的形成过程

1. 片状珠光体的形成过程

奥氏体过冷到 A_1 点以下将发生珠光体转变。由于珠光体转变温度较高,Fe 原子和 C 原子都能长距离扩散,珠光体是在晶界上形核,形核功较小,所以在较小的过冷度下就可以发生珠光体转变。当共析碳钢由奥氏体转变为珠光体时,将由均匀固溶体(奥氏体)转变为点阵结构与母相截然不同的碳含量很低的铁素体和碳含量很高的渗碳体的两相混合物,即

相组成:　γ　→　(　α　+　Fe₃C)
碳含量:　0.77%　　　0.02%　6.69%
点阵结构面心立方　　体心立方　复杂斜方

因此,珠光体的形成过程包含着两个同时进行的过程:其一是通过碳的扩散形成低碳铁素体和高碳渗碳体;其二是晶体点阵重构,由面心立方点阵的奥氏体转变为体心立方点阵的铁素体和复杂斜方点阵的渗碳体。

共析钢过冷奥氏体发生珠光体转变时,多半在奥氏体晶界上形核,也可在晶体缺陷比较密集的区域形核。这是由于这些部位有利于产生能量、成分和结构起伏,新相晶核易在这些高能量、接近渗碳体碳含量和类似渗碳体晶体点阵的区域产生。但当奥氏体中碳浓度很不均匀或有较多未溶渗碳体存在时,珠光体晶核也可在奥氏体晶粒内产生。

以渗碳体为领先相,片状珠光体的形成过程如图 3.6 所示。均匀奥氏体冷却至 A_1 点以下时,由于能量、成分和结构起伏首先在奥氏体晶界上形成一小片渗碳体晶核。渗碳体晶核刚形成时可能与奥氏体保持共格关系,为减小应变能而呈片状。这种片状晶核按非共格扩散方式长大时,共格关系即被破坏。渗碳体晶核不仅沿纵向长大,而且也向横向长大(图 3.6(a))。渗碳体横向长大时,吸收两侧奥氏体中的 C 而使其碳浓度降低,当奥氏体的碳含量降低到足以形成铁素体时,就在渗碳体片两侧形成铁素体片(图 3.6(b))。新生成的铁素体片除了伴随渗碳体片纵向长大外,也向横向长大。铁素体横向长大时,向侧面奥氏体中排

出多余的 C 而使其碳浓度增高，从而促进在铁素体侧面形成新的渗碳体片。如此循环进行下去，就形成了渗碳体片和铁素体片相间的片层状组织，即珠光体。珠光体的横向长大是靠渗碳体片和铁素体片不断增多来实现的。此时，在晶界其他部位以及在长大着的珠光体与奥氏体的相界上也可能产生新的具有另一长大方向的渗碳体晶核（图 3.6(c)）。在奥氏体中，各种不同取向的珠光体不断长大，同时在晶界上或相界上又不断产生新的晶核并不断长大（图 3.6(d)）。直到各个珠光体群相碰，奥氏体全部转变为珠光体时，珠光体形成即告结束（图 3.6(e)）。

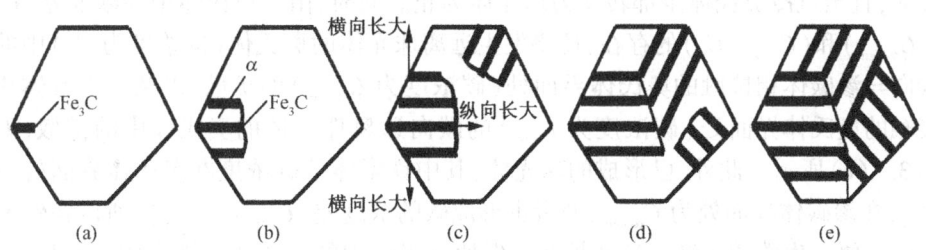

图 3.6 片状珠光体的形成过程示意图

由上述珠光体的形成过程可知，珠光体形成时，纵向长大是渗碳体片和铁素体片同时连续地向奥氏体中延伸，而横向长大是渗碳体片与铁素体片交替堆叠增多。

随珠光体形成温度降低，渗碳体片和铁素体片逐渐变薄缩短，同时两侧连续形成速度及其纵向长大速度都发生改变，珠光体群的轮廓也由块状逐渐变为扇形，继而为轮廓不光滑的团絮状，即由片状珠光体逐渐变为索氏体或屈氏体。

当共析成分过冷奥氏体（平均碳浓度为 C_γ）在 A_1 点稍下温度 T_1 刚刚形成珠光体时，在三相（奥氏体、渗碳体、铁素体）共存情况下，奥氏体中的碳浓度是不均匀的，可由状态图确定，如图 3.7(a) 所示。即与铁素体相接触的奥氏体碳浓度

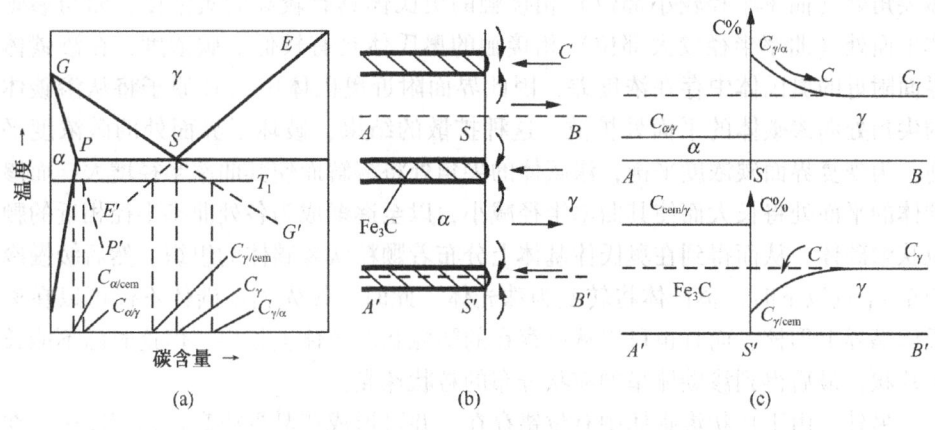

图 3.7 片状珠光体形成时碳的扩散示意图

$C_{\gamma/\alpha}$ 较高,与渗碳体相接触的奥氏体碳浓度 $C_{\gamma/cem}$ 较低,因此在与铁素体和渗碳体相接触的奥氏体中产生碳浓度差($C_{\gamma/\alpha} - C_{\gamma/cem}$),从而引起界面附近奥氏体中碳的扩散,其扩散情况如图 3.7(b)所示。碳在奥氏体中扩散的结果,导致铁素体前沿奥氏体的碳浓度 $C_{\gamma/\alpha}$ 降低,渗碳体前沿奥氏体的碳浓度 $C_{\gamma/cem}$ 增高,破坏了 T_1 温度下奥氏体与铁素体及渗碳体界面碳浓度的平衡。为维持这一平衡,铁素体前沿的奥氏体必须析出铁素体,使其碳浓度增高恢复至平衡浓度 $C_{\gamma/\alpha}$;渗碳体前沿的奥氏体必须析出渗碳体,使其碳浓度降低恢复至平衡浓度 $C_{\gamma/cem}$。这样,珠光体便纵向长大,直至过冷奥氏体全部转变为珠光体为止。同时,由于奥氏体中碳浓度差($C_{\gamma} - C_{\gamma/cem}$)和($C_{\gamma/\alpha} - C_{\gamma}$)的存在,还将发生远离珠光体的奥氏体(碳浓度为 C_{γ})中的碳向与渗碳体相接触的奥氏体界面处(碳浓度为 $C_{\gamma/cem}$)的扩散,以及与铁素体相接触的奥氏体界面处(碳浓度为 $C_{\gamma/\alpha}$)的碳向远离珠光体的奥氏体中的扩散,如图 3.7(c)所示。此外,已形成的珠光体,其中铁素体的碳浓度在奥氏体界面处为 $C_{\alpha/\gamma}$,在渗碳体界面处为 $C_{\alpha/cem}$,两者也形成碳的浓度差($C_{\alpha/\gamma} - C_{\alpha/cem}$),所以在铁素体中也要产生碳的扩散。这些扩散都促使珠光体中的渗碳体和铁素体不断长大,即促进了过冷奥氏体向珠光体的转变。

过冷奥氏体转变为珠光体时,晶体点阵重构是由部分 Fe 原子的自扩散完成的。

2. 粒状珠光体的形成过程

粒状珠光体是通过片状珠光体中渗碳体的球状化而获得的。

若将片状珠光体加热至略高于 A_1 点的温度,则得到奥氏体加未完全溶解渗碳体的混合组织。此时,渗碳体已不保持完整片状,而是凹凸不平、厚薄不匀,部分已经断开。在此温度下保温将使片状渗碳体球状化。片状渗碳体球状化的原因是:由于第二相颗粒在基体中的溶解度与其曲率半径有关,所以与非球状渗碳体尖角处(曲率半径较小部位)相接触的奥氏体具有较高的碳浓度,而与渗碳体平面处(曲率半径较大部位)相接触的奥氏体具有较低的碳浓度,在渗碳体界面附近的奥氏体中存在浓度差,因此界面附近奥氏体中的 C 原子将从渗碳体的尖角处向渗碳体的平面处扩散。这种扩散的结果,破坏了界面处的碳浓度平衡。为恢复界面碳浓度平衡,渗碳体的尖角处将溶解而使其曲率半径增大,而渗碳体的平面处将长大而使其曲率半径减小,以至逐渐成为各处曲率半径相近的颗粒状渗碳体,从而得到在奥氏体基体上分布着颗粒状渗碳体的组织。然后缓慢冷却至 A_1 点以下时,奥氏体将转变为珠光体。此时,领先相渗碳体不仅可以在奥氏体晶界上形核,而且也可以从已存在的颗粒状渗碳体上长出,但这时已不能长成片状,最后得到渗碳体呈颗粒状分布的粒状珠光体。

另外,由于片状渗碳体中有位错存在,并可形成亚晶界或高位错密度区,在其与基体(如将片状珠光体加热至略低于 A_1 点时为铁素体)相接触处则形成凹坑,如图3.8所示[5]。在凹坑两侧的渗碳体与平面部分的渗碳体相比,具有较小的曲率半径。同理,与凹坑相接触的基体中具有较高碳浓度,将引起C在基体中的扩散,并以渗碳体的形式在附近平面渗碳体上析出。为维持界面平衡,凹坑两侧的渗碳体尖角将逐渐被溶解,而使曲率半径增大。这样又破坏了此处相界表面张力($\sigma_{cem/\alpha}$与$\sigma_{cem/cem}$)的平衡。为了维持表面张力平衡,凹坑将因渗碳体继续溶解而加深。在渗碳体片的另一面也可发生上述溶解过程,如此不断进行,直至渗碳体片溶穿而断裂。而

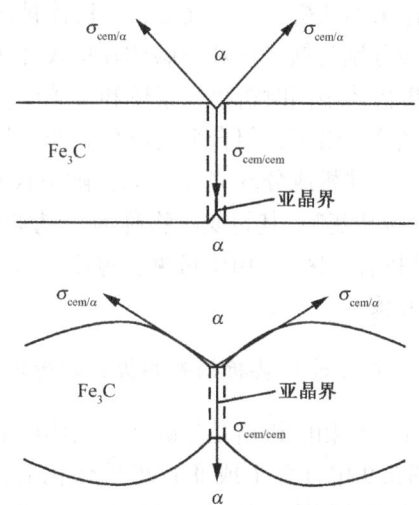

图3.8 片状渗碳体断裂机制示意图

后,断裂的渗碳体片又按尖角处溶解、平面处析出长大方式而球状化。

对组织为片状珠光体的钢进行塑性变形,将增大珠光体中铁素体和渗碳体的位错密度和亚晶界数量,有促进渗碳体球状化的作用。

上述使片状渗碳体球状化,获得球状珠光体的热处理工艺称为球化退火。

3.2.3 亚(过)共析钢的珠光体转变

亚(过)共析钢的珠光体转变基本上与共析钢的珠光体转变相似,但需要考虑伪共析转变、先共析铁素体析出和先共析渗碳体析出等问题。

1. **伪共析转变**

图3.9是Fe-Fe$_3$C平衡状态图的左下部分示意图,图中 GSE 线以上为奥氏体区,GS 线以左为先共析铁素体区,ES 线以右为先共析渗碳体区。由图可知,亚共析钢自奥氏体区缓慢冷却时,将沿 GS 线析出先共析铁素体。随着铁素体的析出,奥氏体的碳浓度逐渐向共析成分(S 点)接近,最后具有共析成分的奥氏体在 A_1 点以下转变为珠光体。过共析钢的情况与此类似,只不过析出的先共析相为渗碳体。

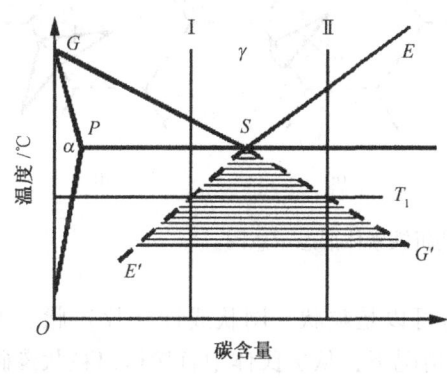

图3.9 先共析相的析出温度范围

如果将亚共析钢或过共析钢(如合金Ⅰ或Ⅱ)自奥氏体区以较快速度冷却下来,在先共析铁素体或先共析

渗碳体来不及析出的情况下，奥氏体被过冷到 T_1 温度以下区域，由于 GSG' 线和 ESE' 线分别为铁素体和渗碳体在奥氏体中的溶解度曲线，在此温度以下保温时，将自奥氏体中同时析出铁素体和渗碳体。在这种情况下，过冷奥氏体将全部转变为珠光体型组织，但合金的成分并非共析成分，并且其中铁素体和渗碳体的相对含量也与共析成分珠光体不同，随奥氏体的碳含量变化而变化。这种转变称为"伪共析转变"，其转变产物称为"伪共析组织"，$E'SG'$ 线以下的阴影区域称为"伪共析转变区"。由图可见，过冷奥氏体转变温度越低，其伪共析转变的成分范围就越大。

2. 亚（过）共析钢先共析相的析出

先共析相的析出是与碳在奥氏体中的扩散密切相关的。亚共析钢或过共析钢（如图 3.9 中合金 Ⅰ 或 Ⅱ）奥氏体化后冷却到先共析铁素体区（GSE' 线以左区域）或先共析渗碳体区（ESG' 线以右区域）时，将有先共析铁素体或先共析渗碳体析出。析出的先共析相的量决定于奥氏体碳含量和析出温度或冷却速度。碳含量愈高（或愈低），冷却速度愈大、析出温度愈低，则析出的先共析铁素体（或先共析渗碳体）的量就愈少。

在亚共析钢中，当奥氏体晶粒较细小，等温温度较高或冷却速度较慢时，Fe 原子可以充分扩散，所形成的先共析铁素体一般呈等轴块状，如图 3.10(a) 所示。当奥氏体晶粒较粗大，冷却速度较快时，先共析铁素体可能沿奥氏体晶界呈网状析出，如图 3.10(b) 所示。块状和网状铁素体形成时与奥氏体无共格关系。当奥氏体成分均匀、晶粒粗大、冷却速度又比较适中时，先共析铁素体有可能呈片（针）状，沿一定晶面向奥氏体晶内析出，此时铁素体与奥氏体有共格关系，如图 3.10 (c)、(d) 所示。

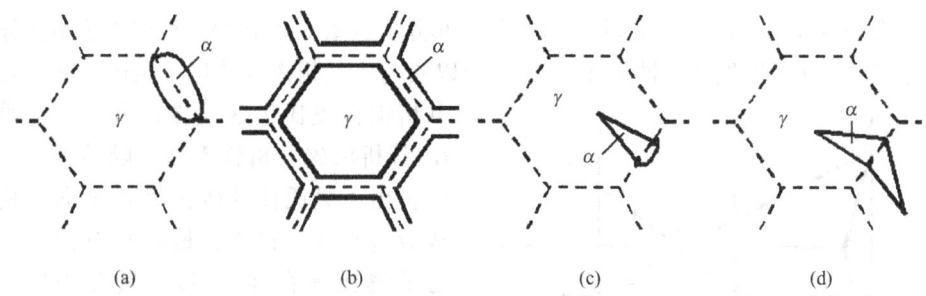

图 3.10 亚共析钢的先共析铁素体形态示意图

在过共析钢中，先共析渗碳体的形态可以是粒状、网状或针（片）状。但过共析钢在奥氏体成分均匀、晶粒粗大的情况下，从奥氏体中直接析出粒状渗碳体的可能性很小，一般呈网状或针（片）状渗碳体，此时将显著增大钢的脆性。

因此，过共析钢的退火加热温度必须在A_{cm}点以下，以避免网状渗碳体的形成。为了消除已经形成的网状或针（片）状渗碳体，应当加热到A_{cm}点以上，使渗碳体全部溶于奥氏体中，然后快速冷却，使先共析渗碳体来不及析出而发生伪共析转变，得到伪共析组织，然后再进行球化退火处理。

工业上将具有片（针）状铁素体或渗碳体加珠光体的组织称为魏氏组织，前者称为魏氏组织铁素体，后者称为魏氏组织渗碳体。魏氏组织以及经常与其伴生的粗大晶粒组织会使钢的机械性能，尤其是塑性和冲击性能显著降低，并使钢的脆性转折温度升高。在这种情况下，必须消除魏氏组织以及粗大晶粒组织。常用方法是采用细化晶粒的正火、退火以及锻造等。

3.3 珠光体转变动力学

珠光体转变也是形核和长大过程，转变速度也取决于形核率和长大速度，因此，珠光体等温转变动力学也符合Johnson-Mehl方程或Avrami方程。

3.3.1 珠光体的形核率I和长大速度G

1. 形核率I与转变温度T的关系

在均匀形核条件下，珠光体的形核率I与转变温度T之间有如下关系

$$I = C\exp\left(-\frac{Q+W}{kT}\right) = C_1\exp\left(-\frac{Q}{kT}\right) \cdot C_2\exp\left(-\frac{W}{kT}\right) \quad (3.2)$$

式中，C_1和C_2为常数；Q为扩散激活能；T为绝对温度；k为波尔兹曼常数；W为临界晶核的形核功。可见，随转变温度T降低，原子扩散能力减弱，由于Q基本不变，式（3.2）中的第一项$C_1\exp\left(-\frac{Q}{kT}\right)$将减小，使形核率$I$减小；另一方面，随转变温度$T$降低，过冷度增大，奥氏体与珠光体的自由能差增大，即相变驱动力ΔG_v增大，使临界形核功W减小（见式（2.2）），式（3.2）中的第二项$C_2\exp\left(-\frac{W}{kT}\right)$将增大，使形核率$I$增大。其综合作用的结果，导致珠光体的形核率$I$对转变温度$T$有极大值。

2. 长大速度G与转变温度T的关系

研究证明，在转变温度较高时珠光体团一般长大成等轴类球形，各个方向上的长大速度G基本相等，可由下式表示

$$G = \frac{K \cdot D_c^{\gamma}}{S_0} \quad (3.3)$$

式中，S_0为珠光体的片层间距；D_c^{γ}为C在奥氏体中的扩散系数；K为常数（包含

浓度梯度 $C_{\gamma/\alpha} - C_{\gamma/cem}$ 的影响)。由于 S_0 反比于过冷度 ΔT(式(3.1)),而 K 正比于 ΔT(图 3.7(a)),所以式(3.3)可改写为

$$G = \frac{KD_c^\gamma}{S_0} = K'\Delta T^2 D_c^\gamma \tag{3.4}$$

由此可见,随转变温度 T 降低,过冷度 ΔT 增大,使靠近珠光体的奥氏体中的碳浓度差 ($C_{\gamma/\alpha} - C_{\gamma/cem}$) 增大,加速了 C 原子的扩散速度,而且珠光体的片层间距 S_0 减小,使 C 原子的扩散距离缩短,这些因素都促使长大速度 G 增大;另一方面,随转变温度 T 降低,C 原子的扩散系数 D_c^γ 减小,使长大速度 G 减小。因此,综合上述因素的影响,珠光体团的长大速度 G 对转变温度 T 也有极大值。

图 3.11 示出了共析钢珠光体的形核率 I 和长大速度 G 与转变温度 T 之间的关系,可见,两者都具有极大值特征,即 I 和 G 均随 T 降低而先增大后减小,其极大值约在550℃左右[9]。

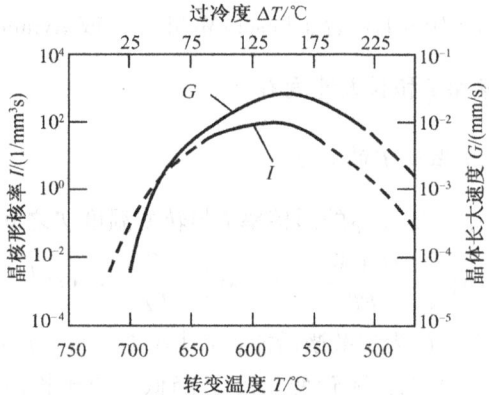

图 3.11 共析钢的形核率和晶体长大
速度与转变温度的关系

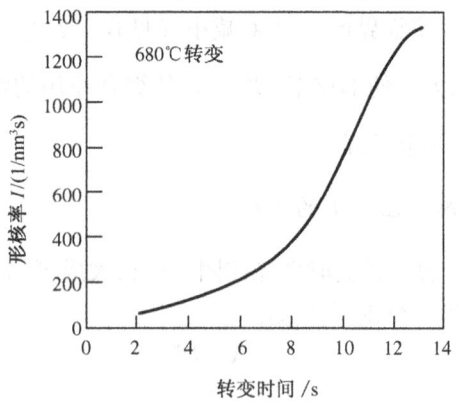

图 3.12 共析钢珠光体形核率与转变时间的关系

3. 形核率 I 和长大速度 G 与转变时间的关系

当转变温度一定时，珠光体的形核率 I 与转变时间的关系如图 3.12 所示[5]，即随转变时间延长，形核率 I 逐渐增大。而等温保持时间对珠光体的长大速度 G 则无明显的影响，温度一定时，G 为定值。

3.3.2 珠光体转变动力学图

综合不同温度下珠光体的形核率和长大速度与时间的关系，共析钢的珠光体等温转变动力学曲线如图 3.13 中实线所示，虚线表示贝氏体转变动力学曲线以及马氏体相变开始温度（后述）。由图中实线可知：各温度下珠光体等温转变开始前都有一段孕育期，随等温温度降低，孕育期逐渐缩短，至某一温度时，孕育期最短，而后随温度降低，孕育期反而增长。一般在 550℃ 时孕育期最短，转变速度最快，此处即为 TTT 曲线的"鼻尖"温度。

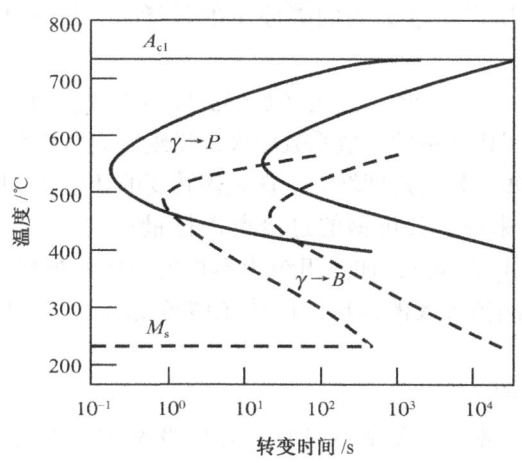

图 3.13 共析钢的珠光体等温转变动力学曲线

3.3.3 先共析相的长大动力学

研究指出：在亚共析钢中，先共析铁素体在奥氏体晶界上的长大方向有两个，一是沿奥氏体晶界长大（长度方向），二是向奥氏体晶内长大（厚度方向）。用热发射显微镜直接测定碳含量为 0.1% 的 Fe-C 合金的铁素体厚度方向长大动力学，发现其厚度与转变时间呈抛物线关系，即

$$S = \alpha t^{\frac{1}{2}} \tag{3.5}$$

式中，S 为铁素体片的半厚度；t 为铁素体长大时间；α 为系数[9]。

先共析铁素体的转变动力学曲线也呈"C"字形，通常位于珠光体转变动力学曲线的左上方。并且随着钢中碳含量的增高，先共析铁素体的析出线移向右下方。

同样，对于过共析钢，若奥氏体化温度在 A_{cm} 点以上，则在等温转变过程中于珠光体转变动力学曲线的左上方有一条先共析渗碳体析出线。这条先共析渗碳体析出线，随钢中碳含量的增高，逐渐移向左上方。

3.3.4 影响珠光体转变动力学的因素

凡是影响珠光体形核率和长大速度的因素，都影响珠光体转变动力学。

1. 化学成分的影响

(1) 碳含量的影响

对于亚共析钢，随着奥氏体中碳含量的增高，析出先共析铁素体的孕育期增长，析出速度减慢。同时，珠光体转变的孕育期亦随之增长，转变速度减慢。这是因为，在相同转变条件下，随着奥氏体中碳含量的增高，铁素体的形核率减少，铁素体长大时所需扩散离去的碳原子的量增大，因而使铁素体析出速度减慢。

对于过共析钢，在完全奥氏体化（加热温度高于 A_{cm}）情况下，随着钢中碳含量的增高，碳在奥氏体中的扩散系数增大，渗碳体的形核率增大，先共析渗碳体析出的孕育期缩短，析出速度增大。珠光体转变的孕育期亦随之缩短，转变速度增大。所以相对来说，共析钢的过冷奥氏体最稳定。如果不完全奥氏体化（加热温度在 A_1 和 A_{cm} 之间），加热组织为不均匀奥氏体加残余碳化物，则具有促进珠光体形核和晶体长大的作用，使珠光体转变时的孕育期缩短，转变速度加快。

(2) 合金元素的影响

钢中加入合金元素可以显著改变珠光体转变动力学图（参见第1章1.3.2节）。

综合各种合金元素对珠光体转变动力学的影响，可以得出：在钢中的合金元素充分固溶于奥氏体中的情况下，除了 Co 以外，其他所有的常用合金元素皆使钢的 TTT 曲线右移，珠光体转变孕育期增长，即推迟珠光体转变的进行；除了 Ni、Mn 以外，其他所有的常用合金元素皆使珠光体转变的"鼻尖"温度移向高温。这是因为大多数合金元素都降低珠光体转变的形核率和长大速度，因而影响珠光体的形成速度。

(3) 合金元素的影响机制

合金元素影响珠光体转变动力学的原因，一般可从以下几个方面加以考虑[5]。

1) 合金元素自扩散的影响

如前所述，珠光体形成时要求碳在铁素体和渗碳体之间进行扩散和再分配。

若钢中含有合金元素时,是否也要在铁素体和渗碳体之间发生扩散和再分配?

一种观点认为:含有合金元素的奥氏体,在珠光体转变初期形成的碳化物均是渗碳体,不涉及合金元素的扩散和再分配,只是在转变后期才通过合金元素的扩散使渗碳体转变为合金渗碳体甚至特殊碳化物。所以,合金元素对珠光体转变的影响不是直接的,而是间接的,即由于改变了碳在奥氏体中的扩散速度以及相变临界点而引起的。

另一种观点认为:合金奥氏体转变为珠光体时,一开始就形成合金元素含量较高的合金渗碳体或特殊碳化物,即合金元素通过扩散进行了再分配,珠光体转变受合金元素的扩散所控制。因为合金元素的扩散速度低,所以使珠光体的转变速度降低。

一般认为,当转变温度较高以及合金元素含量较高时,转变一开始就可能形成合金元素含量远远高于奥氏体中平均含量的特殊碳化物,即使仍形成渗碳体型碳化物,也是溶有合金元素的合金渗碳体。即合金元素在转变一开始时就通过扩散进行了再分配,而合金元素的扩散系数远远小于碳的扩散系数,因此使珠光体的转变速度大大减慢。

2) 合金元素对碳扩散的影响

大多数合金元素的存在降低了碳在奥氏体中的扩散速度,使珠光体的转变速度下降。而 Co 则相反,提高碳在奥氏体中的扩散速度,使珠光体的转变加速。

3) 合金元素对 $\gamma \rightarrow \alpha$ 转变的影响

合金元素的加入改变了 $\gamma \rightarrow \alpha$ 转变的速度,如 Co 提高 $\gamma \rightarrow \alpha$ 的转变速度,从而加速珠光体的转变。

4) 合金元素对相变临界点的影响

加入合金元素将改变相变临界点,在转变温度相同时将改变过冷度。例如 Ni 和 Mn 降低 A_1 点,减小过冷度,使珠光体转变速度降低。而 Co 提高 A_1 点,增大过冷度,使珠光体转变速度加快。

5) 合金元素对 γ/α 界面移动的拖曳作用

研究证明,在含 Mn、Mo 的铁碳合金的先共析铁素体析出过程中,在 γ/α 界面聚集了 Mn 和 Mo 的原子,起到了阻止界面移动的拖曳作用,从而降低了先共析铁素体的长大速度。这种作用也可以降低珠光体的形成速度。

2. 加热温度和保温时间的影响

加热温度和保温时间主要是通过改变奥氏体的成分和组织状态来影响珠光体转变的。若奥氏体成分不均匀,则有利于在高碳区形成渗碳体,在低碳区形成铁素体,并加速碳在奥氏体中的扩散,促进先共析相和珠光体的形成。钢中存在的未溶渗碳体,既可以作为先共析渗碳体的非均匀晶核,也可以作为珠光体领先相的晶核,因而也加速珠光体转变。所以,提高加热温度或延长保温时间,相当于增加奥氏体中碳和合金元素的含量，都使珠光体转变的孕育期增长，转变速度降低。另一方面，随着温度升高和保温时间延长，奥氏体的成分愈加均匀，奥氏体晶粒也愈加粗大。这些都导致珠光体的形核位置减少，降低形核率和长大速度，从而推迟珠光体转变。所以，加热温度低，保温时间短，均将加速珠光体的转变。

3. 奥氏体晶粒度的影响

奥氏体晶粒细小，单位体积内的晶界面积增大，珠光体的形核部位增多，将促进珠光体的形成。同理，细小的奥氏体晶粒也将促进先共析铁素体和先共析渗碳体的析出。

4. 应力和塑性变形的影响

对奥氏体施加拉应力或进行塑性变形，将造成晶体点阵畸变和位错密度增高，有利于C和Fe原子的扩散及晶体点阵重构，所以促进珠光体的形核和晶体长大，加速珠光体的转变。奥氏体塑性变形的温度越低，珠光体转变速度就越大。

对奥氏体施加等向压应力，将使原子迁移阻力增大，C和Fe原子的扩散及晶体点阵重构困难，将降低珠光体的形成温度，减慢珠光体的形成速度。

3.4 珠光体转变产物的机械性能

3.4.1 珠光体的机械性能

共析碳钢在获得单一片状珠光体的情况下，其机械性能与珠光体的片层间距、珠光体团直径、珠光体中铁素体的亚晶粒尺寸以及原始奥氏体晶粒大小有密切的关系。珠光体的片层间距主要取决于珠光体的形成温度，随形成温度降低而减小。而珠光体团直径不仅与形成温度有关，还与奥氏体晶粒大小有关，随形成温度降低以及奥氏体晶粒细化而减小。所以共析钢珠光体的机械性能主要取决于奥氏体化温度和珠光体形成温度。

随珠光体的片层间距以及珠光体团直径减小，珠光体的强度、硬度以及塑性均提高。随着珠光体形成温度的变化，珠光体片层间距的变化远大于珠光体团直径的变化，因此片层间距的影响更为重要。珠光体的强度、硬度和塑性升高的原因是：珠光体的片层间距减小时，铁素体片与渗碳体片都变薄，相界面增多，在外力作用下，抗塑性变形能力增大。而且由于铁素体和渗碳体片很薄，在外力作用下可以滑移而产生塑性变形，也可以产生弯曲，使钢的塑性变形能力增大。珠光体团直径的减小，表明单位体积内片层排列方向增多，使局部发生大量塑性变形而引起应力集中的可能性减少，因而既提高了强度又提高了塑性。

如果钢中的珠光体是在连续冷却过程中形成的，珠光体的片层间距大小不等，高温形成的大，低温形成的小，则使抗塑性变形的能力不均匀。珠光体片层间距较大的区域，抗塑性变形能力较小，在外力作用下，往往首先在这些区域产生过量变形，出现应力集中而破裂，使钢的强度和塑性都降低。

在成分相同的条件下，与片状珠光体相比，粒状珠光体的强度、硬度稍低，而塑性较高。其主要原因是：粒状珠光体中铁素体与渗碳体的相界面较片状珠光体少，强度和硬度稍低；而铁素体呈连续分布，渗碳体呈粒状分散在铁素体基体上，对位错运动的阻碍作用较小，使塑性提高。粒状珠光体的切削性好，对刀具的磨损小，冷挤压时的成形性也好，加热淬火时的变形和开裂的倾向性小，所以，高碳钢在机械加工和热处理前常常要求获得粒状珠光体组织。中碳和低碳钢的冷挤压成形加工也要求具有粒状碳化物的原始组织。

粒状珠光体的性能还取决于碳化物颗粒的形态、大小和分布。一般来说，当钢的成分一定时，碳化物颗粒愈细小，硬度和强度就愈高；碳化物颗粒愈接近等轴状，分布愈均匀，韧性愈好。在相同抗拉强度下，粒状珠光体比片状珠光体的疲劳强度有所提高。

3.4.2 铁素体加珠光体的机械性能

如前所述，亚共析钢经过珠光体转变后得到的转变产物既取决于钢中的碳含量，也取决于奥氏体化温度以及冷却速度。在钢的成分一定时，随冷却速度增大，先共析铁素体量减少，珠光体量增多。在完全奥氏体化情况下，随钢中碳含量增高，先共析铁素体量减少，而珠光体量增多，珠光体对钢的强度和韧性的作用增大。

铁素体加珠光体组织的性能取决于铁素体及珠光体的相对量、铁素体晶粒大小、珠光体片层间距以及铁素体化学成分等等。这些因素与强度之间的经验公式如下[9]

$$\sigma_b(\text{MPa}) = 15.4\left\{f_\alpha^{\frac{1}{3}}[16 + 74.2\sqrt{(\text{N})} + 1.18d^{-\frac{1}{2}}]\right.$$
$$\left. + (1 - f_\alpha^{\frac{1}{3}})[46.7 + 0.23S_0^{-\frac{1}{2}}] + 6.3(\text{Si})\right\} \tag{3.6}$$

$$\sigma_s(\text{MPa}) = 15.4\left\{f_\alpha^{\frac{1}{3}}[2.3 + 3.8(\text{Mn}) + 1.13d^{-\frac{1}{2}}]\right.$$
$$\left. + (1 - f_\alpha^{\frac{1}{3}})[11.6 + 0.25S_0^{-\frac{1}{2}}] + 4.1(\text{Si}) + 27.6\sqrt{(\text{N})}\right\} \tag{3.7}$$

式中，f_α 为铁素体体积百分数；d 为铁素体晶粒平均直径(mm)；S_0 为珠光体平均片层间距(mm)；$f_\alpha^{1/3}$ 和 $(1-f_\alpha^{1/3})$ 分别表示铁素体和珠光体的量；(Mn)、(N)、(Si) 分别表示锰、氮、硅的重量百分含量。上述公式适用于所有具有铁素体加珠光体组织的亚共析钢，直至全部为珠光体的共析钢。式中指数 1/3 表明屈服强度、抗拉强度随铁素体量和珠光体量的变化是非线性的。

屈服强度主要取决于铁素体晶粒尺寸大小，随珠光体量增加，它对强度的影响减小，而越接近共析成分，珠光体对强度的影响就越大，珠光体片层间距的作用就愈明显。当珠光体的片层间距相同时，随珠光体量增加，各种强化机制对屈服强度的贡献如图3.14所示[10]。

塑性则随珠光体量的增多而下降，随铁素体晶粒的细化而升高。增加珠光体的体积百分数，将显著地降低最大均匀应变和断裂时的总应变。在中、高碳的铁素体加珠光

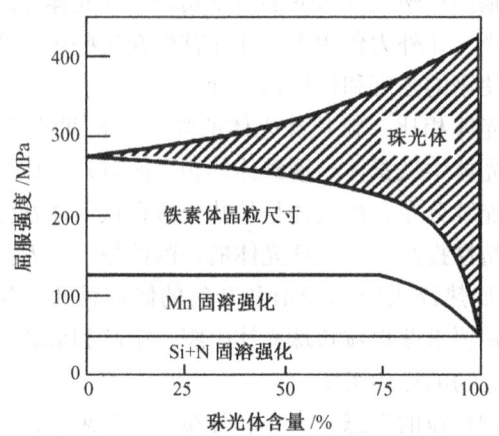

图3.14 不同珠光体含量时各强化机制对屈服强度的贡献

体的钢中，脆性转折温度 T_d 与各组织因素和成分之间的关系可由下式给出[9]

$$T_d(℃) = f_\alpha[-46 - 11.5d^{-\frac{1}{2}}] + (1 - f_\alpha)[-335 + 5.6S_0^{-\frac{1}{2}} - 13.3p^{-\frac{1}{2}} + 3.48 \times 10^6 t] + 48.7(Si) + 762\sqrt{(N_f)} \quad (3.8)$$

式中，p 为珠光体团尺寸(mm)；t 为珠光体中渗碳体片厚度(mm)；(N_f) 为固溶状态氮的重量百分含量；其余参数与式(3.6)和式(3.7)相同。可见，脆性转折温度随珠光体量增加而升高。细化铁素体晶粒和珠光体团尺寸、降低硅含量和碳含量对韧性是有益的，而固溶强化对韧性是有害的。如图3.15所示，随钢中碳含量增加（珠光体量增加），脆性转折温度升高，韧性状态下的冲击功显著下降[9]。

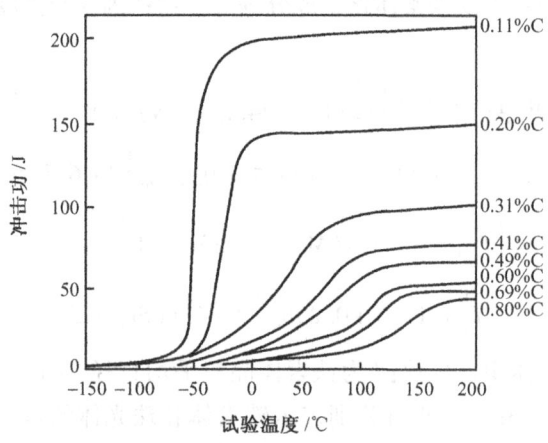

图3.15 碳含量（珠光体含量）对正火钢的韧脆转化温度和冲击功的影响

3.4.3 形变珠光体的机械性能

珠光体组织在工业上的重要应用之一是"派敦"（Patenting）处理的绳用钢丝、琴钢丝和某些弹簧钢丝。所谓派敦处理，就是使高碳钢获得细珠光体（索氏体）组织，再经过深度冷拔而获得高强度钢丝。索氏体组织由于片层间距较小，滑移可沿最短途径进行，因而具有良好的冷拔性能。同时由于渗碳体片很薄，在强烈塑性变形时能够弯曲，故塑性变形能力增强。冷塑性变形可使亚晶粒细化，形成由许多由位错网组成的位错壁，而且随变形量增大这种位错壁之间的距离减小，同时强化程度增大。

对珠光体组织进行塑性变形加工，可以大幅度提高钢的强度，并且细片状珠光体具有较高的塑性变形强化效果。如图 3.16 所示[9]，冷塑性变形使片状珠光体强化，主要是由于塑性变形引起的位错密度增大（图中 A 区）和亚晶粒细化（图中 B 区）所贡献的。铬钢的强度高于锰钢，这是因为铬钢的共析温度较高，过冷度增大，从而使片状珠光体的片层间距减小。同时，铬钢的亚晶粒细化引起的强化作用也大于锰钢。此外，由于含铬奥氏体的转变温度较低，相变后在铁素体中出现相变位错，也可引起一定的强化作用（图中 C 区）。

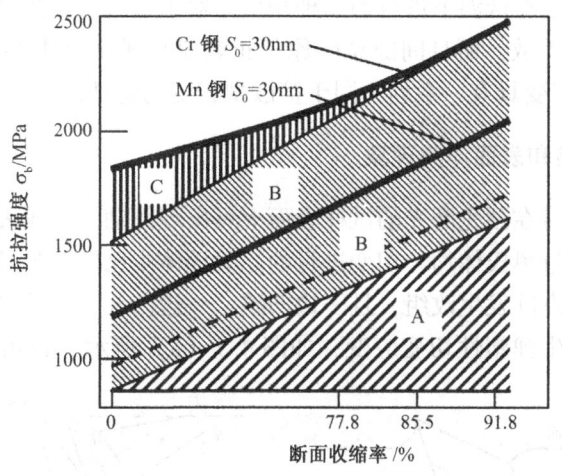

图 3.16　600℃形成的片状珠光体的抗拉强度
与冷拔变形量的关系。
A 区：位错密度增高的贡献；B 区：亚晶粒细化的贡献；
C 区：残存的相变位错的贡献

第四章 马氏体相变

马氏体相变是最典型的切变共格型相变。切变共格型相变是指在相变过程中,晶体点阵的重组是通过切变即基体原子集体有规律的近程迁移所完成,并且新相与母相保持共格关系的相变。最初将钢经奥氏体化后快速冷却,抑制其扩散性分解,在较低温度下发生的无扩散型相变称为马氏体相变。马氏体相变是钢件热处理强化的主要手段,产生马氏体相变的热处理工艺称为淬火。如今,马氏体相变的含义已很广泛,不仅金属材料,在陶瓷材料中也发现马氏体相变。因此,凡是相变的基本特征属于切变共格型的相变都称为马氏体相变,其相变产物都称为马氏体[21,22]。

4.1 马氏体相变的主要特征

马氏体相变是在低温下进行的一种相变。对于钢来说,此时不仅铁原子以及置换型原子不能扩散,而且间隙型碳原子也较难以扩散(但尚有一定程度的扩散)。故马氏体相变具有一系列不同于扩散型相变的特征。

4.1.1 切变共格和表面浮突现象

马氏体相变时在预先磨光的试样表面上可出现倾动,形成表面浮突,这表明马氏体相变是通过奥氏体均匀切变进行的。奥氏体中已转变为马氏体的部分发生了宏观切变而使点阵发生改组,且一边凹陷,一边凸起,带动界面附近未转变的奥氏体也随之发生弹塑性切变应变,如图4.1(a)所示。若相变前在试样磨面

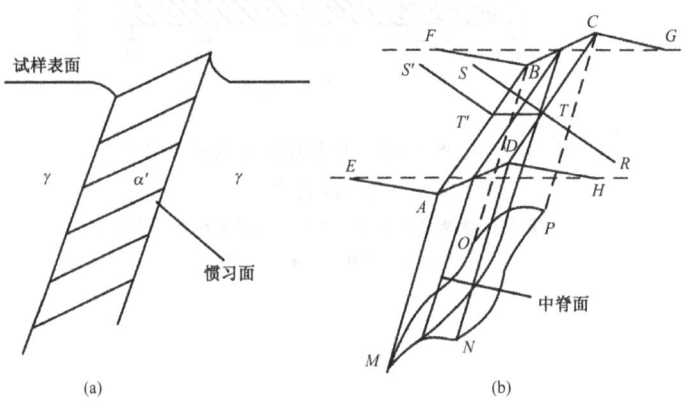

图4.1 马氏体形成时引起的表面倾动

上刻一直线划痕 STR，则相变后产生浮凸时该直线变成折线 $S'T'TR$，如图 4.1 (b) 所示。在显微镜光线照射下，浮凸两边呈现明显的山阴和山阳。由此可见，马氏体的形成是以切变方式进行的，同时马氏体和奥氏体之间界面上的原子是共有的，既属于马氏体，又属于奥氏体，而且整个相界面是互相牵制的。这种界面称为切变共格界面，它是以母相的切变来维持共格关系的，故称为第二类共格界面。在具有共格界面的新旧两相中，原子位置有对应关系，新相长大时，原子只作有规则的迁动而不改变界面的共格状态[7,9]。

4.1.2 无扩散性

从马氏体相变的宏观均匀切变现象可以设想，在马氏体相变过程中原子是集体运动的，原来相邻的原子相变后仍然相邻，它们之间的相对位移不超过一个原子间距，即马氏体相变是在原子基本上不发生扩散的情况下发生的。其主要实验证据为：钢中奥氏体转变为马氏体时，仅由面心立方点阵通过切变改组为体心立方（或体心正方）点阵，而无成分变化；另外，马氏体相变可以在相当低的温度（甚至在 4K）下以极快的速度进行，在这样低的温度下，原子扩散速度极小，相变已不可能以扩散方式进行。

4.1.3 具有特定的位向关系和惯习面

1. 位向关系

通过均匀切变形成的马氏体与母相奥氏体之间存在严格的位向关系。在钢中已经发现的位向关系有 K-S 关系、西山关系和 G-T 关系。

（1）K-S（Kurdjumov-Sachs）关系

Kurdjumov 和 Sachs 采用 X 射线极图法测出 1.4%C 钢中马氏体（α'）与奥氏体（γ）之间存在下列位向关系，即 K-S 关系

$$\{111\}_\gamma // \{110\}_{\alpha'}$$
$$\langle 110 \rangle_\gamma // \langle 111 \rangle_{\alpha'}$$

按照 K-S 关系，马氏体在奥氏体中可能有 24 种不同的取向。如图 4.2 所示，在每个 $\{111\}_\gamma$ 面上马氏体可能有六种不同的取向，而立方点阵中有四种 $\{111\}_\gamma$ 面，因此共有 24 种可能的马氏体取向[10]。

（2）西山（Nishiyama）关系

西山在 Fe-30%Ni 合金单晶中发现，在室温以上形成的马氏体和奥氏体之间存在 K-S 关系，而在 -70℃ 以下形成的马氏体则具有下列位向关系，即西山关系

$$\{111\}_\gamma // \{110\}_{\alpha'}$$
$$\langle 112 \rangle_\gamma // \langle 110 \rangle_{\alpha'}$$

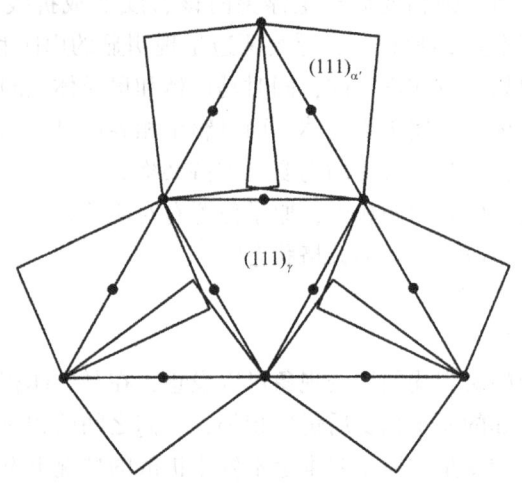

图 4.2 马氏体在 (111)$_\gamma$ 面形成时的可能取向

按照西山关系，在每个 $\{111\}_\gamma$ 面上马氏体只可能有三种不同的取向，所以 4 种 $\{111\}_\gamma$ 面上总共只有 12 种可能的马氏体取向。西山关系和 K-S 关系相比较，晶面的平行关系相同，而晶向却有 5°16′ 之差，如图 4.3 所示[6]。

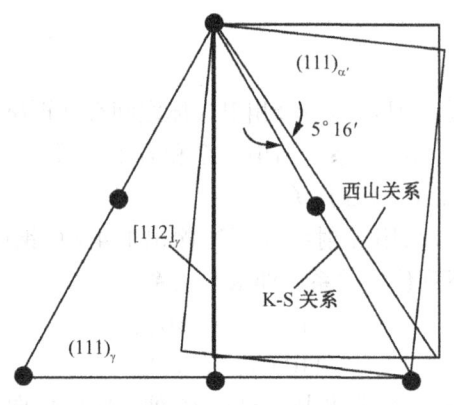

图 4.3 K-S 关系和西山关系的比较

(3) G-T (Greninger-Troiaon) 关系

Greninger 和 Troiaon 精确测量了 Fe-0.8%C-22%Ni 合金奥氏体单晶中的马氏体位向，结果发现 K-S 关系中的平行晶面和平行晶向实际上均略有偏差，即

$$\{111\}_\gamma // \{110\}_{\alpha'} \text{ 差 } 1°$$
$$\langle 110 \rangle_\gamma // \langle 111 \rangle_{\alpha'} \text{ 差 } 2°$$

2. 惯习面

马氏体相变不仅新相和母相之间有严格的位向关系,而且马氏体是在母相的一定晶面上开始形成的,这个晶面即称为惯习面,通常以母相的晶面指数表示。

钢中马氏体的惯习面常见的有三种:$\{111\}_\gamma$、$\{225\}_\gamma$ 和 $\{259\}_\gamma$。惯习面随碳含量及形成温度不同而异。碳含量小于0.6%时为 $\{111\}_\gamma$,碳含量在0.6%~1.4%之间为 $\{225\}_\gamma$,碳含量高于1.4%时为 $\{259\}_\gamma$。随马氏体形成温度的降低,惯习面有向高指数变化的趋势。所以,同一成分的钢也可能出现两种惯习面的马氏体,如先形成的马氏体惯习面为 $\{225\}_\gamma$,而后形成的马氏体惯习面为 $\{259\}_\gamma$。

4.1.4 在一个温度范围内完成相变

必须将奥氏体快速冷却(大于临界冷却速度)至某一温度以下才能发生马氏体相变,这一温度称为马氏体相变开始点,以 M_s 表示。当奥氏体过冷到 M_s 点以下某一温度时马氏体相变即刻开始,不需要孕育期,并且以极大的速度进行。但在此温度下马氏体相变很快停止,即马氏体转变量不再增加。为使马氏体相变得以继续进行,必须不断地降低温度。如停止继续降温,马氏体相变则立即停止。即马氏体相变是在不断降温条件下进行的,马氏体转变量是温度的函数,而与等温时间无关。当冷却至某一温度以下时,马氏体相变便不再继续进行,这个温度称为马氏体相变终了点,用 M_f 表示。一般情况下,如图4.4所示,冷却到 M_f 点以下仍不能得到100%马氏体,而保留一部分未转变的奥氏体,称为残余奥氏体。可见,若 M_s 点低于室温,则淬火到室温时将得到全部奥氏体。若 M_s 点在室温以上,M_f 点在室温以下,则淬火到室温时将保留相当数量的残余奥氏体。若继续冷却至室温以下,则残余奥氏体将继续转变为马氏体,这种工艺称为

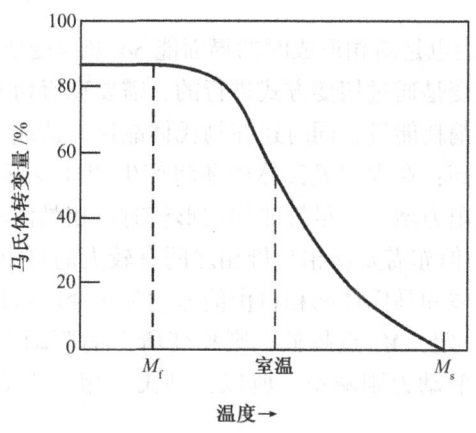

图4.4 马氏体转变量与转变温度的示意图

冷处理。

马氏体相变有时也会出现等温转变情况，但等温转变都不能使马氏体相变进行到底，所以马氏体相变总是需要在一个温度范围内连续冷却才能完成。

4.1.5 可逆性

冷却时，奥氏体可以通过马氏体相变机制转变为马氏体，同样，重新加热时，马氏体也可以通过逆向马氏体相变机制转变为奥氏体，即马氏体相变具有可逆性。一般将加热时马氏体向奥氏体的相变称为逆相变。逆相变与冷却时的马氏体相变具有相同的特点，与冷却时的 M_s 及 M_f 相对应，逆相变时也有相变开始点 A_s 及相变终了点 A_f。通常，A_s 比 M_s 高，两者之差视合金成分而异。如 Au-Cd、Ag-Cd 等合金的 A_s 与 M_s 之差较小，仅为 20~50℃；而 Fe-Ni 等合金的 A_s 与 M_s 之差就很大，大于 400℃。

综上所述，马氏体相变区别于其他相变最基本的特点只有两个：一是相变以切变共格方式进行；二是相变的无扩散性。其他特点均可由这两个基本特点派生出来。

4.2 马氏体相变热力学

4.2.1 马氏体相变热力学条件

马氏体相变也符合一般的相变规律，遵循相变的热力学条件。马氏体相变驱动力是新相马氏体（α'）与母相奥氏体（γ）的化学自由能差 $\Delta G_{\gamma \to \alpha'} = G_{\alpha'} - G_\gamma$。相同成分的马氏体与奥氏体的化学自由能和温度的关系如第一章图 1.6 所示（以 α' 代替图中 α），图中 T_0 为两相热力学平衡温度，此时 $\Delta G_{\gamma \to \alpha'} = 0$。显然，马氏体相变开始点 M_s 必定在 T_0 以下，即 $\Delta G_{\gamma \to \alpha'} < 0$，由过冷提供相变所需的化学驱动力。

马氏体相变的阻力也是新相形成时的界面能 $S\sigma$ 及应变能 $V\varepsilon$（见式 (1.8)）。但是，由于马氏体相变是通过切变方式进行的，需要克服切变阻力而使母相点阵发生改组，为此需要消耗能量；同时还在马氏体晶体中造成大量位错或孪晶等晶体缺陷，导致能量升高；在周围奥氏体中还将产生塑性变形，也需要消耗能量。这些都使马氏体相变阻力增大。尽管非均匀形核时母相晶体缺陷可提供一定的能量（见式 (1.13)），但亦需要新相与母相之间有较大的自由能差。因此，M_s 点的物理意义即为奥氏体和马氏体两相自由能差达到相变所需最小驱动力值时的温度。显然，若 T_0 点一定，M_s 点越低，则相变所需的驱动力就越大。反之，M_s 点高时，相变所需的驱动力则减小。所以，马氏体相变驱动力 $\Delta G_{\gamma \to \alpha'}$ 与 $(T_0 - M_s)$ 成比例，即

$$\Delta G_{\gamma \to \alpha'} = \Delta S(T_0 - M_s) \tag{4.1}$$

式中，ΔS 为 $\gamma \to \alpha'$ 相变时的熵变。

A_s 点的定义与 M_s 点类似，为马氏体和奥氏体两相自由能差达到逆相变所需最小驱动力值时的温度，并且逆相变驱动力 $\Delta G_{\alpha' \to \gamma}$ 的大小与 $(A_s - T_0)$ 成比例。

T_0、M_s、A_s 等与合金成分（碳含量或合金元素含量）的关系如图 4.5 所示意，它们均为浓度的函数。$\gamma \to \alpha'$ 相变在 $M_s \sim M_f$ 之间进行，$\alpha' \to \gamma$ 相变在 $A_s \sim A_f$ 之间进行。试验证明，M_s 和 A_s 之间的温度差可因引入塑性变形而减小。即在 M_s 点以上对奥氏体进行塑性变形会诱发马氏体相变而使 M_s 点上升至 M_d 点。同样，塑性变形也可使 A_s 点下降至 A_d 点。M_d 和 A_d 分别称为形变诱发马氏体相变开始点和形变诱发奥氏体相变开始点，即可获得形变诱发马氏体的最高温度和形变诱发奥氏体的最低温度。

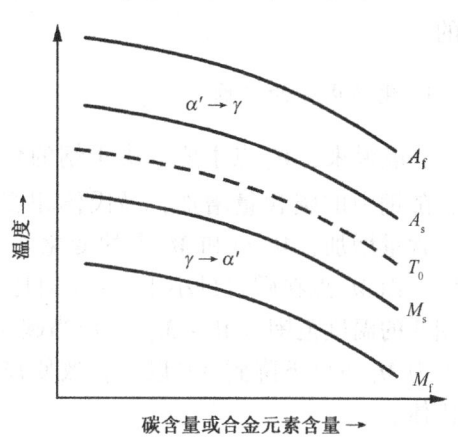

图 4.5　T_0、M_s、A_s 和合金成分的关系

显然，按照马氏体相变的热力学条件，M_d 的上限温度为 T_0，而 A_d 的下限温度亦为 T_0。

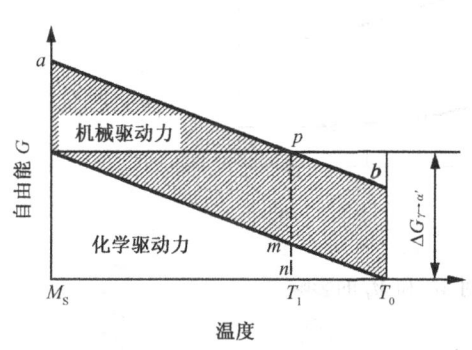

图 4.6　形变诱发马氏体相变热力学条件示意图

如上所述，在 M_s 点以上、M_d 点以下对奥氏体进行塑性变形将会诱发马氏体相变。按照马氏体相变热力学的观点，可以通过图 4.6 来说明形变诱发马氏体相变。由图可见，在 T_0 点至 M_s 点之间，随着温度下降马氏体相变的化学驱动力增大，当温度为 M_s 点时，相变的化学驱动力正好等于 $\Delta G_{\gamma \to \alpha'}$，可以发生马氏体相变。而形变所提供的能量为机械驱动力，图中 ab 线代表在化学驱动力上迭加的机械驱动力。设在 T_1 温度下，化学驱动力为 mn 线段，若此时能提供 pm 线段的机械驱动力，则 $pm + mn$ 刚好等于 $\Delta G_{\gamma \to \alpha'}$。而且 $T_1 < T_0$，即在马氏体热力学稳定区内，所以能够发生马氏体相变。若机械驱动力全部代替化学驱动力，则 M_d 点应上升到 T_0 点。但在大多数材料中，因塑性变形引起应力松弛，M_d 点通常都低于 T_0 点。

4.2.2 影响钢中 M_s 点的主要因素

M_s 点在生产中具有很重要的意义，因此了解影响 M_s 点的因素是十分必要的。

1. 化学成分的影响

一般说来，M_s 点主要取决于钢的化学成分，其中以碳含量的影响最为显著，随钢中的碳含量增加，马氏体相变的温度范围下降，如图 4.7 所示[13]。随碳含量增加，M_s 点和 M_f 点的变化并不完全一致，M_s 点呈较为均匀的连续下降；而 M_f 点在碳含量小于 0.6% 时比 M_s 点下降得更显著，因而扩大了马氏体相变的温度范围（$M_s - M_f$）。但当碳含量大于 0.6% 时，M_f 点下降缓慢，并且因为 M_f 点已下降到 0℃ 以下，致使淬火后的室温组织中存在有较多的残余奥氏体。

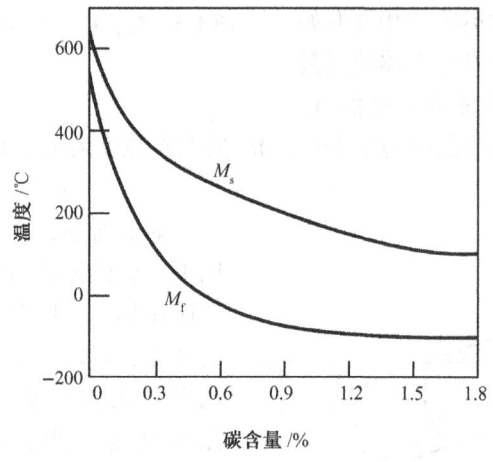

图 4.7 碳含量对 M_s 和 M_f 的影响

N 对 M_s 点的影响与 C 类似。N 和 C 一样，在钢中都形成间隙固溶体，对 γ 相和 α 相均有固溶强化作用，但对 α 相的固溶强化作用尤为显著，因而增大了马氏体相变的切变阻力，使相变驱动力增大。同时，C、N 还是稳定 γ 相的元素，它们降低 $\gamma \rightarrow \alpha'$ 相变的平衡温度 T_0，故强烈地降低 M_s 点。

钢中常见的合金元素均使 M_s 点降低，但效果不如碳显著。只有 Al 和 Co 使 M_s 点升高（图 4.8）。降低 M_s 点的元素按其影响强烈程度顺序排列为：Mn、Cr、Ni、Mo、Cu、W、V、Ti。其中 W、V、Ti 等强碳化物形成元素在钢中多以碳化物形式存在，淬火加热时一般溶于奥氏体中甚少，故对 M_s 点影响不大[6,9]。

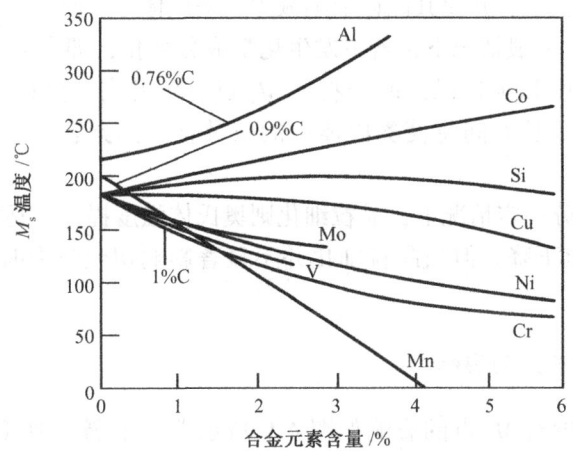

图 4.8　合金元素对铁合金 M_s 点的影响

合金元素对 M_s 点的影响主要决定于它们对平衡温度 T_0 的影响以及对奥氏体的强化作用。凡剧烈降低 T_0 温度及强化奥氏体的元素（如 C）均剧烈地降低 M_s 点。Mn、Cr、Ni 等既降低 T_0 温度又稍增加奥氏体强度，所以也降低 M_s 点。Al、Co、Si、Mo、W、V、Ti 等均提高 T_0 温度，但也程度不同地增加奥氏体强度。所以，若前者作用较大时，则使 M_s 点升高，如 Al、Co；若后者作用较大时，则使 M_s 点降低，如 Mo、W、V、Ti；当两者作用大致相当时，则对 M_s 点影响不大，如 Si。实际上，钢中合金元素之间相互影响十分复杂，钢的 M_s 点主要还是要靠试验来测定。

一般认为，凡是降低 M_s 点的合金元素也同样降低 M_f 点。

2. 形变与应力的影响

前已述及，当奥氏体在 $M_d \sim M_s$ 之间进行塑性变形时会诱发马氏体相变。同样，在 $M_s \sim M_f$ 之间进行塑性变形也可以促进马氏体相变，使马氏体转变量增加。一般来说，形变量越大，形变温度越低，则形变诱发马氏体转变量就越多。

由于马氏体相变时必然产生体积膨胀，因此多向压缩应力将阻止马氏体的形成，因而降低 M_s 点。而拉应力或单向压应力往往有利于马氏体形成，使 M_s 点升高。

3. 奥氏体化条件的影响

加热温度和保温时间对 M_s 点的影响较为复杂。加热温度升高和保温时间延长，有利于碳和合金元素进一步溶入奥氏体中，而使 M_s 点下降，但同时又会引起奥氏体晶粒的长大，并使其晶体缺陷减少，马氏体形成时的切变阻力减小，从而使 M_s 点升高。一般情况下，若不发生化学成分变化，即在完全奥氏体化条件下，提高加热温度和延长保温时间将使 M_s 点有所升高；而在不完全加热条件下，提高温度或延长时间将使奥氏体中的碳及合金元素含量增加，导致 M_s 点下降。

在奥氏体成分一定情况下，晶粒细化则奥氏体强度提高，马氏体相变切变阻力增大，使 M_s 点下降。但当晶粒细化并不显著影响切变阻力时，则对 M_s 点没有太大影响[23]。

4. 淬火冷却速度的影响

淬火冷却速度对 M_s 点的影响如图 4.9 所示[10]。在淬火速度较低时，M_s 点保持恒定，形成一个较低的台阶，它相当于钢的名义 M_s 点。在淬火速度很高时，出现 M_s 点保持恒定的另一个台阶。在上述两种淬火速度之间，M_s 点随淬火速度增大而升高。上述现象可解释如下：假设相变之前奥氏体中 C 的分布是不均匀的，在位错等缺陷处发生偏聚，形成 "C 原子气团"。这种 "气团" 大小与温度有关，在高温下原子扩散能力强，C 原子偏聚倾向较小，因此 "气团" 尺寸也较小。但当温度降低时，原子扩散能力减弱，C 原子的偏聚倾向逐渐增大，因而 "气团" 尺寸随温度降低而逐渐增大。在正常淬火条件下，这些 "气团" 可以达到足够大小，对奥氏体起强化作用。而极快的淬火速度抑制 "气团" 的形成，引起奥氏体弱化，使马氏体相变时的切变阻力降低，因而使 M_s 点升高。但当冷却速度足够大时，"气团" 完全被抑制，M_s 点不再随淬火速度增大而升高。

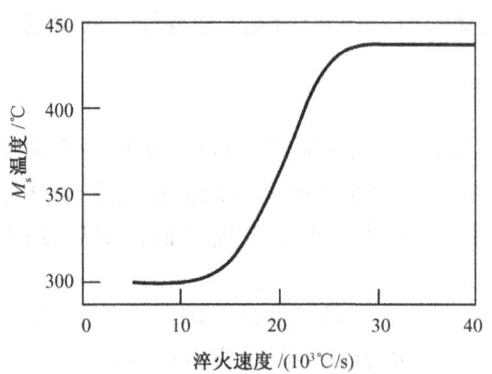

图 4.9 淬火速度对 Fe-0.5%C-2.05%Ni 钢 M_s 点的影响

5. 磁场的影响

试验证明，钢在磁场中淬火冷却时，外加磁场将诱发马氏体相变，与不加磁场相比，M_s 点升高，并且相同温度下的马氏体转变量增加。但是，外加磁场只使 M_s 点升高，而对 M_s 点以下的相变行为并无影响。如图 4.10 所示，淬火冷却时外加磁场使 M_s 升高至 M'_s，但转变量增加趋势与不加磁场时基本一致。而在相变尚未结束时撤去外加磁场，则相变立即恢复到不加磁场时的状态，并且马氏体最终转变量也不发生变化。

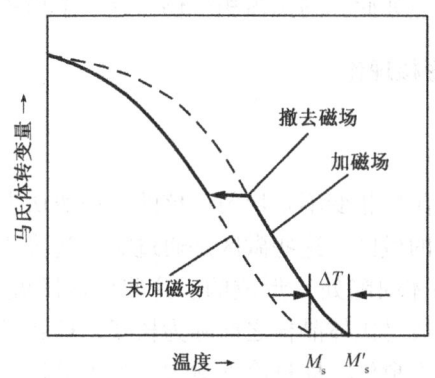

图 4.10　外加磁场对马氏体转变过程的影响

外加磁场影响马氏体相变的原因，主要是外加磁场使具有最大磁饱和强度的马氏体相趋于更稳定。如图 4.11 所示，在磁场中马氏体的自由能降低，而磁场对于非铁磁相奥氏体自由能的影响不大，因此两相平衡温度 T_0 升高，M_s 点也随之升高。也可认为，外加磁场实际上是用磁能补偿了一部分化学驱动力，由于磁力诱发而使马氏体相变在 M_s 点以上即可发生。这种现象从热力学角度来看与形变诱发马氏体相变很相似。

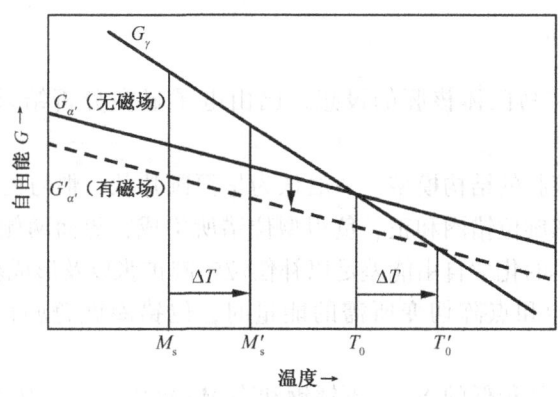

图 4.11　外加磁场引起 M_s 点升高的热力学示意图

4.3 马氏体相变晶体学的经典模型

马氏体相变是在无扩散情况下，晶体由一种结构通过切变转变为另一种结构的变化过程。在相变过程中，点阵重构是由原子集体的、有规律的近程迁动完成的，并无成分变化。虽然如此，马氏体相变仍然是一个形核和长大的过程。

4.3.1 马氏体相变的形核理论

1. 马氏体形核

大量研究表明，马氏体相变不是均匀形核的。一般认为，在奥氏体中已经预先存在具有马氏体结构的微区，这些微区是通过能量起伏及结构起伏在高温母相中某些有利位置（如晶体缺陷处）形成的。这些微区随温度降低而被冻结到低温，在没有成为可以长成马氏体晶核之前称为核胚，核胚尺寸大小不等。从经典相变理论可知，冷却温度愈低，即过冷度愈大，临界晶核尺寸就愈小。当奥氏体被过冷至某一温度，尺寸大于该温度下临界晶核尺寸的核胚就能成为晶核，长成一片马氏体。当大于临界尺寸的核胚消耗殆尽时，相变也就停止，只有进一步降低温度才能使更小的核胚成为晶核而长成马氏体。这就解释了马氏体相变的降温瞬时形核。

在等温过程中，某些尺寸小于该温度下临界晶核尺寸的核胚有可能通过热激活而长大到临界尺寸。由于是从已有核胚增大到临界尺寸，故所需形核功不大，在低温下是可能的。核胚随等温时间延长通过热激活而成为晶核，这就解释了马氏体相变的等温形核。

2. 马氏体形胚

上述预先存在马氏体核胚的设想，已由电子显微分析结果获得了间接的证明。

关于马氏体核胚的结构模型，一般认为呈薄圆片状，惯习面为 $\{225\}_\gamma$，其界面是由左、右螺旋位错圈和正、负刃型位错所构成，界面两侧保持 K-S 关系。当马氏体与奥氏体的化学自由能差足以补偿位错圈扩张以及形成新位错圈所增加的界面能、畸变能和点阵切变所需的能量时，位错圈就急剧扩张长大成为马氏体。

另外，在层错能很低的 Ni-Cr 不锈钢和高 Mn 钢中发现，马氏体总是在 ε 相接壤处特别是两片 ε 相交界处出现，因此认为，堆垛层错可能是马氏体的核胚。这种层错核胚经过原子层适当平移和切变及点阵调整即可由 ε 相转变为 α' 相。即面心立方奥氏体（γ）经过密排六方中间相（ε）之后转变为体心立方（正方）马氏体（α'）。

4.3.2 马氏体相变的切变模型

马氏体相变的无扩散性、表面浮突以及在低温下仍高速进行等事实都说明，相变过程中点阵重组是由原子集体有规律的近程迁动所完成的，即马氏体相变是晶体通过切变由一种结构转变为另一种结构的过程。已提出多种切变模型，现将主要模型介绍如下。

1. K-S（Kurdjumov-Sachs）切变模型

K-S 切变过程示于图 4.12[13]。图 4.12（a）为 γ 点阵晶格，图 4.12（b）表示 γ 点阵以 (111)$_\gamma$ 面为底面按 ABCABC……堆积次序自下而上排列，图 4.12（c）为转变后的 α' 点阵晶格。点阵图下方为其在 (111)$_\gamma$ 面上的投影图。为叙述方便起见，首先不考虑 C 原子的存在，并设想奥氏体按以下几个步骤转变为马氏体：

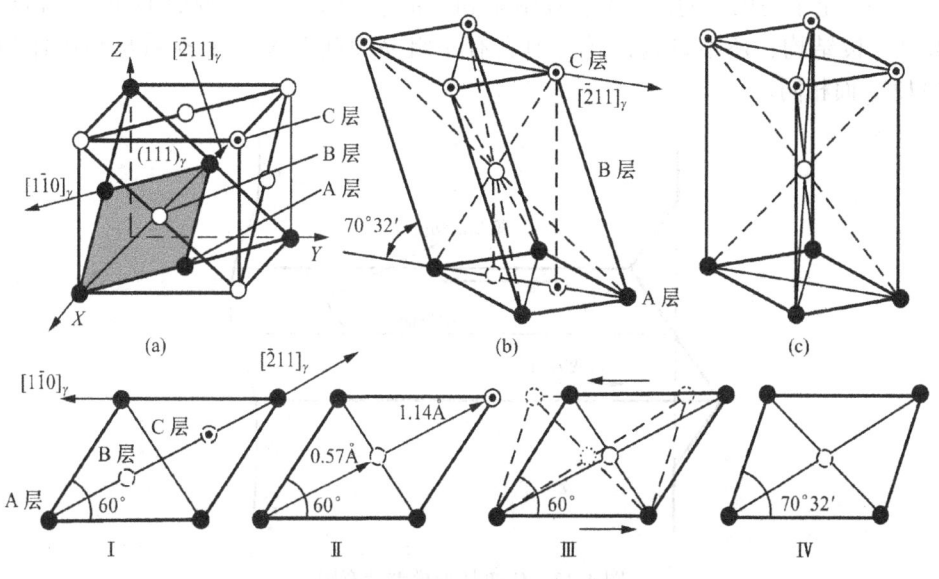

图 4.12 K-S 切变模型示意图

(a) 在 (111)$_\gamma$ 面上沿 $[\bar{2}11]_\gamma$ 方向产生切变角为 19°28′ 的第一次切变（图中 I）。B 层原子移动 $\frac{1}{12}\gamma_{[\bar{2}11]}$（0.57Å），C 层原子移动 $\frac{1}{6}\gamma_{[\bar{2}11]}$（1.14Å），更高各层原子移动距离按比例增加，但相邻两层原子移动距离均为 $\frac{1}{12}\gamma_{[\bar{2}11]}$。第一次切变后原子排列如图中 II 所示。

(b) 在 $(11\bar{2})_\gamma$ 面（垂直于 $(111)_\gamma$ 面）上沿 $[1\bar{1}0]_\gamma$ 方向产生切变角为 $10°32'$ 的第二次切变（图中Ⅲ）。第二次切变后使顶角由 $60°$ 增大至 $70°32'$，得到体心立方点阵。

在有 C 原子存在的情况下，由面心立方点阵改建为体心正方点阵时，切变角略小些，第一次切变角约为 $15°15'$，第二次切变时顶角由 $60°$ 增大至 $69°$。

(c) 最后还要作一些微小调整，使晶面间距与实测数值相符合。

经 K-S 切变后，$(111)_\gamma$ 变为 $(110)_{\alpha'}$。K-S 切变模型可以导出所测得的点阵结构和位向关系，给出奥氏体改建为马氏体的清晰模型。但按 K-S 切变模型产生的表面浮突与实测结果不符，并且不能解释惯习面为 $(225)_\gamma$ 和 $(259)_\gamma$ 的马氏体的切变过程。

2. G-T (Greninger-Troiano) 模型

G-T 模型常称为两次切变模型，如图 4.13 所示[9]，其切变过程如下：

(a) 首先在接近于 $(259)_\gamma$ 面上产生宏观均匀切变，造成样品表面出现浮突，并确定了马氏体的惯习面，如图 4.14 (a)、(b) 所示。此时的相变产物是复杂三棱结构，还不是马氏体，但它有一组晶面间距及原子排列与马氏体的 $(112)_{\alpha'}$ 面相同。

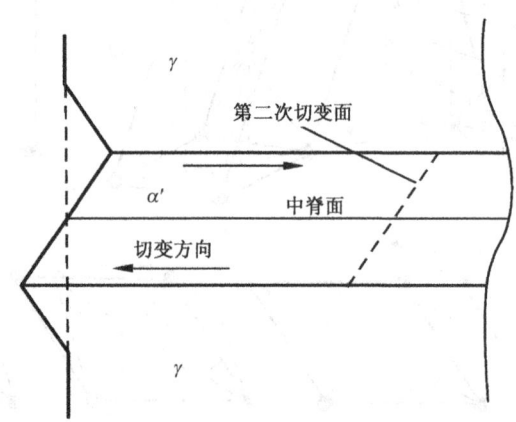

图 4.13　G-T 切变模型示意图

(b) 在 $(112)_{\alpha'}$ 面上的 $[\bar{1}11]_{\alpha'}$ 方向产生 $12°\sim13°$ 的宏观不均匀切变，点阵转变为体心正方点阵，取向与马氏体一样，晶面间距也相近，见图 4.14 (c)、(d)。第二次切变限制在三棱点阵范围内，对第一次切变所形成的表面浮突没有可见的影响。

(c) 最后作一些微小调整，使晶面间距与实测值相符合。

均匀切变使晶体单胞由正方形变为斜方形，同时使晶体外形发生改变

(图 4.14（b））。而不均匀切变可以是平行晶面上的滑移变形（图 4.14（c）），也可以是往复的孪生变形（图 4.14（d））[9]，这两种方式分别与马氏体的两种亚结构（位错和孪晶）相对应，但晶体不产生宏观变形。

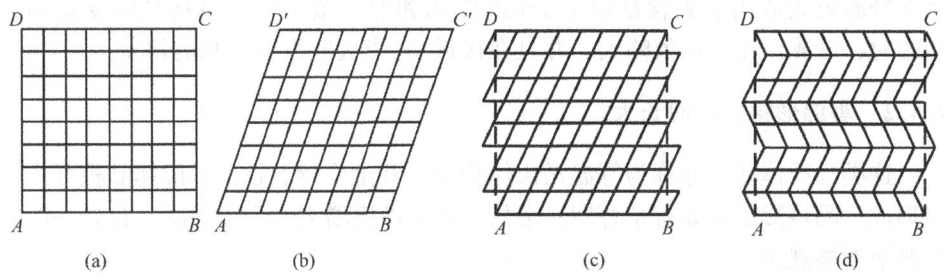

图 4.14　G-T 模型切变过程示意图
（a）切变前　（b）均匀切变（宏观切变）　（c）滑移切变　（d）孪生切变

G-T 模型比较圆满地解释了马氏体相变的点阵改组、宏观变形、惯习面、位向关系和晶内亚结构等，但仍不能解释惯习面是不变平面以及低、中碳钢的位向关系等问题。

4.4　马氏体相变动力学

马氏体相变速度同样取决于形核率和长大速度，可分为以下几种类型。

4.4.1　降温瞬时形核、瞬时长大

这类马氏体相变又称为降温马氏体相变，是碳钢和低合金钢中最常见的一种马氏体相变，其特点是：第一，当奥氏体被过冷到 M_s 点以下时，在该温度下能够形成马氏体的晶核瞬时即可形成，而且必须不断降温，马氏体晶核才能不断地形成，且晶核形成速度极快；第二，马氏体晶核形成后马氏体的长大速度极快，甚至在极低温度下仍能高速长大，即马氏体长大所需的激活能极小；第三，一个马氏体单晶长大到一定极限尺寸后就不再长大。随温度降低而继续进行的马氏体相变，不是依靠已有马氏体单晶的进一步长大，而是依靠形成新的马氏体晶核，长成新的马氏体。根据这三个特点可以看出，马氏体相变速度仅取决于由冷却速度所决定的马氏体的形核率，而与马氏体晶体的长大速度无关。马氏体转变量仅取决于冷却所到达的温度 T_q，即取决于 M_s 点以下的深冷程度（$\Delta T = M_s - T_q$），与该温度下的停留时间无关。由于降温马氏体相变的速度太快，所以要研究它的形核及长大过程是很困难的。

钢的 M_s 点因成分不同而异，但若 M_s 点高于 100℃，则在 M_s 点以下的相变

过程都十分类似。根据大量实验结果归纳出马氏体转变体积分数 X 与冷却温度 T_q 之间关系为

$$X = 1 - 6.956 \times 10^{-5} [455 - (M_s - T_q)]^{5.32} \qquad (4.2)$$

这个经验公式适用于碳含量近于1%的碳钢和低合金钢[9]。但是当转变量超过50%时，计算值比实测值略大，并且在接近 M_s 点处有百分之几的偏差。

4.4.2 等温形核、瞬时长大

这类马氏体相变亦称为等温马氏体相变，其主要特点是，马氏体晶核可以等温形成，晶核形成需要有孕育期，形核率随过冷度增大而先增后减，符合一般的热激活形核规律。

马氏体晶核形成后马氏体的长大速度仍然极快，且长大到一定尺寸后也不再长大，故马氏体相变的体积分数同样也取决于马氏体的形核率，与其长大速度无关。因马氏体可以等温形成，故马氏体转变量亦可随等温时间延长而增加。马氏体等温转变动力学也可用时间-温度-转变量（TTT）曲线来表示，与珠光体转变的 TTT 曲线一样也呈"C"字形，有孕育期。随合金元素含量的增加，C 曲线将右移；合金元素含量减少，C 曲线则左移，有时还移向高温。相变速度随时间延长而先增加后减小，并且随等温温度降低亦先增加后减小。

与珠光体转变一样，等温马氏体相变也可以被快速冷却所抑制。当冷却速度大于某一临界值时，奥氏体可以被过冷到液氮温度而不发生马氏体相变。

等温马氏体相变的一个重要特征是相变不能进行到底，只能有部分奥氏体可以等温转变为马氏体。这是因为随等温转变进行，因马氏体相变的体积变化引起未转变奥氏体变形，从而使未转变奥氏体向马氏体转变时的切变阻力增大而产生稳定化。因此，必须增大过冷度，即增大相变驱动力才能使相变继续进行。试验证明，等温马氏体的形成，可以是原有马氏体片经等温继续长大，也可以从奥氏体中重新形核长大。

4.4.3 自触发形核、瞬时长大

M_s 点低于0℃的 Fe-Ni（-C）合金，在 M_s 点以下将形成惯习面为 $\{259\}_\gamma$ 的透镜片状马氏体。当第一片马氏体形成时，有可能激发出大量马氏体而引起爆发式转变，通常用 M_b 代表发生爆发式转变温度。这种相变突然发生，并伴有响声，同时急剧放出相变潜热，使试样温度升高。当一片 $\{259\}_\gamma$ 马氏体形成时，其尖端应力足以促使另一片马氏体的形核和长大，因而呈连锁式反应，马氏体片呈"Z"字形。爆发转变量取决于合金的化学成分，条件合适时爆发转变量可超过70%，试样温度可上升30℃，如图 4.15 所示[24]。爆发转变停止后，为使马氏体相变得以继续进行，必须继续降低温度。而后继转变曲线的斜率随爆发转变量增大而减小。

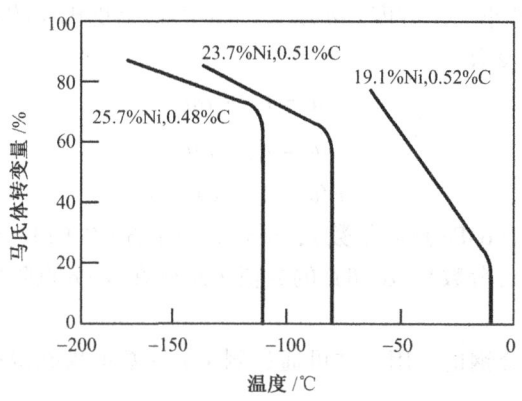

图 4.15 爆发式转变时的马氏体转变量与温度的关系

由于爆发转变时马氏体晶核是由转变开始时形成的第一片马氏体触发形成的，故称为自触发形核。马氏体片的长大速度极快，且与温度无关。

晶界是爆发转变传递的障碍，因此在同样 M_b 温度下，细晶粒合金的爆发转变量较小。马氏体的爆发转变，常因受爆发热的影响而伴有马氏体的等温形成。

概括以上三种相变的特点可以看出，主要差别仅在于形核及形核率不同，而形核后的长大速度均极大，且均与相变温度关系不大。

4.4.4 表面马氏体相变

将试样在稍高于其合金 M_s 点的温度等温保持，往往在试样表面会形成马氏体。若将马氏体磨去，试样内部仍为奥氏体，故称其为表面马氏体。这是因为在表面形成马氏体时可以不受三向压应力的阻碍；而在试样内部形成马氏体时，由于马氏体的比容大于周围奥氏体而造成三向压应力，使马氏体难以形成。所以，表面马氏体的 M_s 点要比大块试样内部的 M_s 点高。

表面马氏体的形成也是一种等温相变，但与等温形核、瞬时长大的大块材料的等温马氏体相变不同。表面马氏体相变的形核过程也需要有孕育期，但长大速度极慢，且惯习面不是 $\{225\}_\gamma$ 而 $\{112\}_\gamma$，位向关系为西山关系，形态不是片状而呈条状。

4.5 钢中马氏体的晶体结构

4.5.1 马氏体点阵常数和碳含量的关系

钢中的马氏体是碳在 α-Fe 中的过饱和固溶体，具有体心正方点阵。通过 X 射线分析测定室温下不同碳含量马氏体的点阵常数，得出点阵常数 c、a 及 c/a 与钢中碳含量呈线性关系，如图 4.16 所示[8]。随钢中碳含量升高，马氏体的点

阵常数 c 增大，a 减小，正方度 c/a 增大，图中 a_γ 为奥氏体的点阵常数。上述关系也可用下列公式表示

$$c = a_0 + \alpha\rho$$
$$a = a_0 - \beta\rho \qquad (4.3)$$
$$c/a = 1 + \gamma\rho$$

式中，$a_0 = 2.861$Å（α-Fe 点阵常数）；$\alpha = 0.116$；$\beta = 0.013$；$\gamma = 0.046$；ρ 为马氏体碳含量（重量百分数）。α 和 β 的数值表示碳在 α-Fe 点阵中引起局部畸变的程度。

上述关系对合金钢也适用，并可通过测定 c/a 数值来确定马氏体的碳含量。

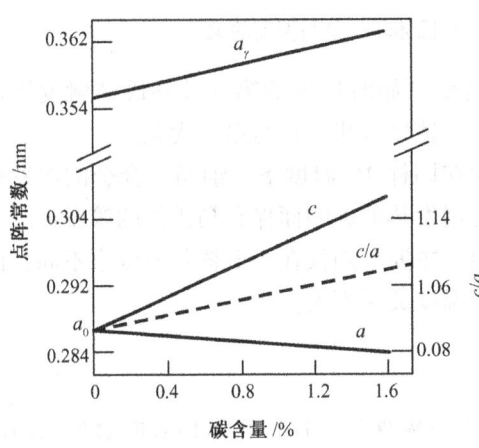

图 4.16 奥氏体和马氏体的点阵常数与碳含量的关系

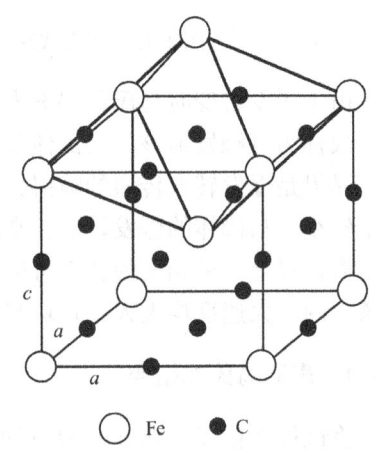

图 4.17 C 原子在马氏体点阵中的可能位置

4.5.2 马氏体的点阵结构及其畸变

C 原子在马氏体点阵中的可能位置是分布在 α-Fe 体心立方单胞的各棱边中央和面心位置，如图 4.17 所示。也可视为处于一个由 Fe 原子组成的扁八面体孔隙之中，扁八面体的长轴为 $\sqrt{2}a$，短轴为 c，其几何形状如图中粗线所示。根据计算，这个扁八面体的孔隙在短轴方向上半径仅为 0.19Å，而 C 原子有效半径为 0.77Å。因此，在平衡状态下，C 在 α-Fe 中的溶解度极小（0.006%）。而一般钢中马氏体的碳含量远远超过这个数值，所以引起点阵畸变。C 原子溶入这个扁八面体孔隙后，力图使其变成正八面体。结果使短轴方向上 Fe 原子的间距伸长 36%，而在另外两个方向上则收缩 4%，从而使体心立方点阵变成体心正方点阵。由间隙 C 原子造成的这种非对称畸变称为畸变偶极，可视其为一个强烈的应力场，C 原子就在这个应力场中心[25]。

4.6 钢及铁合金中马氏体的组织形态

经淬火获得马氏体组织是钢件强韧化的重要基础。由于钢的成分及热处理条件不同，所获得的马氏体形态和亚结构亦不同，继而对钢的组织和机械性能产生影响。下面介绍钢及铁合金中存在的几种典型的马氏体组织。

4.6.1 板条状马氏体

板条状马氏体是低碳钢、中碳钢、马氏体时效钢和不锈钢等合金中形成的一种典型的马氏体组织，其光学显微组织形态如图 4.18 所示。因其显微组织是由许多成群的板条组成，故称为板条状马氏体。又因为这种马氏体的亚结构主要为位错，通常也称为位错型马氏体。

图 4.18　18Ni 马氏体时效钢的板条马氏体组织

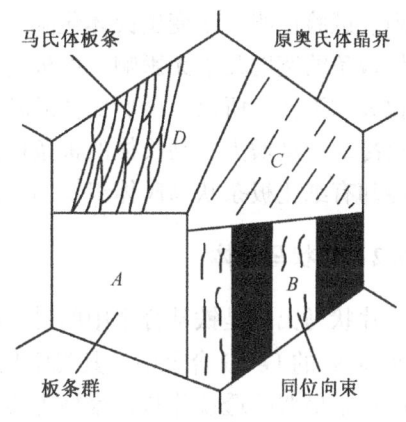
图 4.19　板条马氏体显微组织构成示意图

板条状马氏体的显微组织构成示意图如图 4.19 所示[26,27]。板条状马氏体由板条群所组成（图中 A），板条群的尺寸约为 $20\sim35\mu m$，由若干个尺寸大致相同的板条在空间位向大致平行排列所组成，一个原始奥氏体晶粒内可有几个板条群（常为 3~5 个）。一个板条群又可以分成几个平行的区域（图中 B），称为同位向束，同位向束之间呈大角晶界。一个板条群也可以只由一种同位向束所组成（图中 C）。每个同位向束由若干个平行板条所组成（图中 D），每一个板条为一个马氏体单晶体，其尺寸约为 $0.5\mu m\times5.0\mu m\times20\mu m$。马氏体板条具有平直界面，界面近似平行于奥氏体的 $\{111\}_\gamma$，即其惯习面，相同惯习面的马氏体板条平行排列构成马氏体板条群。现已确定，这些稠密的马氏体板条多被连续的高度变形的残余奥氏体薄膜（约20nm厚度）所隔开，且板条间残余奥氏体薄膜的碳含量较高，在室温下很稳定，它对钢的机械性能会产生显著影响[28]。

相邻马氏体板条一般以小角晶界相间，也可以呈孪晶关系，呈孪晶关系时板条间无残余奥氏体存在。电镜观察证明，马氏体板条内具有高密度位错，其密度约为 $0.3 \times 10^{12} \sim 0.9 \times 10^{12} cm^{-2}$，与剧烈冷作硬化的铁相似，有时也会有少量的相变孪晶存在。在一个马氏体板条群内，马氏体与奥氏体的位向关系均在K-S和西山关系之间，并以处于二者之间的G-T关系最多。

板条状马氏体的显微组织构成随钢的成分变化而改变。在碳钢中，当碳含量小于0.3%时，马氏体板条群及群中的同位向束均很清晰；碳含量在0.3%~0.6%，板条群清晰，而同位向束不清晰；碳含量升高到0.6%~0.8%时，板条混杂生成的倾向性很强，无法辨认板条群和同位向束。可见，碳钢中随碳含量升高，板条状马氏体组织的同位向束趋于消失，板条群逐渐变得难以辨认。在Fe-Ni合金中，板条状马氏体的组织构成几乎不受Ni含量的影响，同位向束始终很清晰。试验证明，改变奥氏体化温度可以显著地改变奥氏体晶粒大小，但对于马氏体板条的宽度几乎无影响，而板条群的大小随奥氏体晶粒增大而增大，且两者之比大致不变。所以一个奥氏体晶粒内生成的马氏体板条群的数量基本不变。随淬火冷却速度增大，马氏体的板条群径和同位向束宽同时减小。所以，淬火时加速冷却有细化板条状马氏体组织的作用。

4.6.2 片状马氏体

片状马氏体是铁基合金中的另一种典型的马氏体组织，常见于淬火高、中碳钢及高Ni的Fe-Ni合金中，其光学显微组织形态如图4.20所示。片状马氏体的空间形态呈双凸透镜片状，也称为透镜片状马氏体。因其与试样磨面相截在显微

图4.20 Fe-32Ni合金的片状马氏体组织

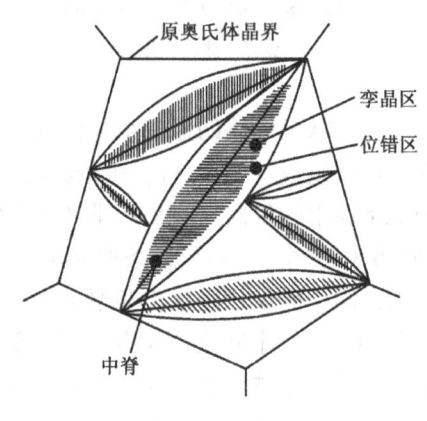
图4.21 片状马氏体显微组织示意图

镜下呈针状或竹叶状，故又称为针状或竹叶状马氏体。片状马氏体的亚结构主要为孪晶，所以又称为孪晶型马氏体。片状马氏体的显微组织特征为马氏体片之间不相互平行。在一个成分均匀的奥氏体晶粒内，冷却至稍低于 M_s 点时，先形成的第一片马氏体将贯穿整个奥氏体晶粒而将其分割为两半，使随后形成的马氏体的大小受到限制（如图 4.21 所示）。因此片状马氏体的大小不一，越是后形成的马氏体片就越小。片状马氏体中常可见到有明显的中脊，其惯习面为 $(225)_\gamma$ 或 $(259)_\gamma$，与母相的位向关系为 K-S 关系或西山关系。片状马氏体内有许多相变孪晶，孪晶接合部分的带状薄筋称为中脊。相变孪晶的存在是片状马氏体组织的重要特征。孪晶间距大约为 5nm，一般不扩展到马氏体的边界上，在马氏体片的边缘区域则为复杂的位错组列。

根据内部亚结构的差异，可将片状马氏体的亚结构分为以中脊为中心的相变孪晶区（中间部分）和无孪晶区（片的周围部分，存在位错）。孪晶区所占的比例随合金成分变化而异。在 Fe-Ni 合金中，Ni 含量越高（M_s 点越低），则孪晶区所占的比例就越大。对同一成分的合金，随 M_s 点降低（如改变奥氏体化温度）孪晶区所占的比例也增大。但相变孪晶的密度几乎不改变，孪晶厚度始终约为 5nm 左右。高分辨率电镜观察证实，中脊为高密度的相变孪晶区。

4.6.3 其他马氏体形态

1. 蝶状马氏体

在 Fe-Ni 合金和 Fe-Ni (-Cr) -C 合金中，当马氏体在板条状马氏体和片状马氏体的形成温度范围之间的温度区域（如后述）形成时，会出现具有特异形态的马氏体，如图 4.22 所示[29]。这种马氏体的立体形态为"V"形柱状，其断面

图 4.22　Fe-18Ni-0.7Cr-0.5C 合金的蝶状马氏体

图 4.23　Fe-31Ni-0.28C 合金的薄片状马氏体

呈蝴蝶形，故称为蝶状马氏体或多角状马氏体。蝶状马氏体两翼的惯习面为 $\{225\}_\gamma$，两翼相交的结合面为 $\{100\}_\gamma$。电镜观察证实，蝶状马氏体的内部亚结构为高密度位错，无孪晶存在，与母相的晶体学位向关系大体上符合 K-S 关系。

2. 薄片状马氏体

在 M_s 点极低的 Fe-Ni-C 合金中可观察到一种厚度约为 3~10μm 的薄片状马氏体，其立体形态为薄片状，与试样磨面相截呈宽窄一致的平直带状，带可以相互交叉，呈现曲折、分枝等形态，如图 4.23 所示。薄片状马氏体的惯习面为 $\{259\}_\gamma$，与奥氏体之间的位向关系为 K-S 关系，内部亚结构为 $\{112\}_{\alpha'}$孪晶，孪晶的宽度随碳含量升高而减小。平直的带中无中脊，这是它与片状马氏体的不同之处[29]。

3. ε 马氏体

上述各种马氏体都是具有体心立方（正方）点阵结构的马氏体（α'）。而在奥氏体层错能较低的 Fe-Mn-C 或 Fe-Cr-Ni 合金中有可能形成具有密排六方点阵结构的 ε 马氏体。ε 马氏体的光学显微组织如图 4.24 所示[8]，ε 马氏体呈极薄的片状，厚度仅为 100~300nm，其内部亚结构为高密度层错。ε 马氏体的惯习面为 $\{111\}_\gamma$，与奥氏体之间的位向关系为 $\{111\}_\gamma /\!/ \{0001\}_\varepsilon$，$\langle110\rangle_\gamma /\!/ \langle11\bar{2}0\rangle_\varepsilon$。

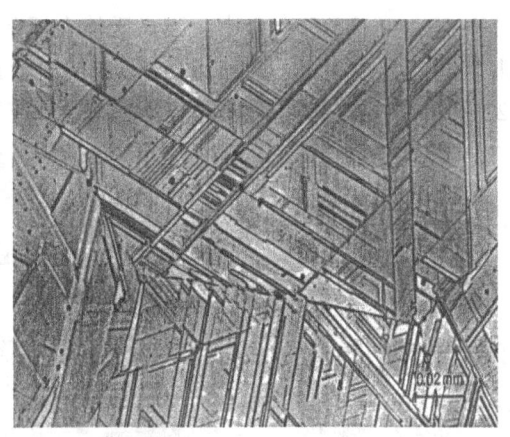

图 4.24　Fe-16.4Mn-0.09C 合金的 ε 马氏体

4.6.4　影响马氏体形态及其内部亚结构的因素

1. 化学成分

母相奥氏体的化学成分是影响马氏体形态及其内部亚结构的主要因素，其中尤以碳含量最为重要。如 Fe-C 合金，0.3%C 以下为板条状马氏体，1.0%C 以上为片状马氏体，0.3%~1.0%C 之间为板条状和片状的混和组织。在 Fe-Ni-C 合金中，马氏体的形态和亚结构也随碳含量增加，由板条状向片状以及薄片状转化。

在其他合金元素中，凡能缩小 γ 相区的均能促使得到板条状马氏体；凡能扩大 γ 相区的将促使马氏体形态从板条状转化为片状。能显著降低奥氏体层错能的合金元素（如 Mn）将促使转化为 ε 马氏体。

2. 马氏体的形成温度

随马氏体的形成温度降低，马氏体的形态将按照板条状→蝶状→片状→薄片状的顺序转化，亚结构则由位错逐步转化为孪晶。由于马氏体相变是在 $M_s \sim M_f$ 之间进行的，因此，对于一定成分的奥氏体来说，有可能转变成几种不同形态的马氏体（图 4.25）[24]。M_s 点较高的奥氏体，可能只形成板条状马氏体；M_s 点略低的奥氏体，可能形成板条状与片状的混合组织；M_s 点更低的奥氏体，不再形成板条状马氏体，相变一开始就形成片状马氏体；M_s 点极低的奥氏体，片状马氏体也不再形成，而只能形成薄片状马氏体。

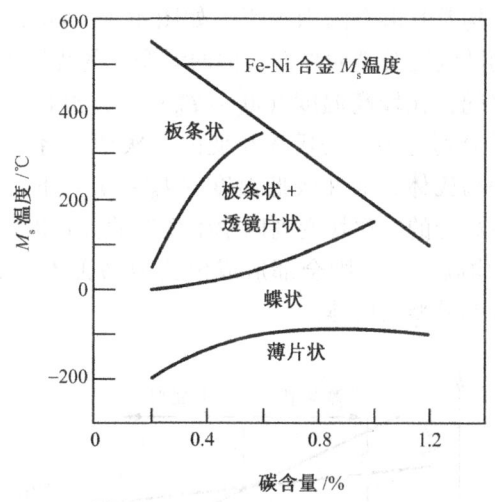

图 4.25　Fe-Ni-C 合金马氏体形态与碳含量的关系

3. 奥氏体的层错能

奥氏体的层错能低时，易于形成 ε 马氏体。但层错能对其他形态马氏体的影响尚不统一。一般认为，奥氏体的层错能愈低，愈难于形成相变孪晶，而愈趋向于形成位错型马氏体。如层错能极低的 18-8 不锈钢在液氮温度下也只能形成位错板条状马氏体。

4. 奥氏体与马氏体的强度

研究表明，马氏体的形态还与 M_s 点处的奥氏体的屈服强度以及马氏体的强度有关。当奥氏体的屈服强度小于200MPa时，若形成的马氏体的强度较低，则得到 $\{111\}_\gamma$ 惯习面的板条状马氏体；若马氏体的强度较高，则得到 $\{225\}_\gamma$ 惯习面的片状马氏体；而当奥氏体的屈服强度大于200MPa时，则形成强度较高的 $\{259\}_\gamma$ 惯习面的片状马氏体[10]。这种现象的相变理论基础是：相变应力的松弛，若在奥氏体和马氏体内都以滑移变形方式进行，则形成 $\{111\}_\gamma$ 板条状马氏体；若在奥氏体内以滑移变形方式，而在马氏体内以孪生变形方式进行，则形成 $\{225\}_\gamma$ 片状马氏体；若只在马氏体内以孪生变形方式进行，则形成 $\{259\}_\gamma$ 片状马氏体。

5. 滑移和孪生变形的临界分切应力的大小

还有一种观点认为，马氏体的内部亚结构取决于相变时的变形方式是滑移变形还是孪生变形。合金成分和温度决定滑移变形和孪生变形的临界分切应力的大小，因而决定马氏体的亚结构和形态，即滑移变形和孪生变形的临界分切应力大小是控制马氏体亚结构及其形态的因素[5]。如图 4.26 所示，滑移变形和孪生变形的临界分切应力均随温度升高而降低，但两者变化的程度不同，在 T_0' 处相交。若 T_0' 位于 $M_s \sim M_f$ 之间，在较高温度（$M_s \sim T_0'$）下，滑移变形的临界分切应力小于孪生变形的临界分切应力，马氏体相变的二次切变将以滑移变形的方式进行，所以形成位错型马氏体；而在较低温度（$T_0' \sim M_f$）下，孪生变形的临界分切应力较低，马氏体相变的二次切变则以孪生变形的方式进行，所以形成孪晶型马氏体。若 $M_s \sim M_f$ 均高于 T_0'，则全部形成位错型马氏体；相反，若 $M_s \sim M_f$ 均低于 T_0'，则全部形成孪晶型马氏体。

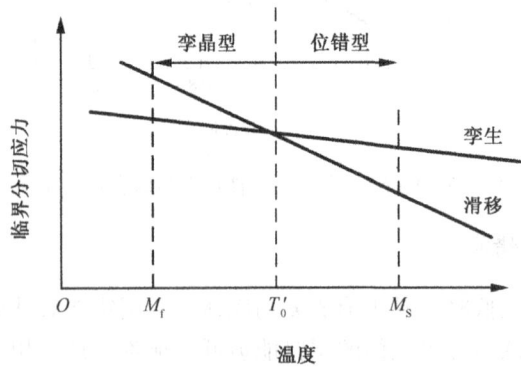

图 4.26　滑移和孪生的临界分切应力与温度的关系

4.7 奥氏体的稳定化

所谓奥氏体的稳定化系指奥氏体的内部结构在外界因素作用下发生某种变化而使奥氏体向马氏体的转变呈现迟滞的现象。通常把奥氏体的稳定化分为热稳定化和机械稳定化两类。

4.7.1 奥氏体的热稳定化

淬火时因缓慢冷却或在冷却过程中停留而引起奥氏体的稳定性提高，使马氏体转变迟滞的现象称为奥氏体的热稳定化。

前已述及，在一般冷却条件下降温形成马氏体的转变量只取决于最终冷却温度，而与时间无关。但若在淬火过程中于某一温度停留一段时间后再继续冷却，则马氏体转变量与温度的关系会发生变化。如图 4.27 所示，在 M_s 点以下 T_A 温度停留一段时间后再继续冷却，则马氏体转变并不立即恢复，而是要冷至 M_s' 温度后才重新形成马氏体，即要滞后 θ ($\theta = T_A - M_s'$) 度相变才能继续进行。与正常冷却相比，在相同温度 T_R（如室温）下的转变量减少了 δ ($\delta = M_1 - M_2$) 或残余奥氏体量增加了 δ，δ 值的大小与测定温度 T_R 有关。奥氏体的热稳定化程度可以用滞后温度间隔 θ 或某一温度下残余奥氏体增量 δ 来度量[9]。

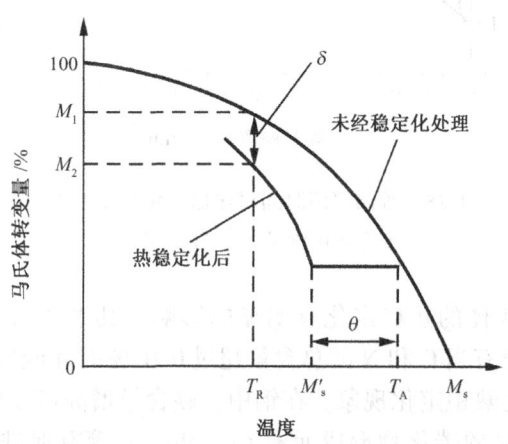

图 4.27 M_s 点以下奥氏体热稳定化现象示意图

研究表明，奥氏体的热稳定化有一个温度上限，常以 M_c 表示。在 M_c 点以上等温停留时并不产生热稳定化，只有在 M_c 点以下等温停留或缓慢冷却时才会引起热稳定化。对于不同的钢种，M_c 点可以低于 M_s 点，也可以高于 M_s 点。对于 M_c 点高于 M_s 点的钢种，在 M_s 点以上等温或缓慢冷却时也会产生热稳定化现象。一般情况下，等温温度越高，淬火后获得的马氏体量就越少，即 δ 值就越大，这说明奥氏体热稳定化程度也就越高。但当等温温度超过一定限度后，随等温温度的升高，奥氏体稳定化的程度反而下降，这种现象称为反稳定化。

已转变的马氏体量对奥氏体的热稳定化程度也有很大影响，奥氏体的热稳定化程度随已转变马氏体量的增多而增大。这说明马氏体形成时对周围奥氏体的机械作用促进了奥氏体热稳定化程度的发展。所以，研究奥氏体热稳定化的影响因素时，均需固定马氏体的转变量。

在一定的等温温度下，停留时间越长，则达到的奥氏体热稳定化程度就越高，如图 4.28 所示。比较图中不同等温温度下的曲线可以看出，等温温度越高，达到最大热稳定化程度所需的时间就越短。可见，热稳定化动力学过程是同时与等温温度和等温时间有关的[10]。

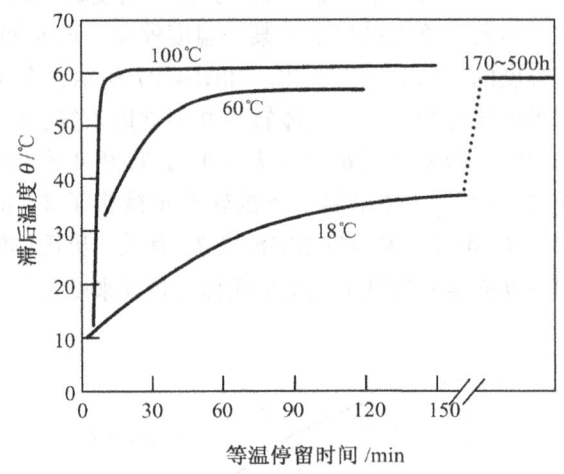

图 4.28 等温停留时间对热稳定化程度的影响
（含碳 0.96% 的低合金钢）

化学成分对奥氏体的热稳定化有明显的影响，其中尤以 C 和 N 最为重要。在 Fe-Ni 合金中，只有当 C 和 N 的总含量超过 0.01% 时才能发生热稳定化现象。无碳的 Fe-Ni 合金无热稳定化现象。在钢中，碳含量增高可使奥氏体的热稳定化程度增大。钢中常见的碳化物形成元素 Cr、Mo、V 等有促进热稳定化的作用；而非碳化物形成元素 Ni、Si 等对热稳定化的影响不大。

关于奥氏体热稳定化的机制，人们推测可能与原子的热运动有关，即认为是由于 C、N 原子在适当温度下向晶体点阵缺陷处偏聚（C、N 原子钉扎位错），因而强化了奥氏体，使马氏体相变的切变阻力增大所致。根据马氏体相变的位错形核理论，在等温停留时，C、N 原子向马氏体核胚的位错界面偏聚，包围马氏体核胚，直至足以钉扎它，阻止其长大成马氏体晶核。所以滞后温度 θ 值的意义是为了获得额外的化学驱动力以克服由于 C、N 原子钉扎位错界面而增加的相变阻力所需要的过冷度。按照这个模型，热稳定化程度应与界面钉扎强度（或界面上溶质原子浓度）成正比。这种理论上预见的热稳定化动力学与实验结果基本符合。在 Fe-Ni 合金中测得，奥氏体热稳定化时屈服强度升高 13%，因而使马氏体相变的切变阻力增大，引起 M_s 点下降，而需要的相变驱动力相应地提高 18%。

按上述模型，若将已经热稳定化的奥氏体加热至一定温度以上时，由于原子热运动增强，溶质原子又会扩散离去，使热稳定化作用下降甚至消失，这就是所谓的反稳定化。出现反稳定化的温度因钢种和热处理工艺不同而异。高速钢中出现反稳定化的温度约为 500~550℃。实际上，高速钢多次回火工艺即为反稳定化理论的实际应用。

热稳定化奥氏体经反稳定化处理后，如重新冷却，随温度下降，原子热运动减弱，溶质原子向界面偏聚的倾向又逐渐增大，因此，热稳定化现象会再次出现。试验证明，高碳钢（W18Cr4V，Cr12Mo）的热稳定化现象的确是可逆的。

4.7.2 奥氏体的机械稳定化

在 M_d 点以上温度对奥氏体进行塑性变形，超过一定变形量时会使随后的马氏体转变发生困难，M_s 点降低，残余奥氏体量增多，引起奥氏体稳定化，这种现象称为机械稳定化。低于 M_d 点的塑性变形可以诱发马氏体相变，但也使未转变的奥氏体产生机械稳定化。另外，马氏体相变所引起的相硬化也能引起奥氏体的机械稳定化。

如图 4.29 所示，少量的塑性变形可以促进马氏体转变，而大量的塑性变形将使马氏体转变量减少，即产生奥氏体机械稳定化现象。塑性变形温度越高，形变量越大，奥氏体的层错能越低，则奥氏体的机械稳定化效应就越大。马氏体相变是通过原子间相互有联系的规则运动来完成的，由于塑性变形引入的晶体缺陷会破坏母相和新相（或其核胚）之间的共格关系，使马氏体相变时的原子运动发生困难，因此增大了奥氏体的稳定性[6]。

分析塑性变形对马氏体相变的影响，也应同时考虑弹性应力的影响。少量的塑性变形之所以会促进马氏体相变，可以认为是由于内应力集中所造成的，内应力集中有助于马氏体核胚的形成，或者促进已存在的马氏体核胚长大。在马氏体爆发式转变中，也有与外加应力一样的效应。由于形成马氏体而产生的内应力，常常会使某些合金出现"自促发"效应。

前已述及，马氏体形成时对其周围奥氏体的机械作用会促进奥氏体热稳定化程度的发展，其实这是一种由于马氏体相变造成未转变奥氏体的塑性变形所引起的机械稳定化作用。只要等温停留温度低于 M_s 点，奥氏体的热稳定化必然和由相变所引起的机械稳定化同时存在。

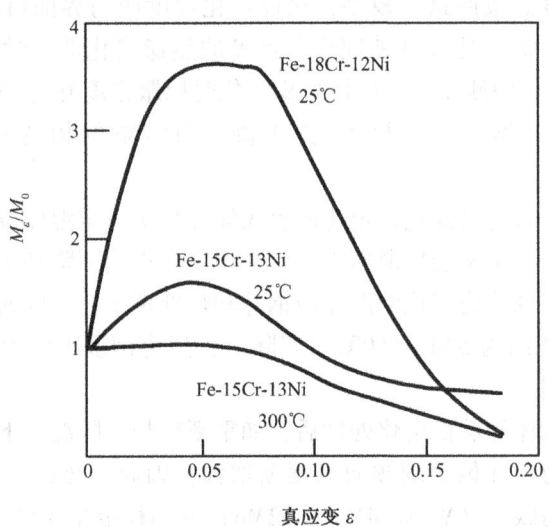

图 4.29 塑性变形对马氏体转变量的影响
M_ε：形变奥氏体在液氮中冷处理后的马氏体量；
M_0：未形变奥氏体经相同处理后的马氏体量

4.8 马氏体的机械性能

4.8.1 马氏体的硬度和强度

钢中马氏体最重要的特性就是高硬度和高强度，其硬度随碳含量增加而升高，如图 4.30 中曲线 3 所示[9]。当碳含量达 0.6% 时，淬火钢的硬度（图 4.30 中曲线 1 和 2）接近最大值。但当碳含量进一步增加时，虽然马氏体的硬度会有

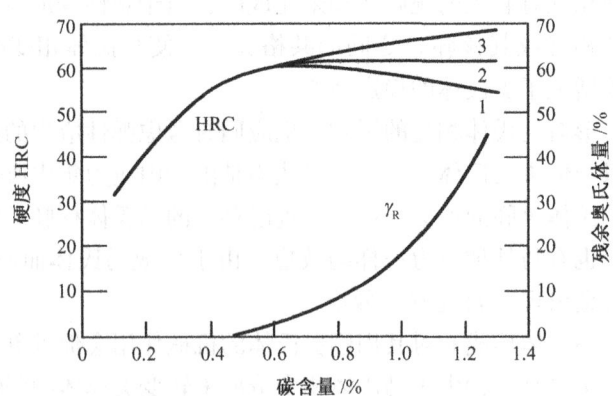

图 4.30 淬火钢的最大硬度与碳含量的关系
1. 高于 A_{c3}（A_{ccm}）淬火；2. 高于 A_{c1} 淬火；3. 马氏体的硬度

所提高，但由于残余奥氏体量增加，使淬火钢的硬度反而下降。图4.30中曲线1为高于A_{c3}（或A_{ccm}）加热淬火时的情况，因碳化物大量溶入奥氏体中使M_s点下降，残余奥氏体量增多，导致淬火钢的硬度下降。当加热温度介于A_{c3}（或A_{ccm}）和A_{c1}之间时，残余奥氏体量减少，其对淬火钢硬度的影响也减小，导致淬火钢的硬度随碳含量的变化不大（图4.30中曲线2）。合金元素对马氏体硬度的影响不大。使马氏体具有高硬度、高强度的主要因素如下。

1. 相变强化

马氏体相变的切变特性造成了在马氏体晶体内产生大量的微观缺陷（如位错、孪晶及层错等等），使马氏体强化，称为相变强化。试验证明，无碳马氏体的屈服强度约为280MPa左右，与形变强化铁素体的屈服强度很接近。而退火状态铁素体的屈服强度仅约为120MPa左右。这表明，马氏体的相变强化使屈服强度提高了一倍以上。

2. 固溶强化

由于马氏体中的过饱和碳原子极易从马氏体晶体中析出而引起时效强化，所以曾专门设计了一系列M_s点极低且碳含量不同的Fe-Ni-C合金，以保证马氏体相变能在C原子不可能发生时效析出的低温下进行。不同碳含量的试样淬火后立即在低温下测量马氏体的强度以了解C原子的固溶强化效应，其结果如图4.31中虚线所示[25]。可见，当碳含量小于0.4%时，马氏体的屈服强度随碳含量增加而急剧升高，但当碳含量超过0.4%时，马氏体的屈服强度则不再随碳含量增加而升高。

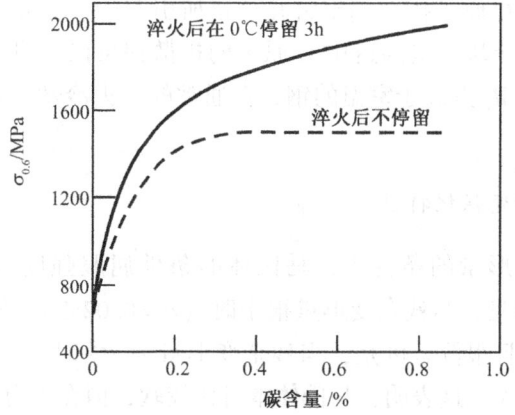

图4.31　Fe-Ni-C合金马氏体在0℃时的屈服
强度$\sigma_{0.6}$与碳含量的关系

为什么 C 原子的固溶强化效应在马氏体中如此强烈，而在奥氏体中却不大？一般认为，奥氏体和马氏体中的 C 原子均处于由 Fe 原子组成的八面体中心，但奥氏体中的八面体为正八面体，C 原子的溶入只能使奥氏体点阵产生对称膨胀，并不发生畸变。而马氏体中的八面体为扁八面体，C 原子溶入后发生不对称畸变，形成以 C 原子为中心的畸变偶极应力场，这个应力场与位错产生强烈的交互作用，使马氏体强度升高。但碳含量超过 0.4% 以后，可能由于 C 原子之间距离太近，以至畸变偶极应力场之间因相互抵消而降低了强化效果，使马氏体进一步强化的效果显著减小。

应当指出，上述用 M_s 点极低的 Fe-Ni-C 合金所得的是孪晶马氏体，其中也包含了孪晶对马氏体的强化作用。对于位错型马氏体没有这部分强化作用，故其强度略低。

形成置换式固溶体的合金元素对马氏体的固溶强化效应与 C 相比要小得多。

3. 时效强化

时效强化也是一个重要强化因素。理论计算和电阻分析都表明，马氏体在室温下只需几分钟甚至几秒钟就可以通过原子扩散而产生时效强化。在 -60℃ 以上温度，时效就能进行，发生 C 原子偏聚和析出从而产生时效强化作用。因此，对于在 -60℃ 以上形成的含碳马氏体都可能发生时效强化，即所谓的马氏体自回火现象，在总的强化效果中都包含了时效强化的贡献。图 4.31 中实线表明，淬火后在 0℃ 停留时效 3 小时，马氏体的屈服强度就有了进一步的提高，碳含量越高，时效强化效果就越显著。故当碳含量大于 0.4% 时 C 原子可以通过时效强化对马氏体的强度做出贡献。

时效强化是由 C 原子扩散偏聚钉扎位错所引起的。因此，如果马氏体在室温以上形成，则在冷却至室温途中 C 原子的扩散偏聚已经自然形成，产生时效强化。所以，对于 M_s 点高于室温的钢，在通常的淬火冷却条件下，淬火过程中即伴随着自回火。

4. 马氏体的形变强化特性

在不同残余变形量的条件下，马氏体的条件屈服强度与碳含量的关系如图 4.32 所示[9]。可见，当残余变形量很小时（$\varepsilon = 0.02\%$），屈服强度 $\sigma_{0.02}$ 几乎与碳含量无关，并且很低。可是，当残余变形量为 2% 时，屈服强度 σ_2 却随碳含量增加而急剧增大。这表明，马氏体本身比较软，但在外力作用下因塑性变形而急剧加工硬化，所以马氏体的形变强化指数很大，加工硬化率很高。碳含量愈高，形变强化效果就愈明显。马氏体的这种形变强化特性与畸变偶极应力场的强化作用有关。

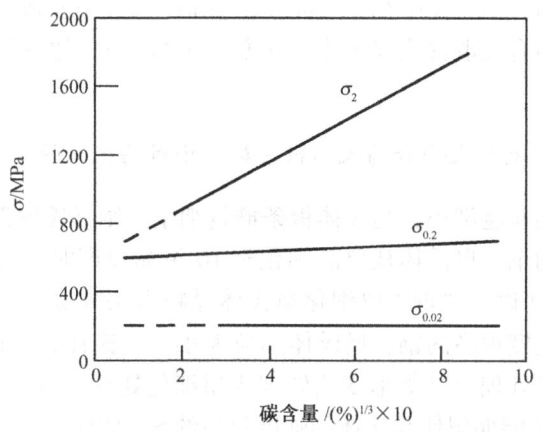

图 4.32 马氏体的屈服强度与碳含量的关系

5. 孪晶对马氏体强度的贡献

碳含量低于 0.3% 的 Fe-C 合金的马氏体,其亚结构主要为位错,马氏体的强化主要靠碳原子的固溶强化。碳含量大于 0.3% 的马氏体,其亚结构中孪晶量增多,所以除了碳原子的固溶强化以外还附加有孪晶对强度的贡献。图 4.33 示出了碳含量对 Fe-C 合金马氏体硬度的影响,同时示意地表示出亚结构对马氏体硬度(强度)的贡献与碳含量的关系[6,9]。可见,随马氏体中碳含量的增高,碳原子钉扎位错的固溶强化作用增大,如图中直线所示,小于 0.3%C 为实测值,0.3%C 以上为引伸值(虚线)。随马氏体中碳含量增高,孪晶相对量增大,影线区表示孪晶对马氏体强化的贡献。当碳含量大于 0.8% 时,硬度不再上升,这是由于残余奥氏体增多的影响。

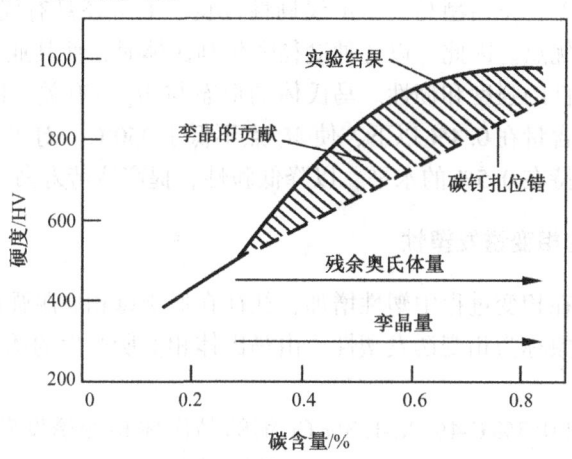

图 4.33 碳含量对 Fe-C 合金马氏体硬度的影响

上述结果说明，马氏体中存在孪晶时，孪晶对强度有贡献。有人解释当有孪晶存在时马氏体的有效滑移系仅为体心立方金属的 1/4，故孪晶阻碍滑移而引起强化。

6. 原始奥氏体晶粒大小和马氏体板条群大小对马氏体强度的影响

原始奥氏体晶粒越细小，马氏体板条群越细小，则马氏体强度就越高。但对于中碳低合金结构钢，奥氏体从单晶细化至 10 级晶粒度时，马氏体的强度增加不大于 250MPa。所以一般钢中以细化奥氏体晶粒方法来提高马氏体强度的作用并不大。尤其对硬度很高的钢，奥氏体晶粒大小对马氏体强度的影响更不明显。只有在一些特殊热处理中（如形变热处理或超细化处理），将奥氏体晶粒细化至 15 级或更高时，才能期望使马氏体的强度提高约 500MPa。

4.8.2 马氏体的韧性

大量试验结果都证明，在屈服强度相同的条件下，位错型马氏体的断裂韧性（K_{IC}）和冲击功（a_k）比孪晶马氏体要好得多，即使经回火后，也仍然具有这种规律。

位错型马氏体具有良好的韧性。低碳钢淬火后通常得到位错型马氏体，但若在低碳钢中加入大量降低 M_s 点的合金元素，淬火后也会得到大量的孪晶马氏体，这时钢的韧性将显著降低。所以，马氏体的韧性主要决定于它的亚结构。

孪晶马氏体之所以韧性差，可能与孪晶亚结构的存在及在回火时碳化物沿孪晶面析出而呈不均匀分布有关。也有人认为可能与碳原子在孪晶界偏聚有关。

综上所述，马氏体的强度主要决定于碳含量，而马氏体的韧性主要决定于亚结构。低碳位错型马氏体具有高的强度和良好韧性。高碳孪晶型马氏体具有高的强度，但韧性很差。位错型马氏体不仅韧性优良，而且还具有脆性转折温度低、缺口敏感性低等优点。因此，以各种途径强化马氏体时，使其亚结构仍保持位错型，便可兼具优良的强度和韧性。马氏体的形态与 M_s 点有关。因此，目前结构钢成分均限制碳含量在 0.4% 以下，使 M_s 点不低于 350℃。对于轴承钢，马氏体中的碳含量宜保持在 0.5% 的水平，以降低脆性，提高疲劳寿命。

4.8.3 马氏体的相变诱发塑性

金属及合金在相变过程中塑性增加，往往在低于母相屈服强度时即可发生塑性变形，这种现象称为相变诱发塑性。由马氏体相变所产生的诱发塑性称为马氏体相变诱发塑性。

图 4.34 示出 0.3% C-4% Ni-1.3% Cr 钢的马氏体相变诱发塑性[10]。该钢经 850℃奥氏体化后，其 M_s 点为 307℃，奥氏体屈服强度为 137MPa。由图中可见，奥氏体化后在 307℃及 322℃下施加应力，在应力低于钢的屈服强度时即产生塑

性变形，且塑性随应力加大而增大。在307℃施加应力时，温度已达到钢的 M_s 点，故有马氏体相变发生。而马氏体相变一旦发生即贡献出诱发塑性，所以随应力增大，马氏体相变在应力诱发下不断进行，因而相变诱发塑性也就不断增大。在322℃加应力时，虽然在 M_s 点以上，但因应力诱发形成马氏体，所以所呈现的高塑性也是由于马氏体相变所引起的。

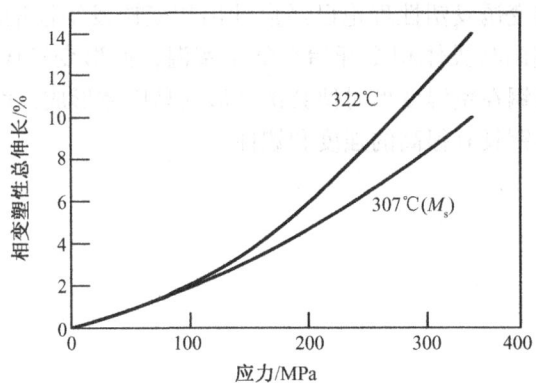

图 4.34　0.3%C-4%Ni-1.3%Cr 钢在不同温度下
应力与总伸长的关系

马氏体相变所诱发的塑性还可以显著提高钢的韧性。如图 4.35 所示，存在着两个明显的温度区间，在 100~200℃的高温区，因为在断裂过程中没有发生马氏体相变，所以断裂韧性 K_{IC} 很低；而在 -196~20℃的低温区，在断裂过程中伴随有马氏体相变，结果使 K_{IC} 显著升高[5]。

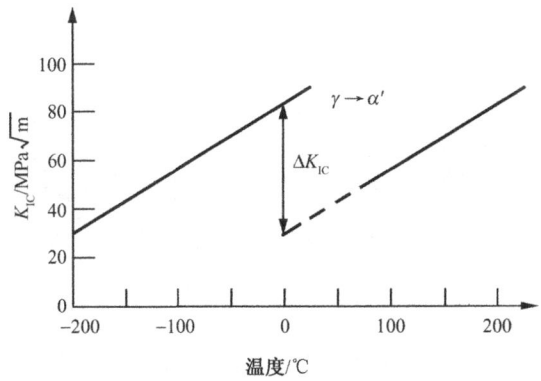

图 4.35　0.6%C-9%Cr-8%Ni-2%Mn 钢在
不同温度下的断裂韧性

马氏体相变诱发塑性的原因可解释如下：①因塑性变形引起的局部区域应力集中，由于马氏体的形成而得到松弛，因而能够防止微裂纹的形成。即使微裂纹已经产生，裂纹尖端的应力集中亦会因马氏体的形成而得到松弛，故能抑制微裂纹的扩展，从而使塑性和断裂韧性提高。②在发生塑性变形的区域，有形变马氏体形成，随形变马氏体量增多，形变强化指数不断提高，这比纯奥氏体经大量变形后接近断裂时的形变强化指数还要大，从而使已发生塑性变形的区域难以继续发生变形，故能抑制颈缩的形成。

应用马氏体相变诱发塑性理论已经设计出相变诱发塑性钢，这种钢符合 $M_d > 20℃ > M_s$，即钢的马氏体相变开始点低于室温，而形变马氏体相变开始点高于室温。这样，当钢在室温变形时便会诱发形变马氏体形成，而马氏体相变又诱发塑性。因此这类钢具有很高的强度和塑性。

第五章 贝氏体相变

钢经奥氏体化后过冷到珠光体相变与马氏体相变之间的中温区时,将发生贝氏体相变,亦称为中温转变。在此温度范围内,铁原子已难以扩散,而碳原子尚能扩散,其相变产物一般为铁素体基体加渗碳体的非层状组织。由于贝氏体相变时,过冷奥氏体是通过与马氏体相变类似的切变共格机制转变为铁素体的,故将贝氏体相变归入本章进行介绍。但是,在贝氏体相变过程中又有碳原子的扩散,相变速度受碳原子的扩散速度所控制,所以,贝氏体相变兼有切变共格型相变和扩散型相变的特征。在许多非铁金属合金中,诸如 Cu-Al、Ag-Cd、Ag-Zn、Au-Cd、Cu-Sn、Cu-Be、Al-Ag、In-Pb 等以及陶瓷材料中均观察到类似贝氏体的相变及其组织[30~32]。

5.1 贝氏体相变的基本特征和组织形态

5.1.1 贝氏体相变的基本特征[5,9,30~32]

1. 贝氏体相变的温度范围

与马氏体相变的 M_s 点相对应,贝氏体相变也有一个上限温度 B_s 点,奥氏体必须过冷到 B_s 点以下才能发生贝氏体相变。与马氏体相变一样,贝氏体相变也不能进行完全,总有残余奥氏体存在。等温温度愈靠近 B_s 点,能够形成的贝氏体量就愈少。

2. 贝氏体相变的产物

贝氏体相变产物也是 α 相与碳化物的两相机械混合物,但与珠光体不同,贝氏体不是层片状组织,且组织形态与形成温度密切相关。碳化物的分布状态随形成温度不同而异,较高温度形成的上贝氏体,其碳化物是渗碳体,一般分布在铁素体条之间;较低温度形成的下贝氏体,其碳化物既可以是渗碳体,也可以是 ε-碳化物,主要分布在铁素体条内部。在低、中碳钢中,当贝氏体形成温度较高时,也可能形成不含碳化物的无碳化物贝氏体。随贝氏体的形成温度下降,贝氏体中铁素体的碳含量升高。

3. 贝氏体相变动力学

贝氏体相变也是一种形核和长大过程。与珠光体相变一样,贝氏体可以在一定温度范围内等温形成,也可以在某一冷却速度范围内连续冷却转变。贝氏体等温形成时,需要一定的孕育期,其等温转变动力学曲线也呈"C"字形。

4. 贝氏体相变的扩散性

贝氏体相变是由一个单相（γ）转变为两个相（α相和碳化物）的过程,所以相变过程中必须有碳原子的扩散。对未转变的奥氏体和已经形成的碳化物进行成分测定发现,贝氏体相变时奥氏体的碳含量确实发生了变化,但合金元素的分布并没有改变。这表明,贝氏体相变时只有碳原子的扩散,而合金元素包括铁原子都不发生扩散,至少不发生较长距离的扩散。碳原子的扩散对贝氏体相变起控制作用,上贝氏体的相变速度取决于碳在γ-Fe中的扩散,下贝氏体的相变速度取决于碳在α-Fe中的扩散。所以,影响碳原子扩散的所有因素都会影响到贝氏体的相变速度。

5. 贝氏体相变的晶体学特征

与马氏体相变相类似,贝氏体中铁素体形成时也能在平滑试样表面上产生浮突现象,这说明α-Fe是按切变共格方式长大的。贝氏体中铁素体具有一定的惯习面,并与母相奥氏体之间保持一定的晶体学位向关系。上贝氏体的惯习面为$\{111\}_\gamma$,下贝氏体的惯习面一般为$\{225\}_\gamma$。贝氏体中铁素体与奥氏体之间存在K-S位向关系。贝氏体中渗碳体与奥氏体以及贝氏体中渗碳体与铁素体之间亦存在一定的晶体学位向关系。

5.1.2 钢中贝氏体的组织形态

贝氏体组织形态随钢的化学成分以及形成温度不同而异,其主要形态为上贝氏体和下贝氏体两种,还有一些其他形态的贝氏体。

1. 上贝氏体

在贝氏体相变区较高温度范围内形成的贝氏体称为上贝氏体。对于中、高碳钢来说,上贝氏体大约在350~550℃的温度区间形成。

典型的上贝氏体组织在光镜下观察时呈羽毛状、条状或针状,少数呈椭圆形或矩形,如图5.1所示[33]。在电镜下观察时可看到上贝氏体组织为一束大致平行分布的条状铁素体和夹于条间的断续条状碳化物的混合物（如图5.2所示）,在条状铁素体中有位错缠结存在。条状铁素体多在奥氏体的晶界形核,自晶界的一侧或两侧向奥氏体晶内长大。条状铁素体束与板条马氏体束很相近,束内相邻铁素体板条之间的位向差很小,束与束之间则有较大的位向差。条状铁素体的碳含量接近平衡浓度,而条间碳化物均为渗碳体型碳化物。

一般情况下,随钢中碳含量增加,上贝氏体中的铁素体条增多并变薄,条间

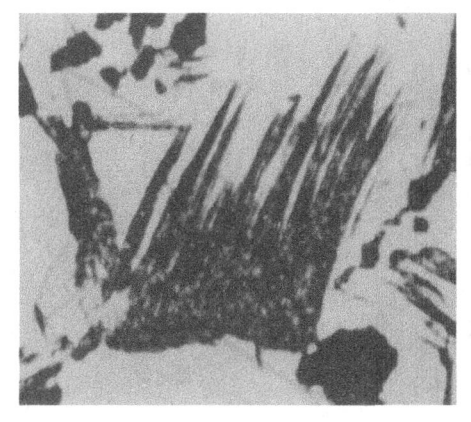
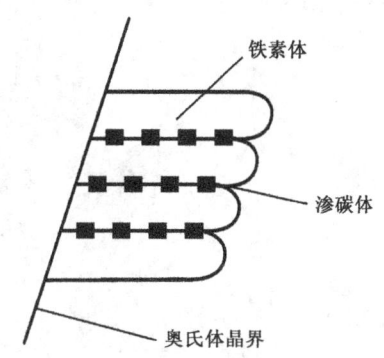

图 5.1 T8 钢的上贝氏体组织　　图 5.2 钢中典型上贝氏体组织示意图

渗碳体的数量增多,其形态也由粒状变为链珠状、短杆状,直至断续条状。当碳含量达到共析浓度时,渗碳体不仅分布在铁素体条之间,而且也在铁素体条内沉淀,这种组织称为共析钢上贝氏体。随相变温度下降,上贝氏体中的铁素体条变薄,渗碳体细化且弥散度增大。

上贝氏体中的铁素体形成时可在抛光试样表面形成浮突。上贝氏体中铁素体的惯习面为 $\{111\}_\gamma$,与奥氏体之间的位向关系为 K-S 关系。碳化物的惯习面为 $\{227\}_\gamma$,与奥氏体之间也存在一定的位向关系,因此一般认为碳化物是从奥氏体中直接析出的。

值得指出的是,在含有 Si 或 Al 的钢中,由于 Si 和 Al 具有延缓渗碳体沉淀的作用,使铁素体条之间的奥氏体为碳所富集而趋于稳定,因此很少沉淀或基本上不沉淀出渗碳体,形成在条状铁素体之间夹有残余奥氏体的上贝氏体组织。

2. 下贝氏体

在贝氏体相变区较低温度范围内形成的贝氏体称为下贝氏体。对于中、高碳钢,下贝氏体大约在 350℃ ~ M_s 之间形成。碳含量很低时,其形成温度可能高于 350℃。

典型的下贝氏体组织在光镜下呈暗黑色针状或片状,而且各个片之间都有一定的交角,如图 5.3 所示[34],其立体形态为透镜状,与试样磨面相交而呈片状或针状。下贝氏体既可以在奥氏体晶界上形核,也可以在奥氏体晶粒内部形核。在电镜下观察可以看出,在下贝氏体铁素体片中分布着排列成行的细片状或粒状碳化物,并以 55°~60°的角度与铁素体针长轴相交,如图 5.4 所示意。通常,下贝氏体的碳化物仅分布在铁素体片的内部。

下贝氏体形成时也会在光滑试样表面产生浮突,但其形状与上贝氏体组织不

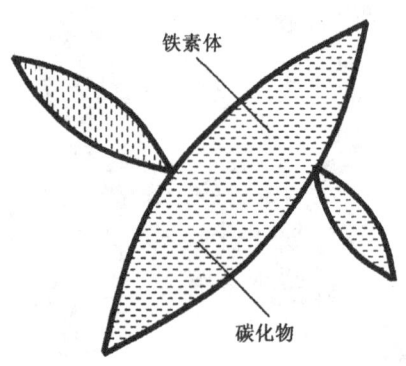

图5.3 GCr15钢的下贝氏体组织　　图5.4 钢中典型下贝氏体组织示意图

同。上贝氏体的表面浮突大致平行，从奥氏体晶界的一侧或两侧向晶粒内部伸展；而下贝氏体的表面浮突往往相交呈"Λ"形，而且还有一些较小的浮突在先形成的较大浮突的两侧形成[9]。

下贝氏体中铁素体的碳含量远远高于平衡碳含量。下贝氏体铁素体的亚结构与板条马氏体和上贝氏体铁素体相似，也是缠结位错，但位错密度往往高于上贝氏体铁素体，而且未发现有孪晶亚结构存在。

下贝氏体中铁素体与奥氏体之间的位向关系为K-S关系。下贝氏体中铁素体的惯习面比较复杂，有人测得为 $\{111\}_\gamma$，也有人测得 $\{254\}_\gamma$ 及 $\{569\}_\gamma$。

下贝氏体中的碳化物也可是渗碳体。但当温度较低时，初期形成 ε-碳化物，随时间延长，ε-碳化物转变为 θ-碳化物。由于下贝氏体中铁素体与 θ-碳化物及 ε-碳化物之间均存在一定的位向关系，因此一般认为碳化物是从过饱和铁素体中析出的。

3. 粒状贝氏体

低、中碳合金钢以一定速度连续冷却或在上贝氏体相变区高温范围内等温时可形成粒状贝氏体。如在正火、热轧空冷或焊缝热影响区组织中都可发现这种组织。

粒状贝氏体在刚刚形成时，是由块状铁素体和粒状（岛状）富碳奥氏体所组成的。富碳奥氏体可以分布在铁素体晶粒内部，也可以分布在铁素体晶界上。在光镜下较难识别粒状贝氏体的组织形貌，在电镜下则可看出粒状（岛状）物大都分布在铁素体之中，常常具有一定的方向性。这种组织的基体是由条状铁素体合并而成的，铁素体的碳含量很低，接近平衡浓度，而富碳奥氏体区的碳含量则很高。铁素体与富碳奥氏体区的合金元素含量与钢的平均含量相同，这表明在粒状贝氏体形成过程中有碳的扩散而无合金元素的扩散。

富碳奥氏体区在随后冷却过程中可能发生以下三种情况：部分或全部分解为铁素体和碳化物的混合物；部分转变为马氏体，这种马氏体的碳含量甚高，常常是孪晶马氏体，故岛状物是由 $\gamma + \alpha'$ 所组成；或者全部保留下来，成为残余奥氏体。

4. 无碳化物贝氏体

无碳化物贝氏体一般形成于低碳钢中，是在贝氏体相变区最高温度范围内形成的。无碳化物贝氏体由大致平行的单相条状铁素体所组成，所以也称为铁素体贝氏体或无碳贝氏体。条状铁素体之间有一定的距离，条间一般为由富碳奥氏体转变而成的马氏体，有时是富碳奥氏体的分解产物或者全部是未转变的残余奥氏体。可见，钢中通常不能形成单一的无碳化物贝氏体组织，而是形成与其他组织共存的混合组织。

无碳化物贝氏体形成时也会出现表面浮突，其铁素体中也有一定数量的位错。无碳化物贝氏体与奥氏体之间的位向关系为 K-S 关系，惯习面为 $\{111\}_\gamma$。

5. 低碳低合金钢中的 B_I、B_{II}、B_{III}

在某些低碳低合金高强度钢中的贝氏体可明显地分为三类：B_I、B_{II} 和 B_{III}，它们的铁素体均为条状，但碳化物的形态和分布不同，如图 5.5 所示[35]。B_I 在

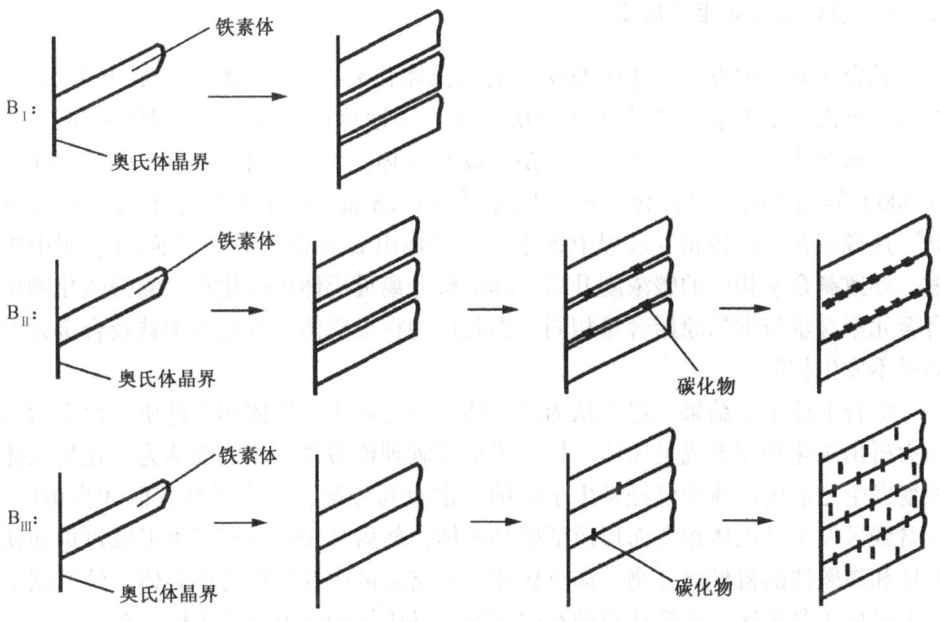

图 5.5 低碳低合金钢中的三类贝氏体形成过程示意图

600~500℃等温形成,没有碳化物存在,相当于无碳化物贝氏体;B_{II}在500~450℃等温形成,碳化物主要以杆状或断续条状分布在条状铁素体之间,相当于上贝氏体;B_{III}在450℃~M_s点等温形成,碳化物呈粒状均匀分布于整个条状铁素体组织内部,类似于下贝氏体。在连续冷却时,也可形成这三类贝氏体。冷却速度较慢时,形成B_I;冷却速度居中时,形成B_{II};冷却速度较快时,形成B_{III}。B_{III}组织具有较好的综合机械性能,特别是钢中获得B_{III}加板条马氏体组织时,强度和韧性都高,是一种有工程应用价值的组织形态。

5.2 贝氏体相变机制

贝氏体形成时,贝氏体中铁素体与母相奥氏体之间保持第二类共格关系并具有一定的晶体学位向关系,在光滑试样表面产生浮突,这些都说明贝氏体中铁素体的形成是马氏体型相变;而另一方面,由单相的奥氏体分解为碳浓度不同的双相铁素体加碳化物,即$\gamma \rightarrow \alpha + Fe_3C$,这说明贝氏体相变过程中伴随有碳原子的扩散。因此,一般认为贝氏体相变过程是马氏体相变加碳原子的扩散。但为什么在M_s点以上会有马氏体型相变发生?这是贝氏体相变机制必须首先要说明的问题。

对于贝氏体相变机制已经进行了大量的研究工作,但至今问题仍未得到完全解决。这里将主要介绍恩金(Знтин)贝氏体相变假说和柯俊贝氏体相变假说。

5.2.1 恩金贝氏体相变假说

恩金在研究中发现:①0.23%C钢奥氏体化后在250℃等温形成下贝氏体,测得下贝氏体中铁素体的碳浓度为0.15%,远远超过该温度下铁素体的饱和碳浓度。据此认为这种铁素体实质上是低碳马氏体;②中碳钢(0.5%C-3.5%Cr)在300℃等温形成下贝氏体,随贝氏体转变量增加,剩余奥氏体中的碳浓度升高。这说明在贝氏体相变过程中碳原子不断地由α相通过α/γ界面向γ相中扩散,导致剩余γ相中的碳浓度升高;③电解分离贝氏体中碳化物,测得碳化物中合金元素含量与钢的原始含量相同。据此认为在贝氏体相变过程中铁及合金元素原子不发生扩散[35]。

综合上述实验结果,恩金认为贝氏体相变应属于马氏体相变性质,由于随后回火析出碳化物而形成贝氏体,提出了贫富碳理论假说。该假说认为,在贝氏体相变发生之前奥氏体中已经发生了碳的扩散重新分配,形成了贫碳区和富碳区。在贫碳区发生马氏体相变而形成低碳马氏体,然后马氏体迅速回火形成过饱和铁素体和渗碳体的机械混合物,即贝氏体。在富碳区中首先析出渗碳体,使其碳浓度下降成为贫碳区,然后从新的贫碳区通过马氏体相变形成马氏体,尔后又通过回火成为铁素体加渗碳体的两相机械混合物(贝氏体)。而在相变过程中铁及合金元素的原子是不发生扩散的[35]。

在 M_s 点以上温度等温，过冷奥氏体中的贫碳区发生马氏体相变的原因可解释如下。如图5.6所示[6]，马氏体相变开始点 M_s 随碳浓度增加而下降。当 C_γ 浓度的奥氏体（a 点）冷却至 M_s 点以下时将发生马氏体相变。但是，当冷却至 M_s 点以上的 T_1 温度（b 点）等温时，在孕育期内由于碳原子的扩散重新分配，在奥氏体内形成富碳区和贫碳区，其 M_s 点亦随之发生变化。当贫碳区的碳浓度减小到 C_1 以下时，其 M_s 点就升高到 T_1 以上温度，因此，贫碳区（c 点）在 T_1 温度下就能够通过马氏体相变转变为马氏体。此时的马氏体为过饱和 α 相，在热力学上是不稳定的，在随后的等温过程中发生回火转变，马氏体分解成为 α 相和渗碳体的机械混合物，即贝氏体。等温温度愈高，α 相的过饱和度就愈小，贫碳区的 M_s 点就愈高。贝氏体相变温度范围的上限 B_s 点就是无碳奥氏体的 M_s 点。

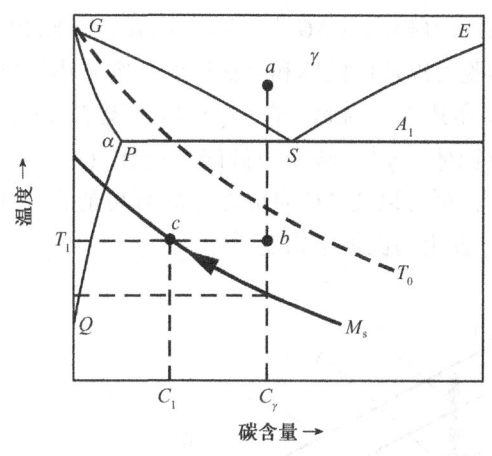

图5.6 Fe-Fe₃C平衡状态图

恩金假说能够解释贝氏体的形成、B_s 点的意义和贝氏体中铁素体的碳浓度随等温温度变化而变化等现象，但没有解释贝氏体的形态变化和组织结构等问题。

5.2.2 柯俊贝氏体相变假说

根据相变理论，形成马氏体时系统自由能的总变化 ΔG 应为

$$\Delta G = -V \cdot \Delta G_v + S\sigma + E \tag{5.1}$$

式中，ΔG_v 为单位体积奥氏体与马氏体的化学自由能差；V 为参与相变体积；S 为新相表面积；σ 为奥氏体与马氏体之间的表面张力；E 为弹性能。弹性能 E 包括：①因奥氏体与马氏体比容不同而产生的应变能；②维持两相共格所需的切变

弹性能；③在奥氏体中产生塑性变形所需的能量；④共格界面移动时克服奥氏体中障碍所消耗的能量等等。根据热力学条件，马氏体相变只在 ΔG 为负值，即在 M_s 点以下才能进行。那么，在 M_s 点以上温度以马氏体相变机制进行转变的贝氏体相变是如何满足热力学条件的？

柯俊认为，在 M_s 点以上温度，若相变的进行能够使 ΔG 值增大，使 E 值减小，从而使 ΔG 达到负值时，马氏体型相变也可以发生[35]。如图5.7所示，高碳奥氏体自由能 G_γ^H 和高碳马氏体自由能 $G_{\alpha'}^H$ 分别高于低碳奥氏体自由能 G_γ^L 和低碳马氏体自由能 $G_{\alpha'}^L$，由高碳奥氏体（γ^H）转变为高碳马氏体（α'^H）时的相变开始点为 M_s^H，由低碳奥氏体（γ^L）转变为低碳马氏体（α'^L）时的相变开始点为 M_s^L，其相应的单位体积化学自由能差分别为 ΔG_v^H（$G_\gamma^H - G_{\alpha'}^H$）和 ΔG_v^L（$G_\gamma^L - G_{\alpha'}^L$）。如果相变时伴随有碳的脱溶，由高碳奥氏体（$\gamma^H$）转变为低碳马氏体（$\alpha'^L$）时，则在此温度下单位体积的化学自由能差将增大为 ΔG_v^{HL}（$G_\gamma^H - G_{\alpha'}^L$），若相变所需的临界驱动力相同（$\Delta G_v^H = \Delta G_v^L = \Delta G_v$），则相变开始点将上升至 M_s^{HL}。并且由于碳的脱溶以及奥氏体和贝氏体的比容差小于奥氏体和马氏体的比容差，所以弹性能 E 亦减小。因此，在 M_s 点以上至 B_s 点之间的温度区域，奥氏体若按照由高碳奥氏体（γ^H）转变为低碳马氏体（α'^L），同时伴随有碳脱溶的方式转变为贝氏体，则可以使 ΔG 为负值，即有可能在原 M_s 点（即 M_s^H）以上的温度（即 M_s^{HL}）发生马氏体型相变[35]。

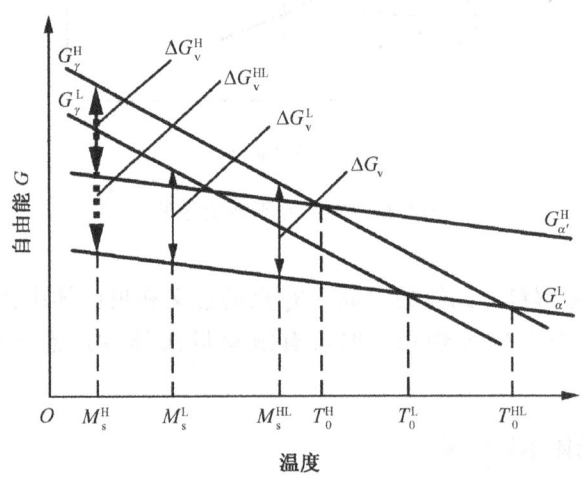

图5.7 碳含量对自由能-温度曲线的影响

该假说认为，贝氏体相变时，α 相的不断长大和碳从 α 相中的不断脱溶这两个过程是同时发生的，α 相长大时与奥氏体保持第二类共格关系。不过贝氏体的长大速度远比同类共格切变型的马氏体的长大速度低，这是因为贝氏体的长大速度受碳原子的扩散脱溶所控制。贝氏体相变为有扩散（碳原子）、有共格的相变。贝氏体相变的主要驱动力是因碳脱溶而增加的化学自由能差。碳从 α 相中的脱溶可以有两种方式：①碳通过相界面从 α 相扩散到 γ 相中；②碳在 α 相内脱溶沉淀为碳化物。

柯俊贝氏体相变假说能够解释：①在 M_s 点以上温度 α 相可以通过马氏体型相变机制形成；②按马氏体型相变机制形成的贝氏体的长大速度远低于马氏体的长大速度；③在不同温度下形成的贝氏体有着截然不同的组织形态。

5.2.3 贝氏体的形成过程

由于形成温度以及奥氏体的碳含量不同，贝氏体相变过程将按照不同的方式进行，从而形成不同形态的贝氏体组织，其形成过程示意图如图 5.8 所示[36]。

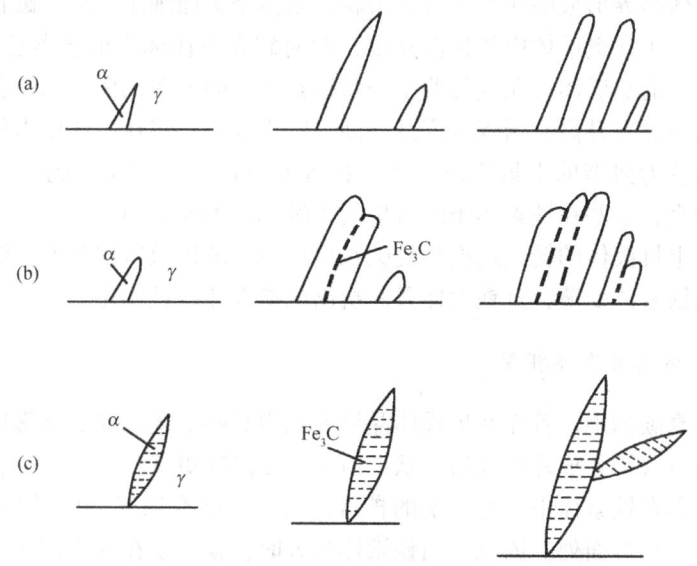

图 5.8　无碳化物贝氏体（a），上贝氏体（b）和
下贝氏体（c）形成过程示意图

1. 高温区的贝氏体相变

在亚共析钢中，由于形成温度高，过冷度小，相变驱动力较小，所形成的铁素体板条数量就较少，且宽度较大。初形成的铁素体的过饱和度很小，且碳的扩散能力强，铁素体中过饱和碳可以通过相界面很快扩散到奥氏体中而使铁素体碳含量降低到平衡浓度。在一个奥氏体晶粒中，当一个条状铁素体长大时，由于自促发作用在其两侧也有条状铁素体形成。由于扩散能力强，进入奥氏体中的碳很快向其内部扩散，使奥氏体的碳含量都得到提高而不至于聚集在界面附近析出碳

化物。随着条状铁素体的长大，奥氏体量逐渐减少，奥氏体的碳含量不断升高。形成温度愈高，碳的扩散愈充分，奥氏体的碳含量就愈高，从而使奥氏体转变就愈困难，故出现贝氏体相变不完全的现象。结果得到条状贝氏体铁素体加富碳奥氏体的组织，即无碳化物贝氏体。这种富碳奥氏体有可能在继续等温以及随后冷却过程中转变为珠光体、其他类型贝氏体、马氏体或保留至室温成为残余奥氏体（图5.8(a)）。

2. 中温区的贝氏体相变

在350～550℃的中温区，相变初期与高温区相变基本一样。首先在奥氏体晶界附近形成铁素体晶核，并且成排地向奥氏体晶内长大，同时，铁素体中多余的碳通过扩散向两侧相界面移动。由于形成温度相对较低，碳的扩散能力有所下降，在奥氏体晶界形成的相互平行的条状铁素体密集而细小。由于碳在铁素体中的扩散速度大于在奥氏体中的扩散速度，此时碳在奥氏体中的扩散已经很困难，因而晶界附近的奥氏体，尤其是两个条状铁素体之间的奥氏体中的碳含量将随铁素体的长大而显著升高。当碳浓度升高到一定程度时，将在条状铁素体之间析出渗碳体而转变为典型的上贝氏体组织（图5.8(b)）。由于得不到奥氏体中碳原子的不断补充，这些在铁素体条间析出的渗碳体是不连续的。

因此，上贝氏体的转变速度是受碳在奥氏体中的扩散所控制的。随形成温度降低，条状铁素体变薄，且铁素体条间析出的渗碳体颗粒细化。

3. 低温区的贝氏体相变

在中、高碳钢中，首先在奥氏体晶界或晶内某些贫碳区形成铁素体晶核，并按切变共格方式长大成片状或透镜状。由于相变温度更低，碳原子在奥氏体中已不能扩散，但在铁素体中尚有一定的扩散能力，仍能在铁素体中进行短程扩散，但较难扩散至相界面处。因此，当铁素体长大时，碳原子在铁素体晶内沿一定晶面或亚晶界偏聚，继而析出细片状碳化物。与马氏体相变类似，当一片铁素体长大时，会促发其他方向形成片状铁素体，因而形成典型的下贝氏体（图5.8(c)）。

因此，下贝氏体的转变速度是受碳在铁素体中的扩散所控制的，碳化物析出和铁素体长大两个过程是同时进行的。随形成温度降低，碳化物颗粒变得细小、弥散。若形成温度不太低，且钢的碳含量较高时，也可以在铁素体边缘析出少量的碳化物。

4. 粒状贝氏体的形成

可以认为某些低合金钢中出现的粒状贝氏体是由无碳化物贝氏体演变而来的。当无碳化物贝氏体的条状铁素体长大到彼此汇合时，剩下的岛状富碳奥氏体便为铁素体所包围，沿铁素体条间呈条状断续分布。因钢的碳含量低，岛状奥氏体中的碳含量不至于过高而析出碳化物，这样就形成粒状贝氏体。如果延长等温时间或进一步降低温度，则岛状富碳奥氏体将有可能分解为珠光体或转变为马氏体，也有可能保留到室温。

综上所述，不同形态贝氏体中的铁素体都是通过切变机制形成的，只是因为形成温度不同，使铁素体中的碳脱溶以及碳化物的形成方式不同而导致贝氏体组织形态的不同。碳的扩散及脱溶沉淀是控制贝氏体相变及其组织形态的基本因素。阻碍碳的扩散或碳化物沉淀的合金元素都会提高富碳奥氏体的碳浓度而提高其稳定性。

也有人认为贝氏体相变是一种特殊的共析相变，提出贝氏体铁素体长大的台阶机制，但关于台阶的来源，到目前为止，尚未完全弄清[31,32]。

5.3 贝氏体相变动力学及其影响因素

5.3.1 贝氏体等温相变动力学

与珠光体一样，贝氏体也可以等温形成，其等温转变动力学图也呈"C"字形，如图5.9所示。在C曲线的"鼻尖"温度，贝氏体相变的孕育期和转变时间最短。有些钢中，贝氏体等温转变动力学图与珠光体等温转变动力学图部分重叠，整个过冷奥氏体等温转变图只呈现一个"鼻尖"，如图5.10所示。此时，在一定温度区域内，过冷奥氏体具有混合转变的特征。如在较低温度等温时，先形成一部分贝氏体，随后再发生珠光体转变；在较高温度等温时，可先形成一部分珠光体，接着再发生贝氏体相变。

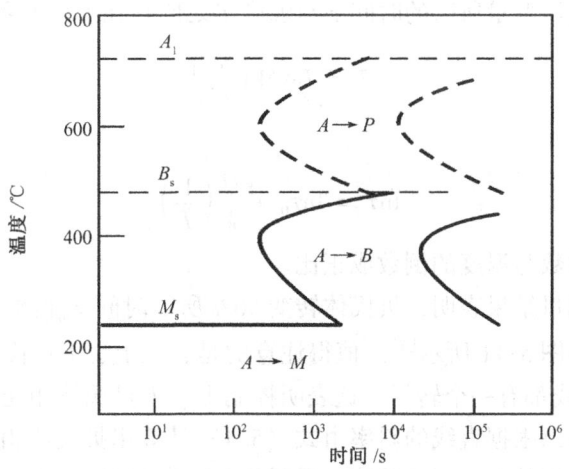

图5.9 某合金钢等温转变动力学图（示意）
（珠光体转变与贝氏体转变已分离）

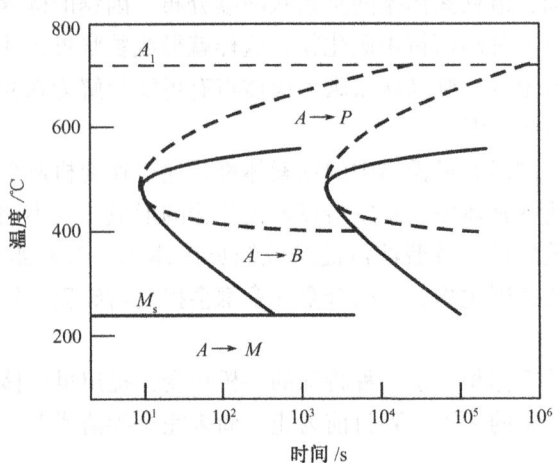

图 5.10　某合金钢等温转变动力学图（示意）
（贝氏体和珠光体的转变曲线轮廓合为一条 C 曲线）

5.3.2　贝氏体相变时碳的扩散

贝氏体相变是在碳原子还能进行扩散的中温区发生的。与马氏体相变不同，贝氏体相变主要受碳的扩散所控制，相变速度 u 与相变温度 T 之间存在下列关系[5]

$$u = u_0 \exp\left(-\frac{Q}{kT}\right) \tag{5.2}$$

式中，Q 为扩散激活能；k 为玻尔兹曼常数；u_0 为常数。

为达到一定转变量所需的时间 τ 与温度 T 之间存在下列关系

$$\tau = \tau_0 \exp\left(\frac{Q}{kT}\right) \tag{5.3}$$

取对数得到

$$\ln\tau = \ln\tau_0 + \frac{Q}{k}\left(\frac{1}{T}\right) \tag{5.4}$$

即所需时间的对数与温度的倒数成正比。

几种钢的测量结果表明，贝氏体转变 50% 所需时间 τ_{50} 的对数与 $1/T$ 之间存在直线关系，如图 5.11 所示[5]。值得注意的是，在上、下贝氏体的分界处（约 350℃ 左右）直线都有一个转折，这表明控制上、下贝氏体相变的扩散过程激活能是不同的。可以根据直线的斜率由式 (5.4) 计算出贝氏体相变的激活能。经测定得出，共析钢的上、下贝氏体的激活能分别为 126kJ/mol 和 75kJ/mol，而碳在奥氏体和铁素体中的扩散激活能分别为 126kJ/mol 和 84kJ/mol[5]。因此可以认为，上、下贝氏体相变分别受碳在奥氏体中和铁素体中的扩散速度所控制。即上贝氏体铁素体的长大速度主要取决于其前沿奥氏体中碳的扩散速度；而下贝氏体相变的速度，则主要决定于铁素体内碳化物沉淀的速度。

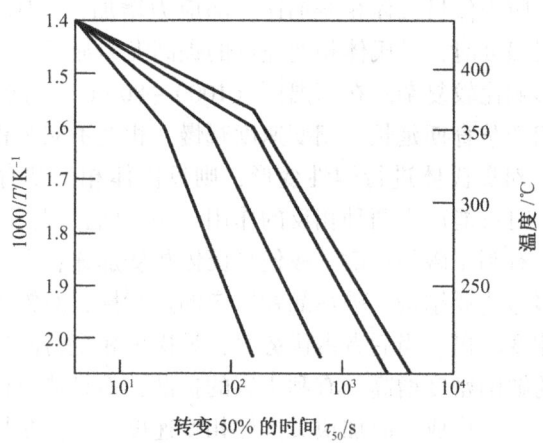

图 5.11　几种钢的 τ_{50} 与 $1/T$ 的关系曲线

5.3.3　影响贝氏体相变动力学的因素

1. 化学成分的影响

随钢中碳含量的增加，贝氏体相变速度减慢，等温转变 C 曲线右移，而且"鼻尖"温度下移。这是因为碳含量增高，形成贝氏体时需要扩散的碳的数量增加。

钢的常用合金元素中，除了 Co 和 Al 加速贝氏体相变速度以外，其他合金元素如 Mn、Ni、Cu、Cr、Mo、W、Si、V 以及少量 B 都延缓贝氏体的形成，同时也使贝氏体相变温度范围下降，其中以 Mn、Cr、Ni 的影响最为显著。钢中同时加入多种合金元素，其相互影响比较复杂。

2. 奥氏体晶粒大小和奥氏体化温度的影响

由于奥氏体晶界是贝氏体的优先形核部位，所以一般来说，随奥氏体晶粒增大，贝氏体相变孕育期增加，形成一定数量贝氏体所需的时间增加，相变速度减慢。

提高奥氏体化温度或延长时间，一方面使碳化物溶解趋于完全，使奥氏体成分均匀性提高，同时又使奥氏体晶粒长大，因而贝氏体相变速度减慢。但是，温度过高或保温时间过长时，又有加速贝氏体相变的作用，即形成一定数量贝氏体所需的时间缩短。

3. 应力和塑性变形的影响

研究表明,拉应力使贝氏体相变加速。随应力增加,贝氏体相变速度提高。当应力超过其屈服强度时,贝氏体相变速度的提高尤为显著。

塑性变形的影响比较复杂。在高温区(1000~800℃)对奥氏体进行塑性变形,将使贝氏体相变孕育期延长,相变速度减慢,相变不完全程度增加。在中温区(600~300℃)对奥氏体进行塑性变形,则贝氏体相变孕育期缩短,相变速度加快。高温变形时可能产生两种相反的作用:一方面,塑性变形使奥氏体的晶体缺陷密度增高,有利于碳的扩散,故使贝氏体相变加速;另一方面,奥氏体的塑性变形会产生多边化亚结构,破坏晶粒取向的连续性,对铁素体的共格长大不利,故使贝氏体相变减慢。当后者占优势时,贝氏体相变将减慢。中温塑性变形不仅使奥氏体中的缺陷密度增高,有利于碳的扩散,而且造成内应力,有利于贝氏体铁素体按切变机制形成,故加快贝氏体相变速度。中温塑性变形不仅促进碳化物析出,而且可以细化贝氏体铁素体晶粒。而高温塑性变形只能细化贝氏体铁素体晶粒[9]。

4. 奥氏体冷却时在不同温度停留的影响

过冷奥氏体在冷却过程中在不同温度下停留时对贝氏体相变的影响,可以分为以下的三种情况,如图 5.12 所示[5]。

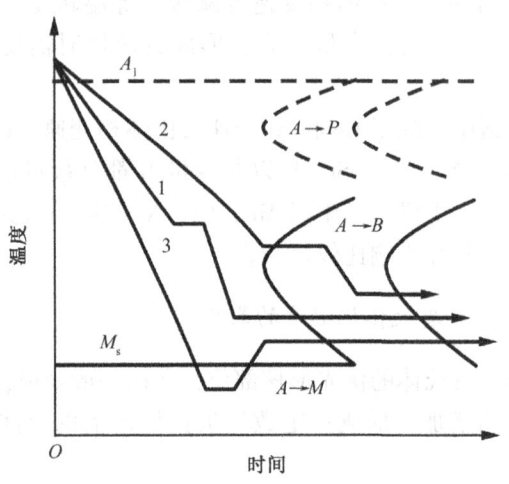

图 5.12 冷却时不同温度停留的三种情况

(a) 在珠光体相变与贝氏体相变之间的过冷奥氏体稳定区停留(曲线 1)时会加速随后的贝氏体相变速度。实验发现在过冷奥氏体稳定区停留后有碳化物析出,因此认为,由于碳化物析出降低了奥氏体中碳和合金元素的浓度,即降低了奥氏体的稳定性,所以使贝氏体相变加速。

(b) 在贝氏体形成温度范围的高温区停留,形成部分上贝氏体后再冷却至贝氏体相变的低温区(曲线2)时,将使下贝氏体相变的孕育期延长,降低其转变速度,减少最终贝氏体转变量。这表明高温停留和发生部分贝氏体相变,增大了未转变奥氏体的稳定性。

(c) 在 M_s 点稍下温度或在贝氏体形成温度范围的低温区停留,先形成少量的马氏体或下贝氏体后再升高至较高温度(曲线3)时,先形成的马氏体或下贝氏体都将使随后的贝氏体(下贝氏体或上贝氏体)相变加速。其原因是由于较低温度下的部分相变使奥氏体点阵发生畸变(或应变),从而加速了贝氏体的形核,即所谓应变促发形核,加速了贝氏体的形成。

5.4 钢中贝氏体的机械性能

5.4.1 影响贝氏体机械性能的主要因素

1. 贝氏体中铁素体的影响

贝氏体的强度与贝氏体中铁素体的晶粒大小符合 Hall-Petch 公式,即贝氏体中铁素体晶粒(或亚晶粒)愈细小,贝氏体的强度就愈高,而且韧性有时还有所提高。贝氏体中铁素体的晶粒大小主要取决于奥氏体晶粒大小(影响铁素体条的长度)和形成温度(影响铁素体条的厚度),但以后者为主。贝氏体形成温度愈低,贝氏体铁素体晶粒的整体尺寸就愈小,贝氏体的强度和硬度就愈高。

贝氏体铁素体往往较平衡状态铁素体的碳含量稍高,但一般小于 0.25%。贝氏体铁素体的过饱和度主要受形成温度的影响,形成温度越低,碳的过饱和度就越大,其强度和硬度增高,但韧性和塑性降低较少。

贝氏体铁素体的亚结构主要是缠结位错。随相变温度降低,位错密度增大,强度和韧性增高。随贝氏体铁素体的亚结构尺寸减小,强度和韧性也增高。

2. 贝氏体中渗碳体的影响

根据弥散强化机理,碳化物颗粒尺寸愈细小,数量愈多,对强度的贡献就愈大。在渗碳体尺寸相同情况下,贝氏体中渗碳体数量愈多,则硬度和强度就愈高,韧性和塑性就愈低。渗碳体的数量主要取决于钢中的碳含量。贝氏体中渗碳体可以是片状、粒状、断续杆状或层状。一般来说,渗碳体为粒状时贝氏体的韧性较高,为细小片状时其强度较高,为断续杆状或层状时其脆性较大。当钢的成分一定时,随相变温度降低,渗碳体的尺寸减小,数量增多,渗碳体形态也由断续杆状或层状向细片状变化,硬度和强度增高,但韧性和塑性降低较少。随等温时间延长或进行较高温度的回火,渗碳体将向粒状转化。通常,渗碳体等向均匀弥散分布时，强度较高，韧性较好。若渗碳体定向不均匀分布，则强度较低，且脆性较大。在上贝氏体中渗碳体易定向不均匀分布，且颗粒较粗大，而在下贝氏体中渗碳体分布较为均匀，且颗粒较细小，所以上贝氏体的强度和韧性要比下贝氏体低很多。

3. 其他因素的影响

由于奥氏体化温度不同，引起奥氏体的化学成分及其晶粒度发生变化，也会影响贝氏体的性能。另外，由于贝氏体相变的不完全性，导致贝氏体铁素体条间出现残余奥氏体、珠光体以及马氏体（回火马氏体）等非贝氏体组织，也会影响贝氏体的性能。

5.4.2 贝氏体的强度和硬度

根据上述分析可以得出，贝氏体的强度和硬度随相变温度降低而升高。贝氏体的屈服强度可用下述经验公式表示[9]

$$\sigma_{0.2}(\text{MPa}) = 15.4 \times [-12.6 + 11.3d^{-\frac{1}{2}} + 0.98n^{\frac{1}{4}}] \quad (5.5)$$

式中，d（mm）为贝氏体中铁素体晶粒尺寸；n 为每平方毫米截面中碳化物颗粒数。

式（5.5）仅适用于细小弥散碳化物的分布状态，只有在碳化物间距小于贝氏体中条状铁素体厚度尺寸时，碳化物弥散度才成为有效的强化因素。所以，低碳上贝氏体的强度实际上完全由贝氏体铁素体的晶粒尺寸所控制。只有在下贝氏体或高碳上贝氏体中，碳化物的弥散强化才有比较明显的贡献。

另外，由于中、高碳钢特别是高碳钢的下贝氏体组织具有高的强度和韧性，因此可望具有高的耐磨性。试验表明，钢中的下贝氏体是最耐磨的组织形态之一。

5.4.3 贝氏体的韧性

韧性是高强度材料的一项重要的性能指标。在低碳钢中，上贝氏体的冲击韧性比下贝氏体要低，并且贝氏体组织从上贝氏体过渡到下贝氏体时脆性转折温度突然下降，其原因可能是[9]：

（a）在上贝氏体中存在粗大碳化物颗粒或断续条状碳化物，也可能存在高碳马氏体（由未转变奥氏体在冷却过程中形成），所以容易形成大于临界尺寸的裂纹，并且裂纹一旦扩展，便不能由贝氏体中铁素体之间的小角晶界来阻止，而只能由大角贝氏体"束"界或原始奥氏体晶界来阻止。因此上贝氏体组织中裂纹扩展迅速。

许多中碳合金钢经等温处理获得上贝氏体组织时，其冲击韧性急剧降低，这种现象称为"贝氏体脆性"。其产生原因是由于上贝氏体中铁素体条之间的碳化物分布不均匀。此外，在出现贝氏体脆性的相变温度范围内钢的宏观硬度增高，表明这种脆性也与过冷奥氏体在该温度范围内转变不完全，在随后冷却过程中部分转变为马氏体有关。

(b) 在下贝氏体组织中，较小的碳化物颗粒不易形成裂纹，即使形成裂纹也难以达到临界尺寸，并且即使形成解理裂纹，其扩展也将受到大量弥散碳化物颗粒和位错的阻止。因此，裂纹形成后也不易扩展，常常被抑制而必须形成新的裂纹，因而脆性转折温度降低。所以，下贝氏体组织尽管强度较高，但其冲击韧性要比强度稍低的上贝氏体组织要高得多。

对于具有回火脆性的钢，等温淬火获得贝氏体与淬火回火处理获得马氏体相比，如果在回火脆性温度范围内回火，当硬度或强度相同时，贝氏体组织的冲击韧性高于回火马氏体；当等温淬火温度较低，获得下贝氏体组织时，可保持较高的冲击韧性，优于淬火回火处理；当等温淬火温度较高，获得上贝氏体组织时，不仅强度降低而且冲击韧性也明显下降，甚至低于淬火回火处理。因此，等温淬火处理只有获得下贝氏体加残余奥氏体组织时，钢件才能具有较高的冲击韧性和较低的脆性转折温度。

若钢的碳含量或合金元素含量较高，M_s点较低，淬火后获得孪晶马氏体时，与淬火低温回火处理相比，等温淬火获得的下贝氏体组织常常具有较高的冲击韧性。

第六章 钢中的回火转变

所谓回火就是在淬火处理后将工件加热到低于临界点的某一温度，保温一定时间，然后冷却到室温的一种热处理操作。钢件淬火后获得的组织主要是马氏体或马氏体加残余奥氏体，在室温下这两种组织都处于亚稳状态，并有向铁素体加碳化物的稳定状态转变的趋势。加热到某一温度并保温，将加速由亚稳状态向稳定状态的转变过程。回火的目的是为了获得所需要的稳定组织和性能，并消除或减少淬火内应力。

6.1 淬火碳钢回火时的组织转变

根据淬火碳钢回火加热时的性能变化以及金相观察，可揭示其在回火过程中的组织变化特征。一般可将淬火碳钢的回火转变按回火温度区分为如下几个阶段。但应该指出，淬火碳钢在回火过程中的各种转变，往往不是单独发生的，而是相互重叠的。

6.1.1 马氏体中碳原子偏聚（前期阶段，亦称预备阶段或时效阶段）

回火温度在 80～100℃以下。在此阶段，从金相组织和硬度上都观察不到有明显的变化，但此时在马氏体中将发生 C 原子的偏聚（集团化）。

马氏体是 C 在 α-Fe 中的过饱和间隙固溶体，C 原子分布在体心立方点阵的扁八面体间隙位置，使晶体点阵产生严重的弹性变形，加之晶体点阵中的微观缺陷较多，因此使马氏体的能量较高，处于不稳定状态。

在室温附近，Fe 及合金元素原子都难以扩散迁移，但 C、N 等间隙原子尚能作短距离扩散。当 C、N 原子扩散到上述微观缺陷处后，将降低马氏体的能量。因此处于不稳定状态的淬火马氏体在室温附近，甚至在更低温度下停留时，C、N 原子可以作一定距离的迁移，出现 C、N 原子向微观缺陷处的偏聚现象。

对于板条状马氏体，由于其亚结构为大量位错，C 原子倾向于在位错线附近偏聚，形成 C 的偏聚区，导致马氏体弹性畸变能下降。由于马氏体中的 C 原子分布在正常间隙位置时比偏聚在位错线附近时的电阻率高，因此可通过测定淬火钢的电阻率变化来间接地推测 C 原子的偏聚行为。将不同碳含量的薄片试样在真空加热后淬入冰盐水并立即移至液氮中以避免在冷却过程中析出碳化物，在 -196℃测定其电阻率变化，结果如图 6.1 所示[9]。可见，以 0.2% 碳含量为界可以将电阻率的变化分为两个区域。碳含量小于 0.2% 时，随马氏体中的碳含量增加，电阻率增加较慢，与完全偏聚状态（150℃回火10天）非常接近。这表明大部分碳原子都已经偏聚于位错等晶体缺陷处，所以对电阻率的影响不大。而当碳含量超过0.2%时，偏聚于位错等晶体缺陷处的碳原子已经达到饱和状态，多余的碳原子只能处于无缺陷晶格的扁八面体间隙位置，即处于非偏聚状态，从而导致对电阻率有较大贡献。用碳原子在晶体缺陷处偏聚的观点能够较圆满地解释碳含量小于0.2%时，马氏体不呈现正方度，为立方点阵结构，而当碳含量高于0.2%时，才可能测出正方度的现象。

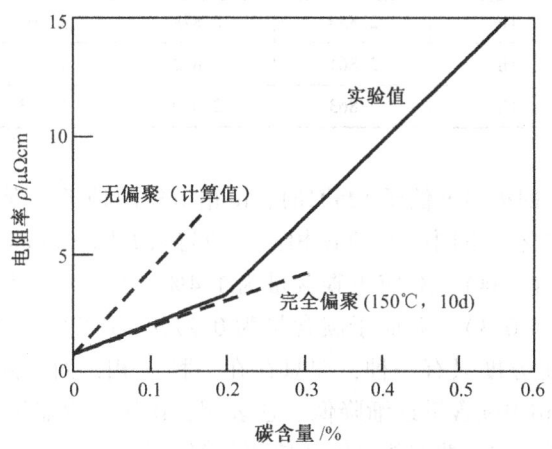

图 6.1　淬火 Fe-C 合金电阻率与碳含量的关系

对于片状马氏体，由于其亚结构主要是孪晶，可被利用的低能量位错很少，因此除少量 C 原子可以向位错偏聚外，大量 C 原子可能在某些孪晶界面上富集，形成厚度和直径均小于 1nm 的小片状富碳区。随着马氏体中的碳含量增多，所形成的富碳区数量增多。富碳区的形成将使马氏体的电阻率以及硬度有所提高。

6.1.2　马氏体分解（回火第一阶段转变）

回火温度在 80~250℃之间。随着回火温度升高以及回火时间延长，富集区的碳原子将发生有序化，继而转变为碳化物而析出，即马氏体发生分解。随着碳化物的析出，马氏体中的碳含量不断降低，点阵常数 c 减小，a 增大，正方度 c/a 减小。

1. 高碳马氏体的分解

实验测定高碳（1.4% C）马氏体的正方度与回火温度之间的关系，如表 6.1 所示[9]。

表6.1　高碳（1.4%C）马氏体正方度和碳含量及回火温度的关系

回火温度/℃	回火时间	a/Å	c/Å	c/a	C%
室温	10年	2.846	2.880, 3.02	1.012, 1.062	0.27, 1.4
100	1h	2.846	2.882, 3.02	1.013, 1.054	0.29, 1.2
125	1h	2.846	2.886	1.013	0.29
150	1h	2.852	2.886	1.012	0.27
175	1h	2.857	2.884	1.009	0.21
200	1h	2.859	2.878	1.006	0.14
225	1h	2.861	2.872	1.004	0.08
250	1h	2.863	2.870	1.003	0.06

由表可见，当回火温度低于125℃时，α相呈现两种正方度，即由于碳化物析出，同时出现碳含量不同的两种α相：一种与未经回火的淬火高碳马氏体接近（c/a=1.062~1.054），对应于碳含量为1.4%~1.2%；另一种为低碳马氏体（c/a=1.012~1.013），对应于碳含量为0.27%~0.29%。当回火温度高于125℃时，α相的正方度只有一种，即只存在一种α相，而且随回火温度升高，c/a逐渐减小，α相中碳含量逐渐降低。这表明，由于回火温度不同，碳化物析出可以有两种不同方式，即双相分解和单相分解。

(1) 马氏体的双相分解

回火温度在125~150℃以下，马氏体以双相分解方式进行分解。此时，随着碳化物的析出，出现两种正方度不同的α相，即具有高正方度的保持原始碳含量的未分解的马氏体以及具有低正方度的碳已部分析出的α相。随着回火时间延长，即随着碳化物析出，两种α相的碳含量均不发生改变，只是高碳区愈来愈少，而低碳区愈来愈多。

图6.2为马氏体的双相分解示意图[5]。在碳原子富集区，经过有序化后析出碳化物晶核并依靠周围α相提供的碳原子长大成碳化物颗粒。由于碳化物的析

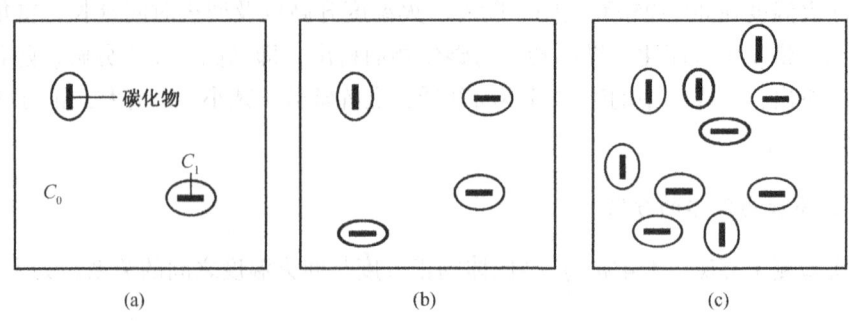

图6.2　马氏体双相分解示意图

出,在其周围出现低碳(C_1)的α相,而远处的α相仍保持原有碳含量C_0,如图6.3所示[5]。由于温度较低,碳原子不能作远距离扩散,高碳区与低碳区之间的浓度差不易消失,已经析出的碳化物不能继续长大。马氏体的继续分解只能依靠在其他高碳区析出新的碳化物颗粒,并在其周围形成新的低碳区。所以,随着分解过程的进行,高碳区愈来愈少,低碳区愈来愈多。当高碳区完全消失时双相分解即告结束。此时,α相的平均碳含量亦降至C_1。经过测定,低碳区的碳含量C_1与马氏体原始碳含量及分解温度均无关,为一恒定值,约为0.25%~0.30%。

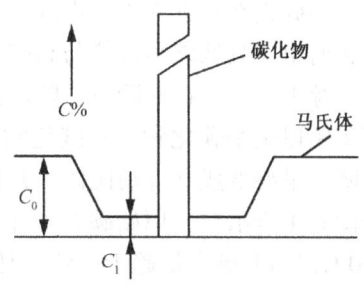

图6.3 马氏体双相分解时碳的分布

双相分解的速度与温度有关,温度愈高,分解速度就愈快。经计算得出在不同温度下马氏体分解一半所需时间,如表6.2所示[5]。可见,提高温度将使高碳马氏体的双相分解速度大大加快。

表6.2 不同温度回火时马氏体的半分解期

温度/℃	0	20	40	60	80	100	120
时间	340年	6.4年	2.5个月	3天	8小时	50分钟	8分钟

(2) 马氏体的单相分解

回火温度高于125~150℃时,马氏体将以单相分解亦即连续分解方式进行分解。此时,碳原子的活动能力增强,能够进行较长距离的扩散。因此,已经析出的碳化物有可能从较远区域获得碳原子而长大,α相内的碳浓度梯度也可以通过碳原子的扩散而消除。所以,在分解过程中不再存在两种不同碳含量的α相,α相的碳含量及正方度随分解过程的进行不断下降。当温度达到300℃时,正方度c/a接近1,此时α相中的碳含量已经接近平衡状态,马氏体的脱溶分解过程基本结束。

2. 低碳马氏体的分解

低碳钢的M_s点较高,在淬火形成马氏体的过程中,除了可能发生碳原子向位错的偏聚外,在最先形成的马氏体中还可能发生自回火,析出碳化物。钢的M_s点愈高,淬火冷却速度愈慢,则自回火析出的碳化物就愈多。淬火后在100~200℃之间回火时,低碳板条状马氏体不析出碳化物,C原子仍然偏聚在位错线附近,这是由于C原子偏聚的能量状态低于析出碳化物的能量状态。当回火温度高于200℃时,才有可能通过单相分解析出碳化物,使α基体中的碳含量降低。

中碳钢在正常淬火时得到板条位错马氏体与片状孪晶马氏体的混合组织，故回火时也兼具低碳马氏体与高碳马氏体的分解特征。

综上所述，在此阶段，随着回火温度的升高，固溶于正方马氏体中的过饱和碳不断以微小碳化物（ε-碳化物，后述）的形式析出，使马氏体的碳含量不断下降，最终变成立方马氏体，并且立方马氏体的碳含量与淬火钢的碳含量无关。如图6.4所示[9]，原始碳含量不同的马氏体，随着碳化物的不断析出，在高于200℃以后其碳含量趋于一致。马氏体经过分解后获得的立方马氏体加ε-碳化物的混合组织称为回火马氏体。

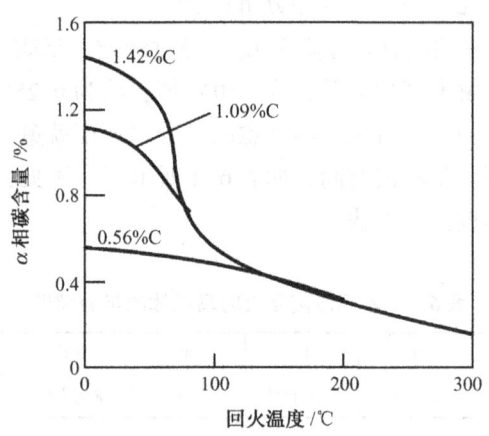

图6.4 不同碳含量马氏体回火时碳浓度的变化

6.1.3 残余奥氏体转变（回火第二阶段转变）

回火温度在200~300℃之间。此阶段是残余奥氏体向低碳马氏体（~0.25%C）和ε-碳化物分解的过程，所得组织为回火马氏体。

钢淬火后的残余奥氏体量主要取决于钢的化学成分。残余奥氏体本质上与过冷奥氏体相同，过冷奥氏体可能发生的转变，残余奥氏体都可能发生。但与过冷奥氏体相比，已经发生的转变将给残余奥氏体带来化学成分上以及物理状态上的变化，如塑性变形、弹性畸变以及热稳定化等等，这些因素都会影响残余奥氏体的转变动力学。

1. 残余奥氏体向珠光体及贝氏体的转变

将淬火钢加热到M_s点以上、A_1点以下各个温度等温保持，残余奥氏体在高温区将转变为珠光体，在中温区将转变为贝氏体。Fe-0.7C-1Cr-3Ni钢中残余奥氏体的等温转变动力学曲线如图6.5所示[10]，图中虚线为过冷奥氏体，实线为残余奥氏体。由图可见，两者的等温转变动力学曲线十分相似，但一定量马氏体的存在能促进残余奥氏体转变，尤其使贝氏体转变显著加速。金相观察证明，此时的贝氏体均在马氏体与残余奥氏体的交界面上形核，故马氏体的存在增加了贝氏体的形核部位，从而使贝氏体转变加速。但当马氏体量增大到一定程度后，由于残余奥氏体的状态发生很大变化，反而使等温转变减慢。

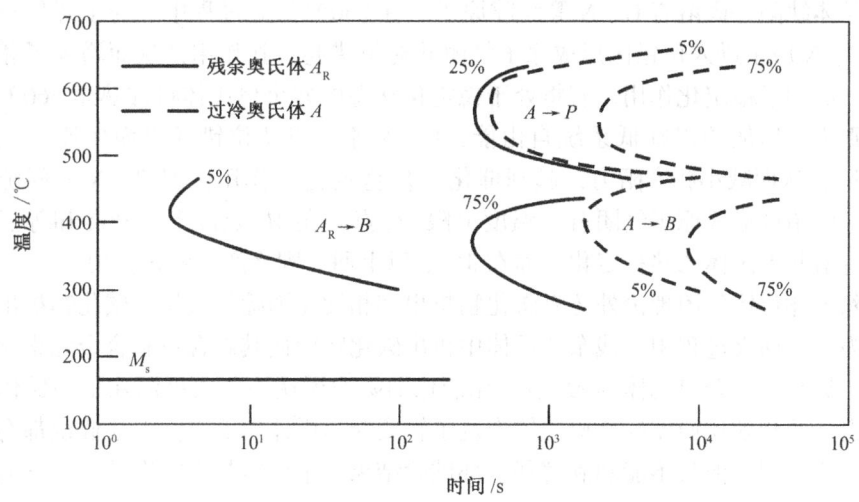

图 6.5　Fe-0.7C-1Cr-3Ni 钢奥氏体等温转变动力学图

2. 残余奥氏体向马氏体的转变

（1）等温转变成马氏体

若将淬火钢加热到低于 M_s 点的某一温度等温保持，则残余奥氏体有可能等温转变成马氏体。实验证实，此时在 M_s 点以下发生的转变是受马氏体分解所控制的马氏体等温转变，即在已形成的马氏体发生分解以后，残余奥氏体才能等温转变为马氏体。虽然这种等温转变量很少，但对精密工具及量具的尺寸稳定性将产生很大的影响。

（2）二次淬火

前面已经述及，淬火时冷却中断或冷速较慢均将使奥氏体不易转变为马氏体而使淬火至室温时的残余奥氏体量增多，即发生奥氏体热稳定化现象。奥氏体热稳定化现象可以通过回火加以消除。将淬火钢加热到较高温度回火，若残余奥氏体比较稳定，在回火保温时未发生分解，则在回火后的冷却过程中将转变为马氏体。这种在回火冷却时残余奥氏体转变为马氏体的现象称为"二次淬火"。二次淬火现象的出现与否与回火工艺密切相关。例如，淬火高速钢中存在大量的残余奥氏体，若加热到 560℃ 保温后，在冷却过程中残余奥氏体将转变为马氏体，即在 560℃ 保温过程中发生了某种催化，提高了残余奥氏体的 M_s 点，增强了向马氏体转变的能力。若在 560℃ 回火后冷至 250℃ 停留 5 分钟，残余奥氏体又将变得稳定，在冷至室温过程中不再发生转变。即在 250℃ 保温过程中发生了反催化

(稳定化)，降低了残余奥氏体的 M_s 点，减弱了向马氏体转变的能力。上述这种催化与稳定化可以反复进行多次。

基于上述现象，可以认为这种催化是热稳定化的逆过程。在奥氏体中存在位错等晶体缺陷并固溶有 C、N 等间隙原子。在 250℃ 保温过程中，为了降低畸变能，C、N 原子进入位错区形成原子气团并对位错起钉扎作用，从而增大了相变阻力，起到了稳定化作用。若将处于稳定化状态的残余奥氏体再加热至 560℃ 保温，则为了增加熵以降低系统自由能，C、N 原子将从位错逸出而使原子气团"蒸发"，从而减小相变阻力，起到催化（反稳定化）作用。即 C、N 等间隙原子进入位错区形成原子气团有一温度上限 M_c 点，在 M_c 点以下中断冷却等温或缓冷将引起奥氏体的热稳定化，而在 M_c 点以上回火则将产生催化作用。

除上述位错气团理论外还有碳化物析出和相硬化消除等假说。碳化物析出假说认为，在回火过程中从残余奥氏体中析出碳化物而使其碳含量和合金元素含量下降，提高了残余奥氏体的 M_s 点。相硬化消除假说认为，回火消除了马氏体转变所引起的相硬化而使残余奥氏体恢复了转变为马氏体的能力。上述假说都有一定的试验依据，但又不能圆满解释全部试验结果。很可能是不同钢种具有不同的催化机理。

6.1.4 碳化物析出与转变（回火第三阶段转变）

回火温度在 250～400℃ 之间。此阶段将发生亚稳碳化物（ε-碳化物）向稳定碳化物（θ-碳化物，即渗碳体）的转化。转化是通过 ε-碳化物溶解和 θ-碳化物重新从马氏体基体中析出的方式完成的。最终得到铁素体加片状（或小颗粒状）渗碳体的混合组织，称为回火屈氏体。

1. **高碳马氏体中的碳化物析出**

高碳马氏体在回火第一阶段中最初析出的是亚稳的 ε-碳化物，具有密排六方点阵，成分介于 Fe_2C～Fe_3C 之间，一般用 ε-Fe_xC 表示。在回火马氏体中，ε-碳化物与基体 α' 之间保持共格关系，存在一定的位向关系，惯习面为 $\{100\}_{\alpha'}$。析出的 ε-碳化物非常细小，不能用光镜分辨，但由于 ε-碳化物的析出使马氏体片极易被腐蚀成黑色，与下贝氏体极为相似。用电镜观察，可看到 ε-碳化物为长度约 100nm 的平行于 $\{100\}_{\alpha'}$ 的条状薄片。因为 $\{100\}_{\alpha'}$ 晶面族中有三个互相垂直的 (100) 面，所以在 α' 晶内析出的 ε-碳化物薄片在空间也是互相垂直的，而在试样平面上则以一定角度交叉分布。用高分辨率电镜观察可知，ε-碳化物薄片是由许多 5nm 左右的颗粒所组成。

回火温度高于 250℃ 时，ε-碳化物将转变为较稳定的 χ-碳化物，具有复杂斜方点阵，其组成为 Fe_5C_2，可用 χ-Fe_5C_2 表示。χ-碳化物呈薄片状，惯习面为 $\{112\}_{\alpha'}$，即片状马氏体中的孪晶界面，且片间距与马氏体中孪晶界面间距相当，

故可认为 χ-碳化物是在孪晶界面上析出的。χ-碳化物与基体 α' 之间存在一定的位向关系。

回火温度进一步升高时，ε-碳化物和 χ-碳化物又将转变为稳定的 θ-碳化物，即渗碳体 Fe_3C。θ-碳化物具有复杂斜方点阵，惯习面为 $\{110\}_{\alpha'}$ 或 $\{112\}_{\alpha'}$，与基体之间亦存在一定的位向关系。θ-碳化物也位于原孪晶界面，呈条片状。

所以，淬火高碳钢回火过程中的碳化物转变序列可能为：$\alpha' \rightarrow (\alpha+\varepsilon) \rightarrow (\alpha+\varepsilon+\chi) \rightarrow (\alpha+\varepsilon+\chi+\theta) \rightarrow (\alpha+\chi+\theta) \rightarrow (\alpha+\theta)$。回火过程中碳化物的转变主要决定于回火温度，但也与回火时间有关，随着回火时间的延长，发生碳化物转变的温度降低，如图 6.6 所示[9]。

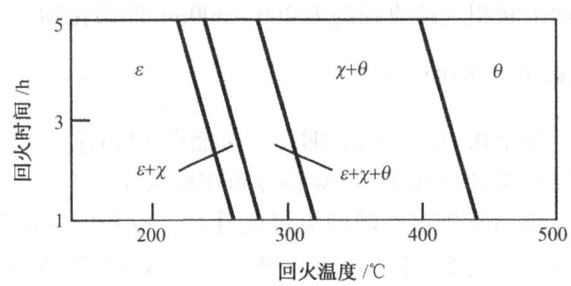

图 6.6 淬火高碳钢回火时三种碳化物的析出范围

碳化物转变可以通过两种方式进行：一种是在旧碳化物的基础上通过成分改变和点阵改组逐渐转化为新碳化物，即"原位"转变；另一种是新碳化物在其他部位通过形核和长大独立形成，即"独立"形核长大转变，此时由于新碳化物的析出，使母相碳含量下降，故细小的旧碳化物将重新溶入母相直至消失。碳化物转变的方式主要取决于新旧碳化物与母相的惯习面和位向关系，两者的惯习面以及位向关系如果相同，可能进行原位转变；如果不同，则为独立形核长大转变。由于 $\varepsilon\text{-}Fe_xC$ 的惯习面和位向关系与 $\chi\text{-}Fe_5C_2$ 及 $\theta\text{-}Fe_3C$ 不同，因此，$\varepsilon\text{-}Fe_xC$ 转变为 $\chi\text{-}Fe_5C_2$ 或 $\theta\text{-}Fe_3C$ 时不可能是原位直接转变，而是通过 $\varepsilon\text{-}Fe_xC$ 溶解，新碳化物独立形核长大方式进行的。而对于 $\chi\text{-}Fe_5C_2$ 和 $\theta\text{-}Fe_3C$，它们的惯习面和位向关系可能相同，也可能不同，所以 $\chi\text{-}Fe_5C_2$ 转变为 $\theta\text{-}Fe_3C$ 时既可能是原位转变，也可能 $\chi\text{-}Fe_5C_2$ 溶解，$\theta\text{-}Fe_3C$ 独立形核长大。

在更高温度回火时，形成的碳化物将全部转变为 $\theta\text{-}Fe_3C$。初期形成的 $\theta\text{-}Fe_3C$ 常呈板片状。

2. 低碳马氏体中的碳化物析出

马氏体中碳含量低于 0.2% 时，当回火温度高于 200℃，将在碳原子偏聚区通过单相分解自马氏体中直接析出 θ-碳化物。

由于低碳钢的 M_s 点较高，在淬火形成马氏体的过程中，在温度降至200℃以前，有可能在已经形成的马氏体中发生自回火，析出 θ-碳化物。自回火析出的碳化物均在马氏体板条内缠结位错区形成，形状为细针状。

在250℃回火时，未发生自回火的马氏体将发生回火，在马氏体板条内位错缠结处析出细针状 θ-碳化物。此外，还将沿板条马氏体条界析出薄片状 θ-碳化物。已经析出的碳化物将有一定程度的长大。

进一步提高回火温度，板条界上的 θ-碳化物薄片在长大的同时将发生破碎而成为短粗针状碳化物。随板条界间碳化物的长大，板条内的细针状及细颗粒状碳化物将重新溶入 α 相中。回火温度达到 500~550℃，板条内碳化物已经消失，只剩下分布在界面上较粗大的直径约为 200~300nm 的碳化物。

3. 中碳马氏体中的碳化物析出

马氏体碳含量介于 0.2%~0.6% 时，有可能在200℃以下回火时先析出亚稳的 ε-碳化物。这是因为超过 0.2% 的碳将分布在扁八面体中心，能量较高，很不稳定，故将以碳化物形式析出。随回火温度升高，亚稳的 ε-碳化物将直接转变为稳定的 θ-碳化物。由板条马氏体析出的碳化物大部分均呈薄片状分布在板条界上。中碳钢淬火可得到部分孪晶马氏体，由孪晶马氏体析出碳化物的过程与高碳马氏体相同。

6.1.5 α 相状态变化及碳化物聚集长大（回火第四阶段转变）

回火温度高于400℃，片状渗碳体将逐渐球化并聚集长大，铁素体基体也将发生回复和再结晶。一般将等轴铁素体加尺寸较大的粒状渗碳体的混合组织称为回火索氏体。

1. 内应力消失

淬火时，由于热应力和组织应力引起塑性变形使晶内缺陷及各种内应力增加。淬火后存在于工件内部的应力按其作用范围大小分为三类。第一类内应力：由于工件内外温度不一致和相变不同时而造成的宏观区域性的内应力；第二类内应力：由于工件中几个晶粒内的温度不一致和相变不同时而造成的微观区域性的内应力；第三类内应力：由于碳原子过饱和固溶使晶格畸变以及保持共格关系使晶格弹性畸变所引起的内应力。

回火过程中，随回火温度升高，原子活动能力增强，晶内缺陷及各种残余内应力均逐渐下降。回火温度愈高，内应力下降就愈快，下降程度也就愈大。试验证明，对于淬火碳钢，马氏体在300℃左右分解完毕，第三类残余内应力也将随之消失；当回火温度达到500℃时，第二类残余内应力也基本消失；当回火温度高于550℃时，第一类残余内应力接近于全部消除。因为此时 ε-Fe_xC 已经变为渗碳体，碳化物与 α 相的共格联系已被破坏，而且渗碳体颗粒也有一定程度的长大。

2. 回复与再结晶

中低碳钢淬火所得到的板条马氏体中存在大量位错，密度可达 $0.3 \times 10^{12} \sim 0.9 \times 10^{12} \mathrm{cm}^{-2}$，与冷变形金属相似，而且马氏体晶粒形状为非等轴状，所以在回火过程中，将发生回复与再结晶。在回复过程中，α 相中的位错胞和胞内位错线将通过滑移和攀移而逐渐消失，晶体中的位错密度降低，剩余位错将重新排列成二维位错网络，形成由它们分割而成的亚晶粒。回复开始的温度尚无法确定，但回火温度高于 400℃ 后，α 相的回复已十分明显。回复后的 α 相形态仍呈板条状，只是板条宽度由于相邻板条合并而增加。回火温度高于 600℃ 时，回复后的 α 相开始发生再结晶。一些位错密度很低的胞块将长大成等轴 α 相晶粒。这种位错密度很低的等轴 α 相新晶粒将逐步取代板条状 α 相晶粒。颗粒状碳化物均匀分布在等轴 α 相晶粒内。经过再结晶，板条特征完全消失。

高碳钢淬火所得到的片状马氏体的亚结构主要是孪晶。当回火温度高于 250℃ 时，马氏体片中的孪晶开始消失，但沿孪晶界面析出的碳化物仍显示出孪晶特征；当回火温度达到 400℃ 时，孪晶全部消失，出现胞块，但片状马氏体的特征依然存在；当回火温度高于 600℃ 时也将发生再结晶而使片状特征消失。由于碳化物能钉扎晶界，阻止再结晶的进行，故高碳马氏体 α 相的再结晶温度高于中低碳钢。

3. 碳化物的聚集长大

淬火碳钢高温回火时，渗碳体将发生聚集长大。当回火温度高于 400℃ 时，碳化物已经开始聚集和球化。当温度高于 600℃ 时，细粒状碳化物将迅速聚集并粗化。碳化物的球化、长大过程，是按照小颗粒溶解、大颗粒长大的机制进行的。研究表明[5,25]，第二相粒子在固溶体中的溶解度 C_r 与第二相粒子的半径 r 有关，可由下式求出

$$\ln \frac{C_r}{C_\infty} = \frac{2M\sigma}{RTr\rho} \tag{6.1}$$

式中，C_r 为第二相粒子半径为 r 时的溶解度；C_∞ 为第二相粒子半径为 ∞ 时的溶解度；M 为第二相粒子的相对分子质量；σ 为单位面积界面能；ρ 为第二相粒子的密度；R 为气体常数；T 为绝对温度。可见，第二相粒子的半径 r 愈小，其在基体中的溶解度 C_r 就愈大。

如果已经析出的碳化物粒子的大小不一，则由于其溶解度不同，将在 α 基体内形成浓度梯度，如图 6.7 所示[5]。基体中的合金元素原子和碳原子均由小颗粒碳化物处向大颗粒碳化物处扩散，结果导致小颗粒碳化物溶解，大颗粒碳化物

长大。若碳化物呈杆状或薄片状，则由于各碳化物部位的曲率半径 r 不同，其溶解度也不同。r 较小的碳化物部位将溶解，r 较大的碳化物部位将长大，这将使杆或片发生断裂，导致碳化物球化。

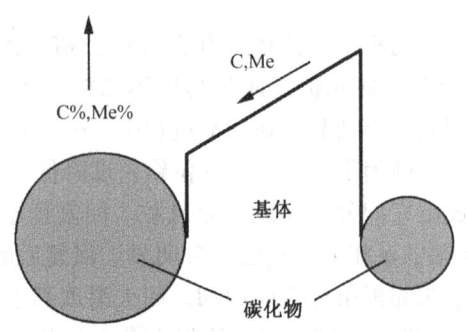

图 6.7　碳化物粗化机理示意图

6.2　合金元素对回火转变的影响

6.2.1　合金元素对马氏体分解的影响

合金钢中的马氏体分解过程与碳钢基本相似，但其分解速度有明显差别。实验证明，在马氏体分解阶段，尤其是在马氏体分解的后期阶段，合金元素的影响十分显著。合金元素影响马氏体分解的原因和规律大致可归纳如下。

在马氏体分解阶段要发生马氏体中过饱和碳的脱溶和碳化物粒子的析出与聚集长大，同时基体 α 相中的碳含量下降。合金元素的作用主要在于通过影响碳的扩散而影响马氏体的分解过程以及碳化物粒子的聚集长大速度，从而影响 α 相中碳浓度的下降速度。这种作用的大小因合金元素与碳的结合力的大小不同而异。

非碳化物形成元素（Ni）和弱碳化物形成元素（Mn）与 C 的结合力和 Fe 相比相差不大，所以对马氏体分解无明显影响。强碳化物形成元素（Cr、Mo、W、V、Ti 等）与 C 的结合力较强，增大 C 在马氏体中的扩散激活能，阻碍 C 在马氏体中的扩散，从而减慢马氏体的分解速度。而非碳化物形成元素 Si 和 Co 能够溶解到 $\varepsilon\text{-}Fe_xC$ 中，使 $\varepsilon\text{-}Fe_xC$ 稳定，减慢碳化物的聚集速度，从而推迟马氏体分解。

碳钢回火时马氏体中过饱和碳完全脱溶温度约为 300℃，加入合金元素可使完全脱溶温度向高温推移 100~150℃。也就是说，合金钢在较高温度回火时仍可以保持 α 相具有一定饱和碳浓度和细小碳化物，从而保持高的硬度和强度。合金元素这种阻碍 α 相中碳含量降低和碳化物颗粒长大而使钢件保持高硬度、高强度的性质称为合金元素提高了钢的回火抗力或"抗回火性"。

6.2.2 合金元素对残余奥氏体转变的影响

合金钢中残余奥氏体的转变与碳钢基本相似,只是合金元素可以改变残余奥氏体分解的温度和速度,从而可能影响残余奥氏体转变的类型和性质。

在 M_s 点以下回火时,残余奥氏体将转变为马氏体。若 M_s 点较高(>100℃),则随后还将发生马氏体的分解过程,形成回火马氏体。

在 M_s 点以上回火时,残余奥氏体可能发生三种转变:① 在贝氏体形成区内等温转变为贝氏体;② 在珠光体形成区内等温转变为珠光体;③ 在回火加热、保温过程中不发生分解,而在随后的冷却过程中转变为马氏体,即所谓的"二次淬火"现象。

6.2.3 合金元素对碳化物转变的影响

非碳化物形成元素(Cu、Ni、Co、Al、Si 等)与碳不形成特殊类型的碳化物,它们只是提高 $\varepsilon\text{-Fe}_x\text{C}$ 向 $\theta\text{-Fe}_3\text{C}$ 转变的温度范围。例如,钢中加入 Si,能明显提高钢的回火抗力。而强碳化物形成元素(Mo、V、W、Ti 等)不但会强烈推迟 $\varepsilon\text{-Fe}_x\text{C}$ 向 $\theta\text{-Fe}_3\text{C}$ 的转变,而且还会发生渗碳体到其他类型特殊碳化物的转变。

合金钢回火时,随着回火温度升高或回火时间延长,将发生合金元素在渗碳体和 α 相之间的重新分配。碳化物形成元素不断向渗碳体中扩散,而非碳化物形成元素逐渐向 α 相中富集,从而发生由更稳定的碳化物逐渐代替原先不稳定的碳化物,使碳化物的成分和结构都发生变化。合金钢回火时碳化物转变的可能顺序为[9]:

平均成分	平均成分	合金化	亚稳	稳定
ε-碳化物 →	渗碳体 →	渗碳体 →	特殊碳化物 →	特殊碳化物
(<150℃)	(150~400℃)	(400~550℃)		(>500℃)

钢中能否形成特殊碳化物,取决于所含合金元素的性质和含量、碳或氮的含量以及回火温度和时间等条件。合金钢在回火过程中,通常都是渗碳体通过亚稳碳化物再转变为稳定特殊碳化物。例如,高 Cr 高碳钢淬火后,在回火过程中的碳化物转变过程为

$$(\text{Fe},\text{Cr})_3\text{C} \rightarrow (\text{Fe},\text{Cr})_3\text{C} + (\text{Cr},\text{Fe})_7\text{C}_3 \rightarrow (\text{Cr},\text{Fe})_7\text{C}_3 \rightarrow$$
$$(\text{Cr},\text{Fe})_7\text{C}_3 + (\text{Cr},\text{Fe})_{23}\text{C}_6 \rightarrow (\text{Cr},\text{Fe})_{23}\text{C}_6$$

特殊碳化物也是按两种机制形成的。一种为原位转变,即碳化物形成元素首先在渗碳体中富集,当其浓度超过合金渗碳体的溶解度极限时,渗碳体的点阵就改组成特殊碳化物点阵。低铬钢中的 $(\text{Fe},\text{Cr})_3\text{C}$ 转变为 $(\text{Cr},\text{Fe})_7\text{C}_3$ 就属于这种类型。提高回火温度会加速碳化物转变过程。另一种为单独形核长大,即直接从 α 相中析出特殊碳化物,并同时伴有合金渗碳体的溶解。含有强碳化物形成元素

V、Ti、Nb、Ta 等的钢以及高 Cr 钢均属于这种类型。例如，1250℃淬火的 0.3% C、2.1%V 钢，低于 500℃ 回火时析出合金渗碳体，其中 V 含量很低。由于固溶 V 强烈阻止 α 相继续分解，此时只有 40% 左右的碳以渗碳体形式析出，其余 60% 仍保留在 α 相中。当回火温度高于 500℃ 时，从 α 相中直接析出 VC。随回火温度进一步升高，VC 大量析出，渗碳体大量溶解。回火温度达 700℃ 时，渗碳体全部溶解，碳化物全部转化为 VC。

6.2.4 回火时的二次硬化现象

碳钢在回火第三阶段，随着渗碳体颗粒的长大，将不断软化，如图 6.8 所示[9]。但是，当钢中含有 Mo、V、W、Ta、Nb 和 Ti 等强碳化物形成元素时，将减弱软化倾向，即增大了软化抗力。当马氏体中含有足够量的碳化物形成元素时，在 500℃ 以上回火时将会析出细小的特殊碳化物，导致因回火温度升高，θ-碳化物粗化而软化的钢再度硬化，这种现象称为二次硬化。有时二次硬化峰的硬度可能比淬火硬度还高。图 6.9 示出了钼含量对低碳（0.1%C）钼钢二次硬化作用的影响[9]，可见，随着 Mo 含量增加，二次硬化作用加剧。其他强碳化物形成元素（如 Ti、V、W、Nb 等）也有类似作用。Cr 含量很高时（如大于 12%）才有不太明显的二次硬化峰。碳钢中不发生二次硬化现象。

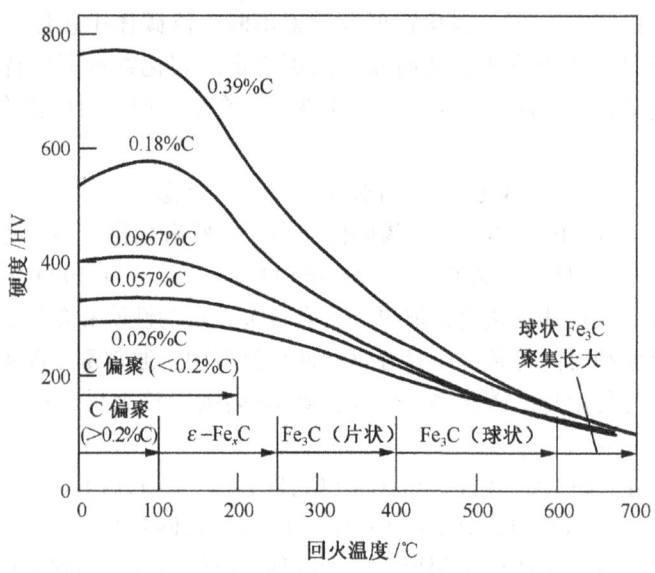

图 6.8　低、中碳钢在 100~700℃ 回火 1h 的硬度变化

电镜观察证实，二次硬化是由于弥散、细小的特殊碳化物（如 Mo_2C、W_2C、VC、TiC、NbC 等）的析出造成的。具有二次硬化作用的特殊碳化物多在位错区

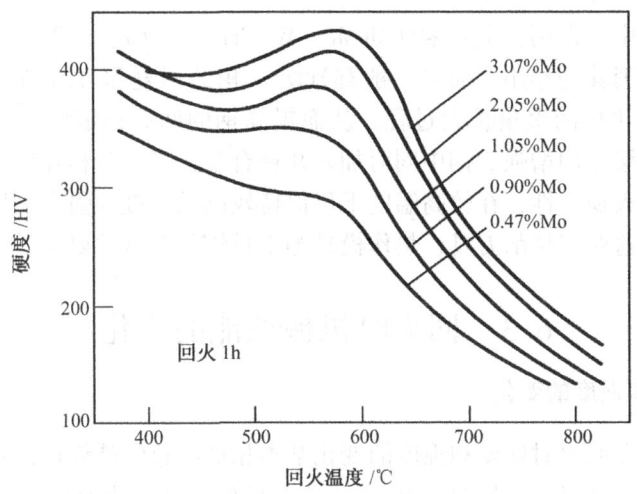

图 6.9 回火温度对低碳钼钢马氏体硬度的影响

沉淀析出，常呈极细针状或薄片状，尺寸很小，而且与 α 相保持共格关系。随回火温度升高，碳化物数量增多，碳化物尺寸逐步增大，与 α 相的共格畸变也逐渐加剧，直至硬度达到峰值。再继续升高温度，由于碳化物长大，弥散度减小，共格关系被破坏，共格畸变消失以及位错密度降低，从而使硬度迅速下降。综上所述，可以认为对二次硬化有贡献的因素是特殊碳化物的弥散度、α 相中的位错密度和碳化物与 α 相之间的共格畸变等。

可以通过下述途径来提高钢的二次硬化效应[9]：

第一，增大钢中的位错密度，以增加特殊碳化物的形核部位，从而进一步增大碳化物的弥散度。例如采用低温形变淬火方法等。

第二，钢中加入某些合金元素，以减慢特殊碳化物形成元素的扩散，抑制细小碳化物的长大和延缓这类碳化物过时效现象的发生。例如，钢中加入 Co、Al、Si、Nb、Ta 等元素，都可以使特殊碳化物细小弥散并与 α 相保持共格畸变状态，从而增大钢的回火稳定性。

利用二次硬化效应，可以选用具有二次硬化的合金钢制作在热状态下工作的工件，只要使用温度低于回火温度（产生二次硬化峰的温度），钢件就可保持高的硬度和强度。

6.2.5 合金元素对 α 相回复和再结晶的影响

合金钢在高温回火时，若能够形成颗粒细小的特殊碳化物，且又与 α 相保持共格关系，则能使 α 相保持较高的碳过饱和度，显著地延迟 α 相的回复和再结晶，因而使 α 相处于较大的畸变状态，仍然保持较高的硬度和强度，即具有很高的回火稳定性。

在合金钢中,常用合金元素(如 Mo、W、Ti、V、Cr、Si 等)均具有阻碍回火时各类畸变消除的作用,而且一般都延缓 α 相的回复和再结晶(提高再结晶温度)以及碳化物的聚集长大过程,从而提高钢的回火稳定性。合金元素含量增高,这种延缓作用增强。钢中同时加入几种合金元素,其相互作用加剧。合金钢具有高的回火稳定性,在较高温度下仍保持较高的硬度和强度,使钢具有红硬性、热强性,这对于切削刀具、热作模具等工具钢是非常重要的。

6.3 回火时机械性能的变化

6.3.1 硬度和强度的变化

各种碳钢在回火时硬度和强度的变化基本相似,总的趋势是,随着回火温度升高,硬度和强度降低,如图 6.10 所示[9]。低碳钢在淬火时已经发生碳原子向位错线偏聚和析出少量碳化物的自回火现象,所以在 200℃ 以下回火时其组织变化较小,硬度变化不大。但在低温回火时,随火温度升高,碳原子偏聚的倾向增大,屈服强度,尤其是弹性极限随回火温度升高(低于 250℃)而增大。在 300~450℃ 回火时,各种碳钢的弹性极限最高。高碳钢(>0.8%C)在 100℃ 回火时硬度稍有上升,这是由于 C 原子偏聚以及 ε-碳化物析出造成的;而在 200~300℃ 回火时出现的硬度"平台"则是由于残余奥氏体转变(使硬度上升)和马氏体大量分解(使硬度下降)这两个因素综合作用的结果。

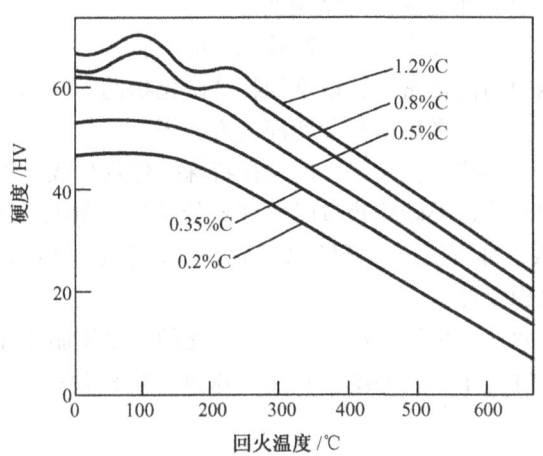

图 6.10 回火温度对各种淬火碳钢硬度的影响

钢中加入合金元素能减小硬度和强度降低的趋势。由于合金元素有提高回火稳定性的作用,与相同碳含量的碳钢相比,在高于 300℃ 回火时,如果回火温度和时间相同,则合金钢常常具有较高的强度。加入强烈形成碳化物的合金元素还可以在高温(500~600℃)回火时析出细小弥散的特殊碳化物,产生二次硬化现象。

6.3.2 塑性和韧性的变化

淬火钢在回火时,随回火温度升高,由于淬火内应力消除、碳化物聚集长大和球化以及 α 相回复和再结晶,在硬度和强度不断下降的同时,塑性(断面收缩率、延伸率)不断上升。但高碳钢在低温(低于300℃)回火时其塑性几乎等于零,而低碳马氏体却具有良好的综合性能。

淬火钢在回火时的冲击韧性并不一定随回火温度升高而单调地增高,许多钢可能在两个温度区域内出现韧性下降的现象,如图 6.11 所示[9]。这种随回火温度升高,冲击韧性反而下降的现象,称为"回火脆性"。

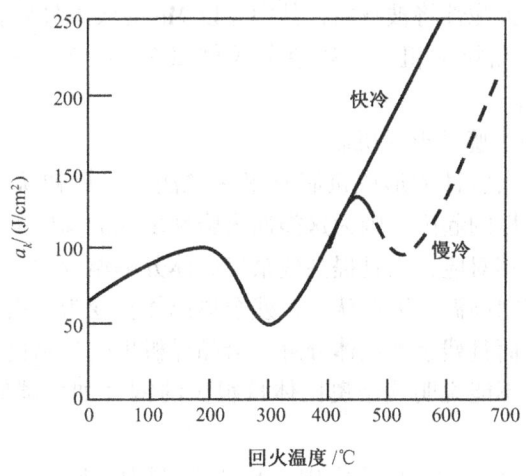

图 6.11　CrNi 钢冲击韧性与回火温度的关系

6.3.3 钢的回火脆性

1. 第一类回火脆性

在 250~400℃ 之间出现的回火脆性称为第一类回火脆性,也称低温回火脆性。几乎所有的钢均存在第一类回火脆性。

(1) 第一类回火脆性的主要特征

如果将已经产生第一类回火脆性的工件加热到更高温度回火,则可以消除脆性,使冲击韧性重新升高。此时,即使再将该工件在产生这种回火脆性的温度区间内回火,也不会重新产生这种脆性。因此,第一类回火脆性也称为不可逆回火脆性。

第一类回火脆性与回火后的冷却速度无关,即在产生回火脆性的温度保温后,不论随后是快冷还是慢冷,钢件都会产生脆化。产生第一类回火脆性的工件,其断口大多为晶间(沿晶界)断裂,而在非脆化温度回火的工件一般为穿晶(沿晶粒内部)断裂。

(2) 第一类回火脆性的影响因素

主要是化学成分的影响。可以将钢中元素按其作用分为三类[5]:

(a) 有害杂质元素,如 S、P、As、Sb、Cu、N、H、O 等。钢中存在这些元素时均将导致出现第一类回火脆性。

(b) 促进第一类回火脆性的元素,如 Mn、Si、Cr、Ni、V 等。这些类合金元素能促进第一类回火脆性的发展,还有可能将第一类回火脆性推向较高的温度。

(c) 减弱第一类回火脆性的元素,如 Mo、W、Ti、Al 等。钢中含有这些合金元素时第一类回火脆性将被减弱,其中尤以 Mo 的效果最显著。

此外,奥氏体晶粒愈粗大,残余奥氏体量愈多,则第一类回火脆性就愈严重。

(3) 第一类回火脆性形成机制

关于第一类回火脆性的形成机制有很多说法[5]。最初认为,残余奥氏体转变是第一类回火脆性的起因。因为这类回火脆性出现的温度范围正好与残余奥氏体转变的温度区间相对应,而且提高残余奥氏体分解温度的元素,也使发生这类回火脆性的温度移向高温。因此认为,残余奥氏体转变为回火马氏体或贝氏体时可导致钢的脆化,而且残余奥氏体分解时沿晶界析出碳化物也会使钢的韧性明显降低。但这种观点不能说明残余奥氏体量很少的钢(如低碳低合金钢)也会出现第一类回火脆性。

后来的研究工作认为,由于钢中 $\varepsilon\text{-}Fe_xC$ 转变为 $\chi\text{-}Fe_5C_2$ 或 $\theta\text{-}Fe_3C$ 的温度与产生回火脆性的温度相近,因此认为第一类回火脆性是新生成的碳化物沿板条马氏体的条界、束界和群界或在片状马氏体的孪晶带和晶界上析出而引起的。继续升高回火温度,由于碳化物的聚集长大和球化,改善了各类界面的脆化性质,因而又使冲击韧性提高。这种观点已为许多实验所证实。

此外还有晶界偏聚理论,即认为奥氏体化时杂质元素 P、S、As、Sn、Sb 等在晶界、亚晶界偏聚导致晶界弱化是引起第一类回火脆性的原因。杂质元素在奥氏体晶界的偏聚已为电子探针和俄歇谱仪所证实。前面所述的第二类元素能促进杂质元素在奥氏体晶界的偏聚,故能促进第一类回火脆性的发展。第三类元素能阻止杂质元素在奥氏体晶界的偏聚,故能抑制第一类回火脆性的发展。

(4) 防止或减轻第一类回火脆性的方法

目前,还不能用热处理方法或合金化方法完全消除第一类回火脆性。但可以采取以下措施来减轻第一类回火脆性[5]。

(a) 降低钢中杂质元素的含量。

(b) 用 Al 脱氧或加入 Nb、V、Ti 等合金元素以细化奥氏体晶粒。

(c) 加入 Mo、W 等能减轻第一类回火脆性的合金元素。

(d) 加入 Cr、Si 以调整发生第一类回火脆性的温度范围，使之避开所需的回火温度。

(e) 采用等温淬火工艺代替淬火加回火工艺。

2. 第二类回火脆性

在 450~600℃ 之间出现的回火脆性称为第二类回火脆性，也称高温回火脆性。试验表明，出现这种回火脆性时，钢的冲击韧性降低，脆性转折温度升高，但抗拉强度和塑性并不改变，对许多物理性能（如矫顽力、比重、电阻等）也不产生影响。

(1) 第二类回火脆性的主要特征

第二类回火脆性对回火后的冷却速度敏感。从产生回火脆性的温度缓慢冷却时发生第二类回火脆性，而快速冷却时则可消除或减弱第二类回火脆性。即回火后的冷却速度对第二类回火脆性有很大的影响。

第二类回火脆性是可逆性的。将已经处于脆化状态的试样重新回火加热并快速冷却至室温，则可消除脆化，回复到韧化状态，使冲击韧性提高。与此相反，对处于韧化状态的试样，再经脆化处理，又会变成脆化状态，使冲击韧性降低。所以也称第二类回火脆性为"可逆回火脆性"。

处于第二类回火脆性状态的钢，其断口呈晶间断裂。这表明第二类回火脆性与原奥氏体晶界存在某些杂质元素有密切关系。

一般用脆化处理前后脆性转折温度之差（$\Delta\theta$）来描述钢的回火脆性敏感度，$\Delta\theta$ 也叫称为"回火脆度"[9]。

(2) 影响第二类回火脆性的因素

1) 化学成分的影响

钢的化学成分是影响第二类回火脆性的最重要的因素，按其作用可分为三类[5]。

第一类：引起第二类回火脆性的杂质元素，如 P、S、B、Sn、Sb、As 等。但当钢中不含 Ni、Cr、Mn、Si 等合金元素时杂质元素的存在不会引起第二类回火脆性。如一般碳钢就不存在第二类回火脆性。

第二类：促进第二类回火脆性的合金元素，如 Ni、Cr、Mn、Si、C 等。这类元素单独存在时也不会引起第二类回火脆性，必须与杂质元素同时存在时才能引起第二类回火脆性。当杂质元素含量一定时，这类元素含量愈多，脆化就愈严重。当两种以上元素同时存在时，脆化作用就更大。

第三类：抑制第二类回火脆性的合金元素，如 Mo、W、V、Ti 以及稀土元素 La、Nd、Pr 等。这类合金元素可以抑制第二类回火脆性，但加入量有一最佳值，超过最佳值后，其抑制效果减弱。

2）热处理工艺参数的影响

第二类回火脆性的脆化速度和脆化程度均与回火温度和回火时间密切相关。温度一定时，随回火时间延长，脆化程度增大。在 550℃ 以下，回火温度愈低，脆化速度就愈慢，但能达到的脆化程度也愈大；在 550℃ 以上，随回火温度升高，脆化速度减慢，能达到的脆化程度下降。所以，第二类回火脆性的等温脆化动力学曲线亦呈"C"字形，鼻尖温度为 550℃。

如前所述，第二类回火脆性与回火后的冷却速度密切相关。缓慢冷却将使脆性增加，冷却速度愈低，脆化程度就愈大。而快速冷却则可消除或减轻第二类回火脆性。

3）组织因素的影响

与第一类回火脆性不同，不论钢具有何种原始组织，经脆化处理后均可产生第二类回火脆性。但以马氏体组织的回火脆性最为严重，贝氏体次之，珠光体最小。

第二类回火脆性还与奥氏体晶粒度有关，奥氏体晶粒粗大，则回火脆性敏感性增大。

(3) 第二类回火脆性的形成机制

根据上述特征来看，第二类回火脆性的脆化过程必然是一个受扩散控制的、发生于晶界的、能使晶界弱化的、与马氏体及残余奥氏体无直接关系的可逆过程。而可逆过程只可能有两种情况，即脆性相沿晶界的析出与回溶以及溶质原子在晶界上的偏聚与消失，因此提出了脆性相析出理论和杂质元素偏聚理论[5]。

1）脆性相析出理论

最初认为，碳化物、氧化物、磷化物等脆性相沿晶界析出引起第二类回火脆性。其理论依据是脆性相在 α-Fe 中的溶解度随温度降低而减小，在回火后的缓冷过程中脆性相沿晶界析出而引起脆化。温度升高时，脆性相重新回溶而使脆性消失。这一理论可以解释回火脆性的可逆性以及脆化与原始组织无关的现象，但无法解释等温脆化以及化学成分的影响。

2）杂质元素偏聚理论

近年来，随着俄歇谱仪以及电子探针等探测表面极薄层化学成分的新技术的发展，已经证明，钢在呈现第二类回火脆性时，沿原始奥氏体晶界的极薄层内确实偏聚了某些合金元素（如 Cr、Ni 等）以及杂质元素（如 Sb、Sn、P 等），而且回火脆化倾向随杂质元素在原始奥氏体晶界上偏聚程度的增大而增大。处于韧化状态时，未发现有合金元素或杂质元素在原始奥氏体晶界上的偏聚。因此认为，Sb、Sn、P 等杂质元素向原始奥氏体晶界的偏聚是产生第二类回火脆性的主要原因。促进第二类回火脆性的合金元素（如 Cr、Ni 等）与杂质元素的亲和力适中，在回火时其本身也向晶界偏聚，同时将杂质元素带至晶界，引起脆化；抑制第二类回火脆性的合金元素（如 Mo 等）与杂质元素的亲和力很大，在晶内就形成稳定的化合物而析出，故能起到净化晶界的作用而抑制回火脆性的发生；若合金元素与杂质元素的亲和力不大时，即使其向晶界偏聚，也不能将杂质元素带至晶界，故不会引起脆化。杂质元素晶界偏聚理论能较好地解释回火脆性的可逆性、晶间断裂和粗大晶粒的回火脆性倾向性大等现象。

(4) 预防或减轻第二类回火脆性的方法

根据以上所述，可以采取以下措施来防止或减轻第二类回火脆性[5,9]：

(a) 选用高纯度钢，降低钢中杂质元素的含量。

(b) 加入能细化奥氏体晶粒的合金元素（如 Nb、V、Ti 等）以细化奥氏体晶粒，增加晶界面积，降低单位晶界面积杂质元素的含量。

(c) 加入适量能抑制第二类回火脆性的合金元素（如 Mo、W 等）。

(d) 避免在 450~600℃ 温度范围内回火，在 600℃ 以上温度回火后应采取快冷。

(e) 对亚共析钢采用亚温淬火方法，在淬火加热时，使 P 等元素溶入残留的 α 相中，降低 P 等元素在原奥氏体晶界上的偏聚浓度。

(f) 采用形变热处理方法，细化奥氏体晶粒并使晶界呈锯齿状，增大晶界面积，减轻回火时杂质元素向晶界的偏聚。

第七章 合金的脱溶沉淀与时效

从过饱和固溶体中析出第二相（沉淀相）或形成溶质原子聚集区以及亚稳定过渡相的过程称为脱溶或沉淀，是一种扩散型相变。具有这种转变的最基本条件是，合金在平衡状态图上有固溶度的变化，并且固溶度随温度降低而减少，如图 7.1 所示。如果将 C_0 成分的合金自单相 α 固溶体状态缓慢冷却到固溶度线（MN）以下温度（如 T_3）保温时，β 相将从 α 相固溶体中脱溶析出，α 相的成分将沿固溶度线变化为平衡浓度 C_1，这种转变可表示为 $\alpha(C_0)\rightarrow\alpha(C_1)+\beta$。β 为平衡相，可以是端际固溶体，也可以是中间相，反应产物为 (α+β) 双相组织。将这种双相组织加热到固溶度线以上某一温度（如 T_1）保温足够时间，将获得均匀的单相固溶体 α 相，这种处理称为固溶处理。

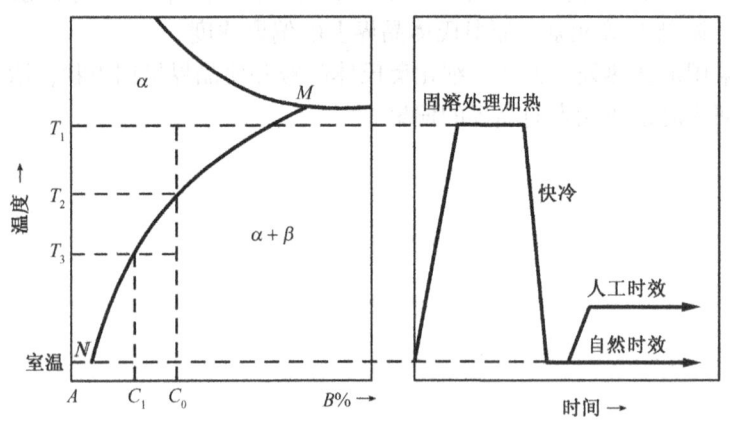

图 7.1 固溶处理与时效处理的工艺过程示意图

若将经过固溶处理后的 C_0 成分合金急冷，抑制 α 相分解，则在室温下获得亚稳的过饱和 α 相固溶体。这种过饱和固溶体在室温或较高温度下等温保持时，亦将发生脱溶，但脱溶相往往不是状态图中的平衡相，而是亚稳相或溶质原子聚集区。这种脱溶可显著提高合金的强度和硬度，称为沉淀强（硬）化或时效强（硬）化，是强化合金材料的重要途径之一。

合金在脱溶过程中，其机械性能、物理性能和化学性能等均随之发生变化，这种现象称为时效。室温下产生的时效称为自然时效，高于室温的时效称为人工时效。

7.1 脱溶过程和脱溶物的结构

合金经固溶处理并淬火获得亚稳过饱和固溶体,若在足够高的温度下进行时效,最终将沉淀析出平衡脱溶相。但在平衡相出现之前,根据合金成分不同会出现若干个亚稳脱溶相或称为过渡相。以 Al-4% Cu 合金为例,其室温平衡组织为 α 相固溶体和 θ 相($CuAl_2$)。该合金经固溶处理并淬火冷却获得过饱和 α 相固溶体后,加热到130℃进行时效,其脱溶顺序为:G. P. 区→θ''相→θ'相→θ 相,即在平衡相(θ)出现之前,有三个过渡脱溶物相继出现。

下面以 Al-Cu 合金为例,介绍时效过程中过渡相和平衡相的形成及其结构。

7.1.1 G. P. 区的形成及其结构

Guinier 和 Preston 各自独立地分析了 Al-Cu 合金时效初期的单晶体,发现在母相 α 固溶体的 {100} 面上出现一个原子层厚度的 Cu 原子聚集区,由于与母相保持共格联系,Cu 原子层边缘的点阵发生畸变,产生应力场,成为时效硬化的主要原因[36,37]。后来将这种在若干原子层范围内的溶质原子聚集区即称为 Guinier-Preston 区,简称 G. P. 区。G. P. 区具有以下特点:①在过饱和固溶体的分解初期形成,且形成速度很快,通常为均匀分布;②其晶体结构与母相过饱和固溶体相同,并与母相保持第一类共格关系;③在热力学上是亚稳定的。

Al-Cu 合金中 G. P. 区的显微组织及其结构模型如图 7.2 所示[7]。结构模型为 G. P. 区的右半部(左半部与其对称)的横截面,图面平行于 Al 原子点阵的 $(100)_\alpha$ 面,而与 $(001)_\alpha$ 和 $(010)_\alpha$ 面垂直。Cu 原子层在 $(001)_\alpha$ 面上形成,这是因为 $\langle 001 \rangle_\alpha$ 方向上的弹性模数最小。Cu 原子的半径较小,约为 Al 原子半径的87%,所以 Cu 原子层附近的 Al 原子层将沿 $[001]_\alpha$ 方向以 Cu 原子层为中心向内收缩。最邻近 Cu 原子层的 Al 原子层的收缩量最大,与 Cu 原子层的间距为 d_1,小于原始 Al 原子间距 d_0;次近邻各 Al 原子层亦有不同程度的收缩。距离 Cu 原子层越远,Al 原子层的收缩量就越小,其影响范围约为 16 个 Al 原子层。

由于 G. P. 区与母相保持共格,故其界面能较小,而弹性应变能较大,因此,G. P. 区的形状与溶质和溶剂的原子半径差有关。根据计算,当析出物体积一定时,其周围的弹性应变能按球状→针状→圆盘状的顺序依次减小。一般认为,当溶质与溶剂的原子半径差不大于3%时析出物呈球状,当原子半径差大于5%时析出物呈圆盘状。由于 Cu 与 Al 的原子半径差约高达11.5%,故在 Cu 原子层形成时产生的弹性应变能较大,因而 Al-Cu 合金中的 G. P. 区呈圆盘状。而 Al-Ag 和 Al-Zn 合金中,溶质和溶剂的原子半径差很小,G. P. 区形成时所产生的弹性应变能较小,所以 G. P. 区呈球状。

G. P. 区的大小与合金成分、时效温度和时效时间等因素有关。例如,Al-Cu

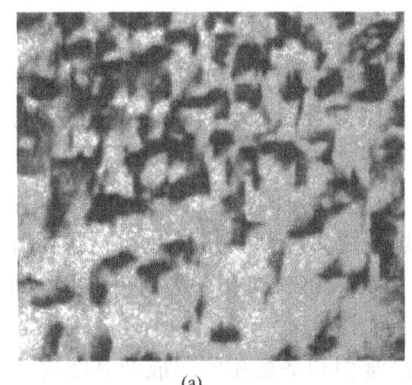
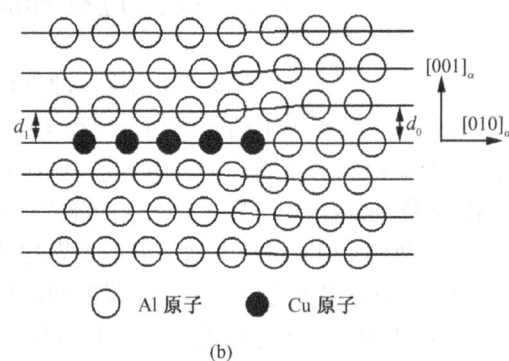

图 7.2 Al-Cu 系合金中的 G.P. 区及其结构模型
(a) G.P. 区　(b) 结构模型

合金在 25℃ 时效时，G.P. 区直径 < 5nm，100℃ 时效时，G.P. 区直径为 15~20nm，200℃ 时效时，G.P. 区直径可达 80nm。在 25~100℃ 时效时，G.P. 区的厚度约为 0.4nm。

试验证明，G.P. 区的数目比位错数目（密度）要大得多。据此认为，G.P. 区的形核主要是依靠浓度起伏的均匀形核，而依靠位错的不均匀形核则不起主要作用。

7.1.2 过渡相的形成及其结构

1. θ'' 相的形成与结构

G.P. 区形成之后，当时效时间延长或时效温度提高时，将形成过渡相。从 G.P. 区转变为过渡相的过程可能有两种情况：一是以 G.P. 区为基础逐渐演变为过渡相，如 Al-Cu 合金；二是与 G.P. 区无关，过渡相独立地形核长大，如 Al-Ag 合金。

在 Al-Cu 合金中，随着时效的进行，一般是以 G.P. 区为基础，沿其直径方向和厚度方向（以厚度方向为主）长大形成过渡相 θ'' 相。θ'' 相具有正方点阵，点阵常数为 $a = b = 4.04$Å，与母相 α 相同，$c = 7.8$Å，较 α 相的两倍（8.08Å）略小。θ'' 相的晶胞有五层原子面中，中央一层为 100% Cu 原子层，最上和最下的两层为 100% Al 原子层，而中央一层与最上、最下两层之间的两个夹层则由 Cu 和 Al 原子混合组成（Cu 约为 20%~25%），总成分相当于 $CuAl_2$。θ'' 相与基体 α 相仍保持完全共格关系。θ'' 相仍为薄片状，片的厚度约 0.8~2nm，直径约 14~15nm。随着 θ'' 相的长大，在其周围基体中产生的应力和应变也不断地增大。

2. θ' 相的形成与结构

在 Al-Cu 合金中，随着时效过程的进展，片状 θ'' 相周围的共格关系部分遭到破坏，θ'' 相转变为新的过渡相 θ' 相。θ' 相也具有正方点阵，点阵常数为 $a=b=4.04$Å，$c=5.8$Å。θ' 相的成分与 $CuAl_2$ 相当。

θ' 相的点阵虽然与基体 α 相不同，但彼此之间仍然保持部分共格关系，两点阵各以其 $\{001\}$ 面联系在一起，如图 7.3 所示[7,9]。θ' 相和 α 相之间具有下列位向关系

$$(100)_{\theta'} /\!/ (100)_{\alpha}$$
$$[001]_{\theta'} /\!/ [001]_{\alpha}$$

θ' 相与基体 α 相保持部分共格关系，而 θ'' 相与 α 相则保持完全共格关系，这是两者的主要区别之一。

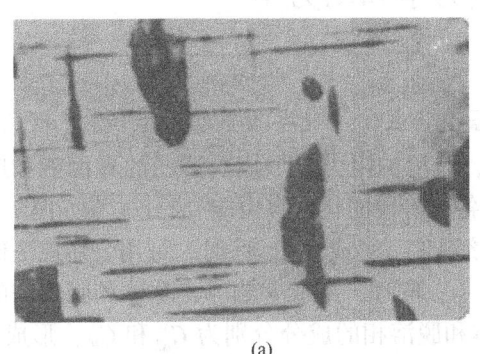 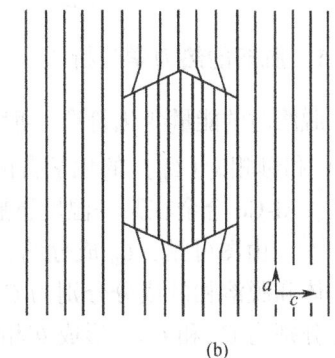

(a)　　　　　　　　　　　　　(b)

图 7.3　Al-Cu 合金的 θ' 相[7]以及 θ' 相与基体的部分共格关系示意图[9]
(a) θ' 相　(b) θ' 相与基体的部分共格关系

7.1.3　平衡相的形成及其结构

在 Al-Cu 合金中，随着 θ' 相的成长，其周围基体中的应力和应变不断增大，弹性应变能也越来越大，因而 θ' 相逐渐变得不稳定。当 θ' 相长大到一定尺寸后将与 α 相完全脱离，成为独立的平衡相，称为 θ 相。θ 相也具有正方点阵，不过其点阵常数与 θ' 相及 θ'' 相相差甚大。θ 相的点阵常数为 $a=b=6.066$Å，$c=4.874$Å，与基体无共格关系，呈块状。

其他时效硬化型合金也与 Al-Cu 合金一样，出现中间亚稳的过渡相，但不一定都有上述四个阶段。表 7.1 列出了几种时效硬化型合金的析出系列[5]。

表 7.1　几种时效硬化型合金的析出系列

基本金属	合　　金	析出系列	平衡析出相
Al	Al-Ag	G. P. 区（球）$\to \gamma'$（片）	$\to \gamma$（Ag_2Al）
	Al-Cu	G. P. 区（盘）$\to \theta''$（盘）$\to \theta'$	$\to \theta$（$CuAl_2$）
	Al-Zn-Mg	G. P. 区（球）$\to M'$（片）	$\to M$（$MgZn_2$）
	Al-Mg-Si	G. P. 区（杆）$\to \beta'$	$\to \beta$（Mg_2Si）
	Al-Mg-Cu	G. P. 区（杆或球）$\to s'$	$\to s$（Al_2CuMg）
Cu	Cu-Be	G. P. 区（盘）$\to$	$\to \gamma$（$CuBe$）
	Cu-Co	G. P. 区（球）	$\to \beta$
Fe	Fe-C	ε（η）-碳化物	$\to \theta$（Fe_3C）
	Fe-N	α''（盘）	$\to Fe_4N$
Ni	Ni-Cr-Ti-Al	γ'（立方体）	$\to \gamma$（Ni_3TiAl）

7.2　脱溶热力学和动力学

7.2.1　脱溶的热力学分析

脱溶时的能量变化符合一般的固态相变规律。脱溶的驱动力是新相（$\alpha(C_1)+\beta$）和母相 α（C_0）的化学自由能差，脱溶的阻力是形成脱溶相的界面能和应变能。Al-Cu 合金在某一温度下脱溶时各个阶段的化学自由能-成分关系如图 7.4 所示[9]。由图可见，C_0 成分的合金在该温度下形成 G. P. 区时，可用公切线法确定基体和脱溶相的成分分别为 $C_{\alpha1}$ 和 $C_{G.P.}$；同理，形成 θ'' 相时，基体和脱溶相的成分分别为 $G_{\alpha2}$ 和 $C_{\theta''}$；形成 θ' 相时基体和脱溶相的成分分别为 $C_{\alpha3}$ 和 $C_{\theta'}$；形成 θ 相时基体和脱溶相的成分分别为 $G_{\alpha4}$ 和 C_{θ}。各公切线与过 C_0 的垂线的交点 b、c、

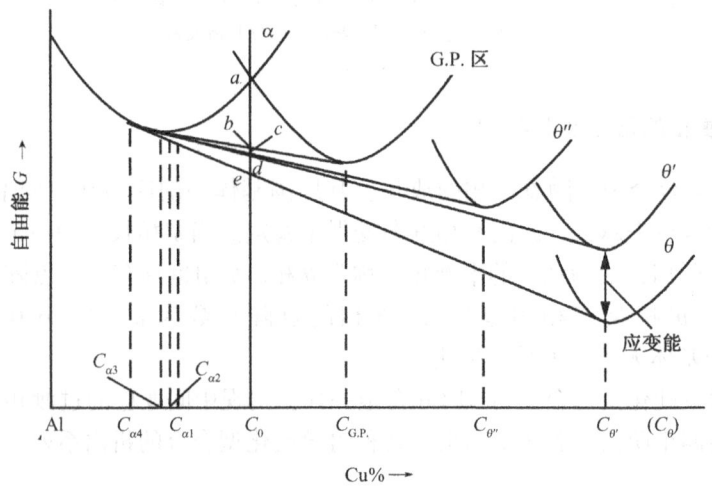

图 7.4　Al-Cu 系合金析出过程各个阶段在某一等温温度下的自由能-成分关系曲线示意图

d 和 e 分别代表 C_0 成分母相 α 中形成 G.P. 区、θ'' 相、θ' 相和 θ 相时两相的系统自由能。采用图解法可求得形成 G.P. 区、θ''、θ' 和 θ 相的相变驱动力分别为 $\Delta G_1 = a - b$、$\Delta G_2 = a - c$、$\Delta G_3 = a - d$ 和 $\Delta G_4 = a - e$。由图可见，$\Delta G_1 < \Delta G_2 < \Delta G_3 < \Delta G_4$，即形成 G.P. 区时的相变驱动力最小，而析出平衡相时的相变驱动力最大。尽管形成 θ 相时相变驱动力最大，但由于 θ 相与基体非共格，形核和长大时的界面能较大，所以不易形成。而 G.P. 区与基体完全共格，形核和长大时的界面能较小，并且 G.P. 区与基体间的浓度差较小，较易通过扩散形核并长大，所以，一般过饱和固溶体脱溶时首先形成 G.P. 区。

过饱和固溶体脱溶时，脱溶相的临界晶核尺寸和临界晶核形成功也随体积自由能差的增大而减小。过饱和固溶体脱溶时，溶质元素含量较多的合金其体积自由能差较大。因此，在时效温度相同时，随溶质元素含量增加，即固溶体过饱和度增大，脱溶相的临界晶核尺寸将减小。而在溶质元素含量相同时，随时效温度降低，固溶体过饱和度增大，临界晶核尺寸亦减小。

7.2.2　脱溶动力学及其影响因素

1. 等温脱溶曲线

如前所述，过饱和固溶体的脱溶驱动力是化学自由能差，脱溶过程是通过原子扩散进行的。因此与珠光体及贝氏体转变一样，过饱和固溶体的等温脱溶动力学曲线也呈 "C" 字形，如图 7.5 所示[9]。图中，G.P.、β' 和 β 分别表示 G.P. 区、过渡相和平衡相；$T_{G.P.}$、$T_{\beta'}$ 和 T_{β} 分别表示 G.P. 区、过渡相 β' 和平衡相 β 完全固溶的最低温度；$\tau_{G.P.}$、$\tau_{\beta'}$ 和 τ_{β} 分别表示在 T_1 温度下开始形成 G.P. 区、过渡相 β' 和平衡相 β 所需的时间。

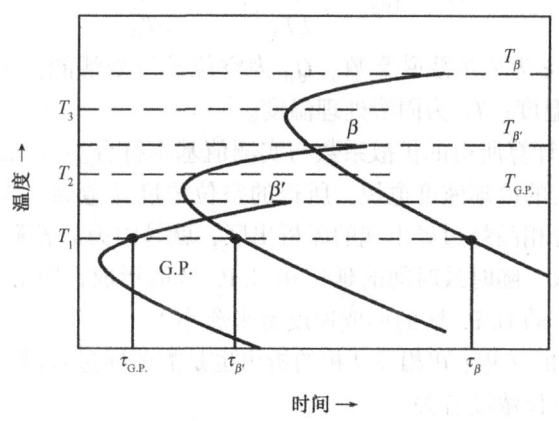

图 7.5　等温脱溶 C 曲线示意图

从等温脱溶 C 曲线可以看出,无论是 G. P. 区、过渡相和平衡相,都要经过一定的孕育期后才能形成。随等温温度升高,原子扩散迁移率增大,脱溶速度加快;但温度升高时固溶体的过饱和度减小,临界晶核尺寸增大,因而又有使脱溶速度减慢的趋势,所以脱溶动力学曲线呈 C 字形。在接近 $T_{G.P.}$ 或 $T_{\beta'}$、T_{β} 温度下需要经过很长时间才能分别形成 G. P. 区或 β' 相、β 相。

在较低温度(如 T_1)下时效时,时效初期形成 G. P. 区,经过一段时间后形成过渡相 β',最终形成平衡相 β。当时效温度高于 $T_{G.P.}$(如 T_2)时,仅形成过渡相 β' 和平衡相 β;而当时效温度高于 $T_{\beta'}$(如 T_3)时,则仅形成平衡相 β。由此可归纳出脱溶过程的一个普遍规律:时效温度越高,固溶体的过饱和度就越小,脱溶过程的阶段也就越少;而在同一时效温度下合金的溶质原子浓度越低,其固溶体过饱和度就越小,则脱溶过程的阶段也就越少。

2. 影响脱溶动力学的因素

凡是影响形核率和长大速度的因素,都会影响过饱和固溶体脱溶过程动力学。

(1) 晶体缺陷的影响

试验发现,实际测得的 Al-Cu 合金中 G. P. 区的形成速度比按 Cu 在 Al 中的扩散系数计算出的形成速度高 10^7 倍之多。这是因为固溶处理后淬火冷却所冻结下来的过剩空位加快了 Cu 原子的扩散。即 G. P. 区形成时,Cu 原子是按空位机制扩散的,故其扩散系数与空位扩散激活能以及空位浓度有关,而空位浓度又与形成空位所需的激活能以及固溶处理温度和固溶处理后的冷却速度有关。当固溶处理后的冷却速度足够快,在冷却过程中空位未发生衰减时,扩散系数 D 可由下式求出

$$D = A\exp\left(-\frac{Q_D}{kT_A}\right)\exp\left(-\frac{Q_F}{kT_H}\right) \tag{7.1}$$

式中,A 为常数;k 为玻尔兹曼常数;Q_D 为空位扩散激活能;Q_F 为空位形成激活能;T_A 为时效温度;T_H 为固溶处理温度。

按式(7.1)计算所得的扩散系数与实测值基本符合。可见,固溶处理加热温度愈高,加热后的冷却速度愈快,所得的空位浓度就愈高,G. P. 区的形成速度也就愈快。在母相晶粒边界出现的无析出区,就是因为晶界附近空位极易扩散至晶界而消失所致。随时效时间的延长和 G. P. 区的形成,固溶体中的空位浓度不断降低,故使新的 G. P. 区的形成速度愈来愈小。

Al-Cu 合金中的 θ'' 相、θ' 相及 θ 相的析出也是需要通过 Cu 原子的扩散,因此也与固溶体中的空位浓度有关。

位错、层错以及晶界等晶体缺陷具有与空位相似的作用,往往成为过渡相和平衡相的非均匀形核的优先部位。其原因:一是可以部分抵消过渡相和平衡相形

核时所引起的点阵畸变；二是溶质原子在位错处发生偏聚，形成溶质高浓度区，易于满足过渡相和平衡相形核时对溶质原子浓度的要求。

塑性形变可以增加晶内缺陷，故固溶处理后的塑性形变可以促进脱溶过程。

(2) 合金成分的影响

在相同的时效温度下，合金的熔点越低，脱溶速度就越快。这是因为熔点越低，原子间结合力就越弱，原子活动性就越强。所以低熔点合金的时效温度较低，如 Al 合金在 200℃以下，而高熔点合金的时效温度较高，如马氏体时效钢在 500℃左右。

一般来说，随溶质浓度（固溶体过饱和度）增加，脱溶过程加快。溶质原子与溶剂原子性能差别越大，脱溶速度就越快。有些元素对时效各个阶段的影响是不同的，如 Cd、Sn 极易与空位结合，故使空位浓度下降，使 G.P. 区形成速度显著降低。但 Cd、Sn 又是内表面活性物质，极易偏聚在相界面而使界面上形成的 θ' 相的界面能显著降低，故能促进 θ' 相沿晶界析出。

(3) 时效温度的影响

时效温度是影响过饱和固溶体脱溶速度的重要因素。时效温度越高，原子活动性就越强，脱溶速度也就越快。但是随着时效温度升高，化学自由能差减小，同时固溶体的过饱和度也减小，这些又使脱溶速度降低，甚至不再脱溶。因此，可以提高温度来加快时效过程，缩短时效时间。例如，将 Al-4% Cu-0.5% Mg 合金的时效温度从 200℃提高到 220℃，时效时间可以从 4h 缩短为 1h。但时效温度又不能任意提高，否则强化效果将会减弱。

7.3 脱溶后的显微组织

7.3.1 连续脱溶及其显微组织

在合金的脱溶过程中，脱溶物附近基体中的浓度变化为连续的即称为连续脱溶。连续脱溶又可分为均匀脱溶和非均匀脱溶两种。均匀脱溶的析出物较均匀地分布在基体中，而非均匀脱溶的析出物的晶核优先在晶界、亚晶界、滑移面、孪晶界面、位错线以及其他晶体缺陷处形成。实际合金几乎都属于非均匀脱溶，而均匀脱溶是很少见的。常见的非均匀脱溶有滑移面析出和晶界析出。这里的滑移面是切应力所造成的，而切应力一般是在固溶淬火时形成的，在固溶淬火后时效处理前施以冷变形也可以形成切应力。

某些时效型合金（如铝基、钛基、铁基、镍基等）在晶界析出的同时，还会在晶界附近形成一个无析出区，如图 7.6 所示[5]。有些无析出的区宽度很小，只在电镜下才能观察到。无析出区的存在将降低合金的屈服强度，易于在该区发生塑性变形，导致晶间破坏。另外，相对于晶粒内部而言，无析出区是阳极，易于发生电化学腐蚀，从而使应力腐蚀加速。

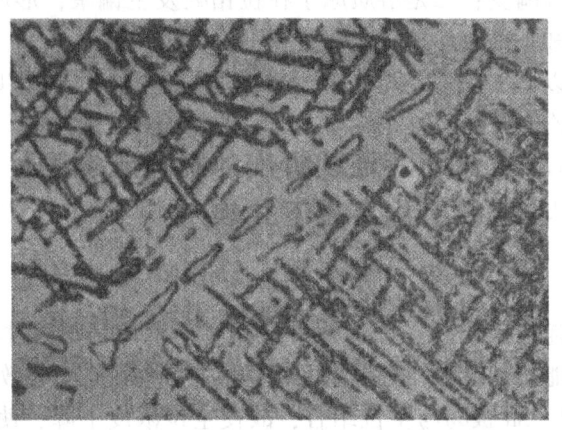

图 7.6　Al-20%Ag 合金的晶界析出及无析出区

电镜观察发现，在固溶处理状态下无析出区中无位错环存在，而其他区域都有大量的位错环。因此认为，无析出区的形成很可能是由于该区位错密度低而不易形核所致。避免出现无析出区的办法是采用一定量的预变形，使该区产生位错。如 Al-7%Mg 合金时效前，经 15% 拉伸变形便可消除晶界附近的无析出区。

当析出过渡相以至平衡相时，析出物与基体相之间的共格关系逐渐被破坏，由完全共格变为部分共格，甚至为非共格关系。虽然如此，在连续脱溶的显微组织中，析出物与基体相之间往往仍然保持着一定的晶体学位向关系，其截面一般呈针状。此外，连续脱溶产物还有呈球状（等轴状）、立方体状等。

7.3.2　非连续脱溶及其显微组织

非连续脱溶也称为胞状脱溶，脱溶时两相耦合成长，与共析转变很相似。因其脱溶物中的 α 相和母相 α 之间的溶质浓度不连续而称为非连续脱溶。若 α_0 为原始 α 相，β 为平衡脱溶相，α_1 为胞状脱溶区的 α 相，则非连续脱溶可表示为：$\alpha_0 \rightarrow \alpha_1 + \beta$。

非连续脱溶的显微组织特征是在晶界上形成界限明显的领域，称为胞状物、瘤状物，如图 7.7 所示[5]。胞状物一般由两相所组成：一相为平衡脱溶物，大多呈片状；另一相为基体，系贫化的固溶体，有一定的过饱和度。由图可见，非连续脱溶的胞状物与片状珠光体很相似。这种胞状物可在晶界一侧生长，也可在晶界两侧同时生长。

非连续脱溶形成胞状物时一般伴随着基体的再结晶。如前所述，G.P. 区和过渡相析出时均与基体保持共格关系。所以，随着析出的进行，所产生的应力和应变逐渐增大，当达到一定程度时，基体就会发生回复以至再结晶，这种再结晶称为应力诱发再结晶。由于析出及其伴生的应力和应变以及应力诱发再结晶通常

图7.7 Co-Ni-Ti 合金晶界上的胞状析出

优先发生于晶界上，因此这种析出又称为晶界再结晶反应型析出，简称为晶界反应型析出。

这种再结晶从晶界开始后逐渐向周围扩展，直至整个基体。在发生再结晶的区域，其应力、应变和应变能显著降低。胞状物中的析出物为平衡相，它与基体间的共格关系完全被破坏，也不再存在晶体学位向关系（形成再结晶织构者除外）。基体中的溶质原子浓度降至平衡值。这种再结晶与一般的再结晶一样，亦为扩散型的形核和长大过程。

非连续脱溶的机制如图7.8所示[9]。在过饱和固溶体 α 相中，溶质原子首先在晶界处发生偏聚，接着以质点形式脱溶析出 β 相，并将部分晶界固定住。随脱溶过程的进行，β 相将呈片状长入与其无位向关系的母相 α 晶粒中。在片状 β 相的两侧将出现溶质原子贫化区（α_1 相），而在 α_1 相外侧，沿母相晶界又可形成新的 β 相晶核。此时，在 β 相和 α_1 相以外的母相仍保持原有浓度 α_0。随脱溶过程继续进行，β 相不断向前长成薄片状，并与相邻的 α_1 相组成类似珠光体的、内部为层片状而外形呈胞状的组织（图7.7）。胞状组织与珠光体组织的区别在于：由共析转变形成的珠光体中的两相（$\gamma \rightarrow \alpha + Fe_3C$）与母相在结构和成分上完全不同，而由非连续脱溶所形成的胞状物的两相（$\alpha_0 \rightarrow \alpha_1 + \beta$）中必有一相的结构与母相相同，只是其溶质原子浓度不同于母相而已。

过饱和固溶体的非连续脱溶与连续脱溶相比，除界面浓度变化不同外，还有以下三点区别：①前者伴生再结晶，而后者不伴生再结晶。在连续脱溶过程中，虽然应力和应变也是不断增加的，但一般未达到诱发再结晶的程度；②前者析出物集中于晶界上，至少在析出过程初期如此，并形成胞状物；而后者析出物则分散于晶粒内部，较为均匀；③前者属于短程扩散，而后者属于长程扩散。

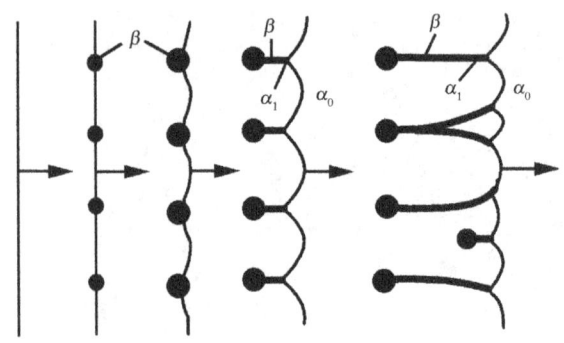

图 7.8　非连续脱溶的机理示意图

7.3.3　脱溶过程中的显微组织变化

在过饱和固溶体的时效过程中，可以形成各种各样不同的显微组织。过饱和固溶体脱溶产物的显微组织的变化顺序可能有三种情况，如图 7.9 所示[5,9]。

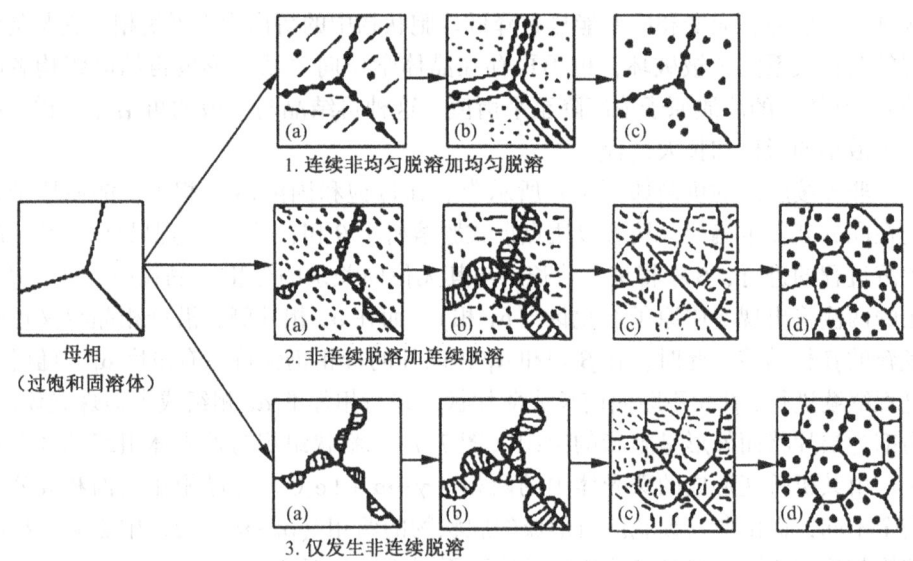

图 7.9　脱溶析出产物显微组织变化的顺序示意图

1. 连续非均匀脱溶加均匀脱溶

在图 7.9 中，1(a) 表示首先发生连续非均匀脱溶（一般为滑移面析出和晶界析出），接着发生连续均匀脱溶。此时，连续均匀脱溶物的尺寸尚小，还不能用光镜分辨出来。1（b）表示随时间延长，连续均匀脱溶物已经长大，能以光镜分辨。晶界和滑移面上的连续非均匀脱溶物也已经长大，在晶界两侧形成了无析出区，这说明已经发生了过时效。1（c）表示，随时效过程进一步发展，析出物已经发生粗化和球化，连续非均匀脱溶和均匀脱溶的析出物已经难以区别。基体中的溶质浓度已经贫化，但基体未发生再结晶。

2. 非连续脱溶加连续脱溶

图7.9中2（a）表示首先发生非连续脱溶，接着发生连续脱溶。从2（a）到2（c）表示非连续脱溶的胞状组织（包括伴生的再结晶）从晶界扩展至整个基体。2（d）表示析出物发生了粗化和球化。基体中溶质已发生贫化，并已经发生了再结晶而使基体晶粒细化。

3. 仅发生非连续脱溶

从图7.9中3（a）到3（c）表示非连续脱溶的胞状组织（包括伴生的再结晶）从晶界扩展至整个基体。3（d）表示析出物粗化和球化。

一般来说，脱溶产物显微组织变化的顺序并不是一成不变的，而是与下列因素有关：合金的成分和加工状态；固溶处理的加热温度和冷却速度；时效温度和时效时间；固溶处理后和时效处理前是否施以冷加工变形，等等。

7.4 脱溶时效时的性能变化

固溶处理所得的过饱和固溶体在时效过程中，其力学性能、物理性能以及化学性能均随组织和结构的变化而变化。对于结构材料而言，最重要的是硬度和强度，因此，这里着重讨论硬度和强度在时效过程中的变化。

7.4.1 冷时效和温时效

由于固溶强化效应，固溶处理所得的过饱和固溶体的硬度和强度均较纯溶剂为高。在时效初期，随时效时间的延长，硬度将进一步升高，习惯上称其为时效硬化。

按时效硬化曲线的形状不同，可分为冷时效和温时效，如图7.10所示。冷时效是指在较低温度下进行的时效，其硬度变化曲线的特点是硬度一开始就迅速上升，达一定值后硬度缓慢上升或者基本上保持不变。冷时效的温度越高，硬度上升就越快，所能达到的硬度也就越高。在 Al 基和 Cu 基合金中，冷时效过程中主要形成 G.P. 区。温时效是指在较高温度下发生的时效，硬度变化规律是：开始有一个停滞阶段，硬度上升极其缓慢，称为孕育期，一般认为这是脱溶相形核准备阶段，接着硬度迅速上升，达到一极大值后又随时间延长而下降。温时效过程中将析出过渡相和平衡相。温时效的温度越高,硬度上升就越快,达最大值的时间就越短,但所能达到的最大硬度反而就越低。冷时效与温时效的温度界限视合金而异,Al 合金一般约在 100℃ 左右。

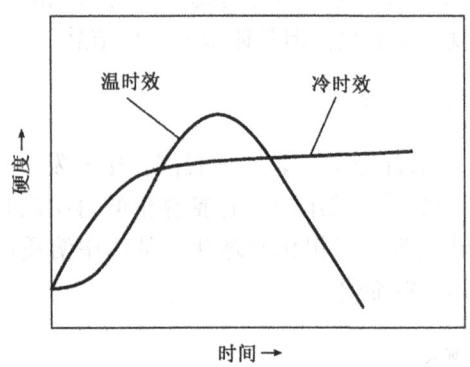

图 7.10　冷时效和温时效过程硬度变化示意图

冷时效与温时效往往是交织在一起的。图 7.11 示出了不同成分的 Al-Cu 合金在 130℃ 时效时硬度与脱溶相的变化规律[5]。由图可见,Al-Cu 合金的时效硬化主要依靠形成 G.P. 区和 θ'' 相,尤其以形成 θ'' 相的强化效果最大,当出现 θ' 相以后合金的硬度下降。

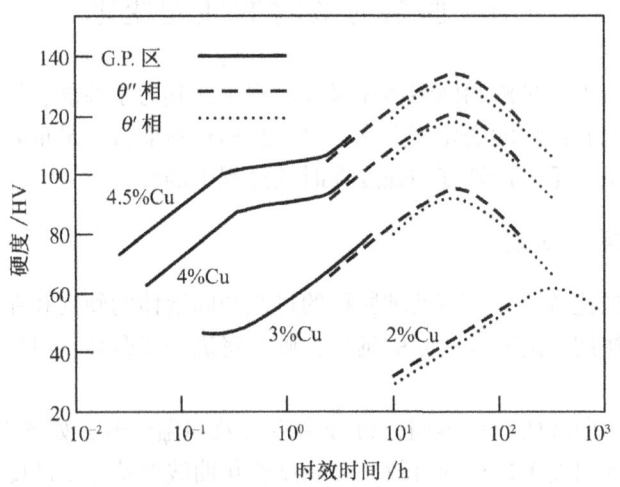

图 7.11　Al-Cu 合金在 130℃ 时效时的硬度和析出相的关系

时效时的硬度变化是由以下因素引起的:①固溶体的贫化;②基体的回复与再结晶;③新相的析出。前两个因素均使硬度随时效时间延长而单调下降,而第三个因素则使硬度升高,但当析出相与母相的共格关系被破坏以及析出相粗化后，硬度又将下降。在时效前期，弥散析出相所引起的硬化超过了另外两个因素所引起的软化，因此硬度将不断升高并可达到某一极大值。在时效后期，由于析出相所引起的硬化小于另外两个因素所引起的软化，故导致硬度下降，此即为温时效。若时效时仅形成 G. P. 区，硬度将单调上升并趋于一恒定值，此即为冷时效。

在其他一些时效型合金中，甚至会出现多个硬度峰，其原因可能是在不同时间内形成几种不同的 G. P. 区、过渡相以至平衡相所致。

7.4.2 时效硬化机制

时效硬化是由于母相中的位错与析出相之间的交互作用引起的。可以按位错通过析出相的方式不同将时效硬化机制分为以下三类。

1. 内应变强化

一般认为，由于析出相的点阵结构及点阵参数均与母相不同，在析出相周围将产生不均匀畸变区，即形成不均匀应力场。处于不同应力场的位错具有不同的能量。为了降低系统能量，位错均力图处于低能位置，即处于能谷位置。

在固溶处理状态下，溶质以原子状态存在于溶剂之中，在每一个溶质原子周围均形成一定的应力场。由于溶质原子数量多，相邻溶质原子间距很小，例如，溶质浓度为1%（原子比）时，每隔 4~5 个溶剂原子就有一个溶质原子。由于位错曲率半径愈小，则使位错弯曲所需的力就愈大，所以要使位错绕过每一个溶质原子而使位错的每一段都处于能谷位置是不可能的。可能的情况是，位错基本上仍保持平直，其中部分位错段处于能谷位置，而部分位错段则处于能峰位置，部分位错段处于能峰这一侧，而部分位错段则处于能峰另一侧。当该位错线在外力作用下移动时，对于部分位错段来说，将从低能位置移向高能位置，故受到一阻力作用。而对于另一部分位错段来说，则是从高能位置移向低能位置，故受到一推力作用。阻力和推力大致相当，故固溶状态下的溶质原子所形成的应力场不能阻止位错运动，此时的固溶体处于较软的状态。

形成析出相时，新相颗粒间距远远大于固溶状态下的溶质原子间距。当析出相间距增大到位错线能够绕过每一个析出相颗粒而成为弯曲位错时，整根位错有可能全部处于能谷位置。此时位错在外力作用下移动时，位错线的任何部分都将从能谷位置移向能峰位置，因此整根位错线将受到阻力作用而使硬度和强度得到提高。由此而引起的强化称为内应变强化，内应变强化随析出相的增多而增强。

2. 切过析出相颗粒强化

若析出相颗粒位于位错线的滑移面上，且析出相不太硬时，位错线可以切过析出相颗粒而强行通过，如图 7.12 所示。位错线切过析出相颗粒时，不仅需要克服析出相颗粒所造成的应力场,还由于析出相颗粒被切成两部分而增加了表面能以及改变了析出相内部原子之间的邻近关系,因而使能量升高,引起强化[5]。

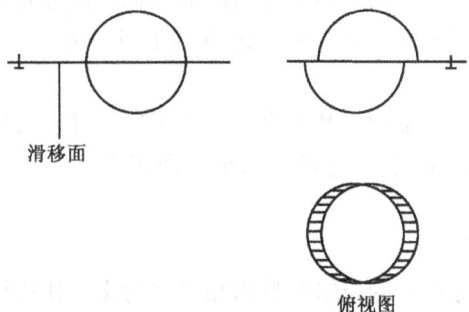

图 7.12　位错线切过析出相示意图

3. 绕过析出相强化

Orowan 指出[38],随着析出相的聚集长大,析出相颗粒的间距不断增大。当析出相颗粒间距足够大,且析出相颗粒又很硬,位错不能切过时,在外力作用下位错线将在两个析出相颗粒之间凸出,如图 7.13（a）所示。当凸出部分的曲率半径小于 1/2 间距时,无需进一步增加外力,位错线即可继续向前扩展。如图 7.13（b）所示,方向相反的位错段 A、B 相遇时将相消而重新连接成一根位错线并在析出相颗粒周围留下位错圈,如图 7.13（c）所示。绕过析出相颗粒的位错线在外力作用下将继续前进,如图 7.13（d）所示。位错线按此方式向前移动时所需的切应力 τ 为

$$\tau = \frac{2Gb}{L} \tag{7.2}$$

式中,G 为切变模量;b 为柏氏矢量;L 为相邻析出相颗粒间距。可见,位错移动所需的切应力 τ 与析出相颗粒间距 L 成反比,L 愈小,则 τ 愈大。当时效进行

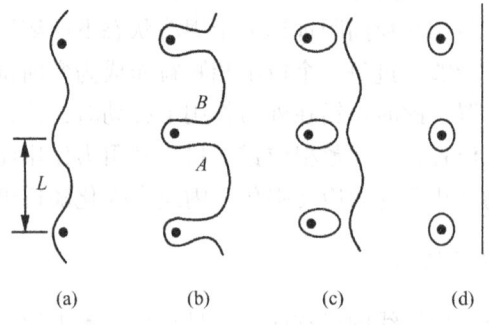

图 7.13　位错线绕过析出相示意图

到一定程度后，随着析出相颗粒的聚集长大，颗粒间距 L 增大，切应力 τ 随之减小，即硬度和强度下降，这就是所谓过时效的本质[5,7]。

位错绕过析出相颗粒时所留下的位错圈将使下一根位错线通过该处时变得困难，从而引起形变强化。

按照上述硬化机制可以对图 7.11 所示的时效硬化曲线解释如下：时效初期形成的 G. P. 区与母相保持共格关系，具有内应变强化效应，再加上切过强化效应而使硬度显著升高。随着时效时间的延长，G. P. 区数量增多，硬度也不断升高。当 G. P. 区数量达到某一平衡值时硬度不再增加，出现一个平台。随后析出的 θ'' 相也与母相保持共格关系，在其周围也形成强内应力场，另外位错线也可以切过 θ'' 相，故 θ'' 相的析出使硬度和强度进一步升高，并随 θ'' 相数量及尺寸的增加而增加。当 θ'' 相粗化到位错线能够绕过时，随着颗粒尺寸和颗粒间距的增大，硬度开始下降，出现了过时效现象。析出 θ' 相时，由于 θ' 相是不均匀形核，与母相保持半共格关系，且形成后很快粗化到位错线可以绕过的尺寸，半共格关系也很快被破坏，因此 θ' 相出现不久硬度即开始下降。θ 相的析出只能导致硬度下降。

7.4.3 回归现象

时效型合金在时效强化后，于平衡相或过渡相的固溶度曲线以下某一温度加热，时效硬化现象会立即消除，硬度基本上恢复到固溶处理状态，这种现象称为回归。合金回归后，再次进行时效时，仍可重新产生硬化，但时效速度减慢，其余变化不大。

回归现象首先是在硬铝中发现的。硬铝发生回归现象的加热温度约为 250℃，保温时间仅为 20~60s。回归现象的实质是：通过时效形成的 G. P. 区在加热到稍高于 G. P. 区固溶度曲线的温度时，G. P. 区发生溶解，而过渡相和平衡相则由于保温时间过短而来不及形成，再次快冷至室温后仍获得过饱和固溶体。

回归过程十分迅速，其原因是淬火铝合金中存在大量空位。G. P. 区的形成受空位扩散所控制，大量的空位集中于脱溶区及其附近，故溶质原子的扩散加速，因而回归过程迅速。回归后重新时效时，时效速度大大下降，这是因为回归处理温度比淬火温度低得多，快冷至室温后保留的过剩空位少得多，因而扩散减慢，时效速度显著下降。

当需要工件恢复塑性以便于冷加工，或为了避免淬火变形和开裂而不宜重新进行固溶处理时，可以利用回归现象。

7.5 铁基合金的脱溶与时效

上述的脱溶时效大多是以非铁合金（主要是 Al-Cu 系合金）为例说明的。其实，在铁基合金以及钢铁材料中，脱溶和时效也是经常可以遇到的。例如，从奥氏体中析出二次碳化物，从铁素体中析出三次碳化物，从工业纯铁或低碳钢中析出碳化物或氮化物，等等。钢在回火时所发生的马氏体分解或二次硬化也是脱溶过程。

下面以马氏体时效钢为例阐述时效硬化型钢的脱溶，并简述铁基合金的淬火时效以及应变时效。

7.5.1 马氏体时效钢的脱溶

马氏体时效钢是 20 世纪 50 年代开发的超高强度钢之一，其典型成分如表 7.2 所示。钢中碳含量极低，规定不得超过 0.03%，所以习惯上虽称其为钢，实际上是铁基合金。加入大量的 Ni 是为了获得马氏体并保证良好的韧性。

表 7.2 马氏体时效钢的化学成分与强度水平

合 金	化学成分 (wt%)						拉伸强度 /MPa
	Ni	Co	Mo	Ti	Al	Fe	
18Ni	18	8	3.2	0.2	0.2	余量	1400
18Ni	18	8	5.0	0.4	0.4	余量	1750
18Ni	18	12	4.5	1.4	0.1	余量	2450
13Ni	13	15	10	0.2	0.1	余量	2800
8Ni	8	18	14	0.2	0.1	余量	3500

马氏体时效钢的淬透性很好，经奥氏体化后空冷和炉冷至 M_s 点以下即可获得板条马氏体。因其碳含量极低，故强度和硬度均较低，硬度约为 HRc30，所以这类钢可以在淬成马氏体后加工成形，然后再经过时效处理强化。这种钢时效前的屈服极限约为 1000~1400MPa，时效处理后可使屈服极限提高到 1400~3500MPa。可见，这种钢的高强度主要是依靠时效析出的强化相引起的沉淀强化，马氏体时效钢即因此而得名。

马氏体时效钢中的强化相为金属间化合物。强化元素有 Be、Ti、Al、Mo、Nb 等稳定铁素体的合金元素。

马氏体时效钢的脱溶机理虽已进行了很多研究工作，但至今尚未完全清楚。马氏体时效钢中最典型的是 18Ni 型钢，其时效温度一般在 450~500℃ 左右。一般认为，脱溶时合金元素首先在马氏体中的位错处发生偏聚，形成"柯氏气团"。这种"气团"非常稳定,即使加热到500℃左右亦保持不变。脱溶相以"气团"作为非均匀核心,所以弥散度极大,颗粒极细(尺寸约为10nm),并且分布十分均匀。析出物主要为 Ni_3M(M 代表所加入的 Mo、Ti 等合金元素)型金属间化合物。脱溶初期金属间化合物与马氏体基体之间保持共格关系。时效强度达到最大值时,析出物为部分共格的过渡相 Ni_2Mo、Ni_3Ti 或 $Ni_2(Mo、Ti)$。Ni_3Ti 具有密排六方点阵,与马氏体基体的晶体学位向关系为:$(0001)_{Ni_3Ti}//(011)_M$。加 Co 是为了降低 Mo 在 α 相中的固溶度,使含 Mo 强化相的数量增加。

当时效温度超过500℃时,马氏体开始逆转变形成奥氏体,由马氏体基体中析出的金属间化合物将重新溶入奥氏体中。

当在500℃以上长期保温后,钢的结构和组织还会发生下列变化:位错密度减小、析出物粗化、析出物间距变大,同时部分共格的过渡相逐渐转变为非共格的平衡相。平衡相一般认为是 Fe_2Mo(Laves 相)。

也有人认为,18Ni 马氏体时效钢的时效硬化曲线具有两个硬化峰,第一个硬化峰由析出 Ni_3Mo 相引起,第二个硬化峰为析出 Fe_2Mo 相的结果。还有人认为,两种金属间化合物是同时析出的。这些问题还有待进一步研究确定。

图 7.14 示出了 18Ni 马氏体时效钢的标准热处理制度。由于钢中含有大量的合金元素镍,原子扩散异常困难,所以热滞现象非常严重。当完全奥氏体化后,必须冷却至200℃以下奥氏体(γ 相)方能完全转变为马氏体(α' 相)。重新加热时,必须超过 A_s 点(500℃左右)才会发生逆转变。因此,一般在480℃进行时效处理。

马氏体时效钢的时效强化特性与非铁合金相似。时效强化原因有二:①由于溶质原子向位错偏聚;②由于不断从马氏体基体中析出大量弥散分布的超显微的

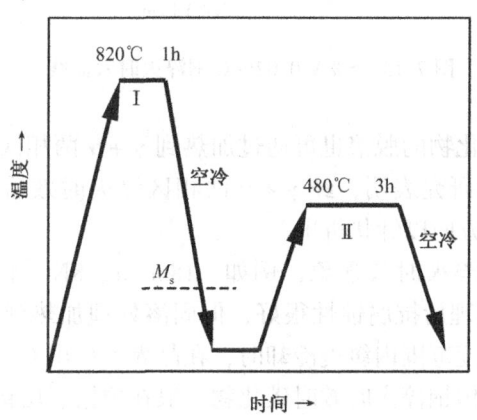

图 7.14 18Ni 马氏体时效钢的热处理规范
Ⅰ:固溶处理;Ⅱ:时效处理

金属间化合物质点,后者占主导地位。过时效引起强度降低的原因是析出物质点粗化,马氏体逆转变为奥氏体,金属间化合物质点重新溶入奥氏体中。

在强度相等的条件下,马氏体时效钢与淬成马氏体的碳钢相比其塑性和韧性要高得多,因而破断抗力高,这是该类钢的主要优点。因为以碳含量极低且韧性极好的马氏体为基体,同时利用了金属间化合物质点的沉淀强化,其强化效果好,韧性损失小,因而达到了优异的强韧性。

7.5.2 铁基合金的淬火时效

含有 Mo、W、V、Cu、Be 等元素的铁基合金淬火后进行时效时产生时效硬化现象,这是因为淬火后这些元素在铁素体中的溶解度随温度而变化的缘故。图 7.15 为 5%V-0.02%C 钢的淬火时效曲线。这种钢从 1200℃ 淬火后,在 600℃ 时效时硬度逐渐增加,约 1 小时时效后硬度达到最大值。经组织观察表面,时效后薄板状 V_4C_3 在 $\{100\}_{\alpha-Fe}$ 面上平行析出,其脱溶部位为位错或亚晶界。

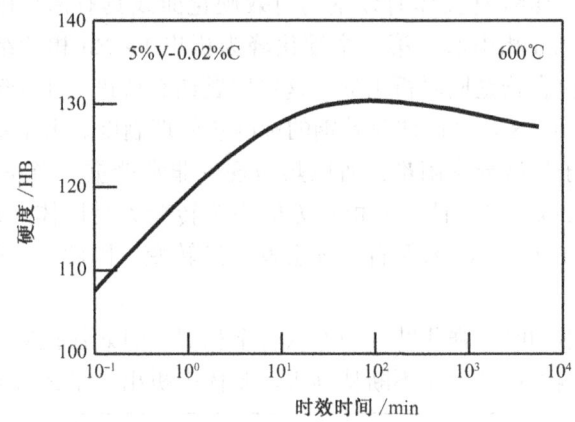

图 7.15　5%V-0.02%C 钢淬火时效曲线

铁素体中合金碳化物的脱溶也可通过加热到 $\gamma+\alpha$ 两相区的淬火时效方法进行。对 7.3%Mo 钢的研究表明,经 $\gamma+\alpha$ 两相区淬火时效后,在铁素体领域中 MoC 平行于 $\langle 100 \rangle_\alpha$ 方向以针状析出。

奥氏体钢中也有淬火时效现象,例如,18%Cr、8Ni 钢(18-8 型不锈钢),在 1000℃ 以上固溶处理后抗腐蚀性很好,但固溶处理加热到 400~900℃ 温度范围内保温或在这个温度范围内缓慢冷却时,在晶界上析出 $Cr_{23}C_6$,结果容易产生晶界腐蚀现象。奥氏体钢淬火时效时碳化物一般在位错、层错、晶界以及基体中析出。析出部位与溶质原子的种类、过饱和度、晶界缺陷密度、空位浓度以及时效温度等因素有关。

7.5.3 应变时效

图 7.16 为 Fe-0.03%C-0.01%N 的纯铁从 730℃ 淬火后进行 4% 形变，然后立即在 30~100℃ 温度范围时效时的硬度变化曲线。由图可见，纯铁形变后在较低温度下时效时，产生明显的硬化现象。纯铁或低碳钢经形变后时效时产生的硬化现象称为应变时效。

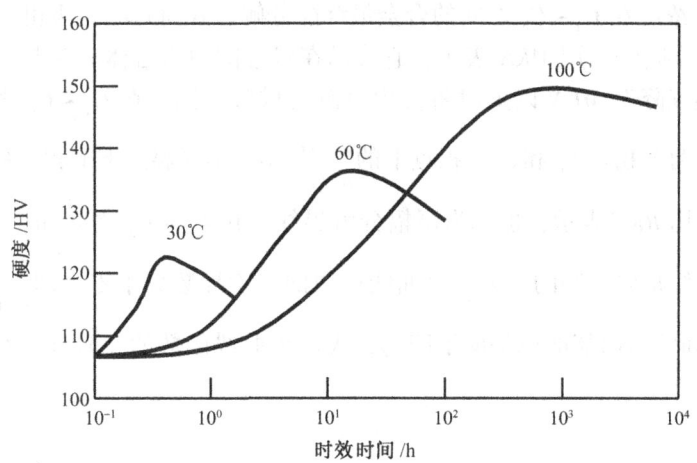

图 7.16　纯铁 (0.03%C-0.01%N) 730℃ 淬火、4% 形变后 30~100℃ 时效硬化曲线

钢的应变时效是由于形变后固溶于 α-Fe 中的 C、N 间隙原子偏聚在位错线附近，形成"柯氏气团"，起钉扎位错的作用，因此使钢的屈服极限升高。C、N 原子一般在 α-Fe 的 {100} 面上偏聚，随着时效时间的延长，形成 C、N 原子集团或析出 ε-碳化物。但这种析出物在热力学上是不稳定的。比如，应变时效后的纯铁在 200℃ 短时保温，其硬度值下降到淬火后刚形变状态的水平（如图 7.16 中箭头所示）。这是因为在 200℃ 保温时，C、N 原子"柯氏气团"或析出物重新溶解而消失的缘故。

7.6　合金的调幅分解

调幅分解是固溶体分解的一种特殊形式。它按扩散偏聚机构转变，由一种固溶体分解为结构相同而成分不同的两种固溶体，成分波动自动调整，分解产物只有溶质的富区与贫区，二者之间没有清晰的相界面。因而具有很好的强韧性和某些理想的物理性能（如磁性等）。

7.6.1 调幅分解的热力学条件

调幅分解与形核长大型的脱溶分解不同，它不需要激活能，一旦开始分解，系统自由能便连续下降，所以分解过程是自发进行的。

可以发生调幅分解的合金状态图如图 7.17(a) 所示，图 7.17(b) 示出了 T_1 温度下的成分-自由能变化曲线。由图可见，如果把单相固溶体 α 从高温急冷至 T_1 温度时，浓度在 $C_a \sim C_b$ 之间的合金最终能分解为 $α_1$ 和 $α_2$ 的两相。$C_a \sim C_b$ 之间称为溶解度间隔，用 MKN 表示。它表示在状态图中当溶体（包括液溶体和固溶体）的温度降至 MKN 以上时将发生分解的成分范围。在 $C_a \sim C_b$ 之间的自由能曲线上有两个拐点 S_1 和 S_2，拐点上的 $\frac{\partial^2 G}{\partial C^2} = 0$。不同温度下的拐点的连线称为拐点曲线，用 RKV 表示，也称为调幅分解界线。在 $C_a \sim C_{S_1}$ 之间和 $C_{S_2} \sim C_b$ 之间的自由能曲线是向上凹的，表示该曲线函数的二阶导数大于零，即 $\frac{\partial^2 G}{\partial C^2} > 0$，而 $C_{S_1} \sim C_{S_2}$ 之间的自由能曲线是向下凹的，表示该曲线函数的二阶导数小于零，即 $\frac{\partial^2 G}{\partial C^2} < 0$。

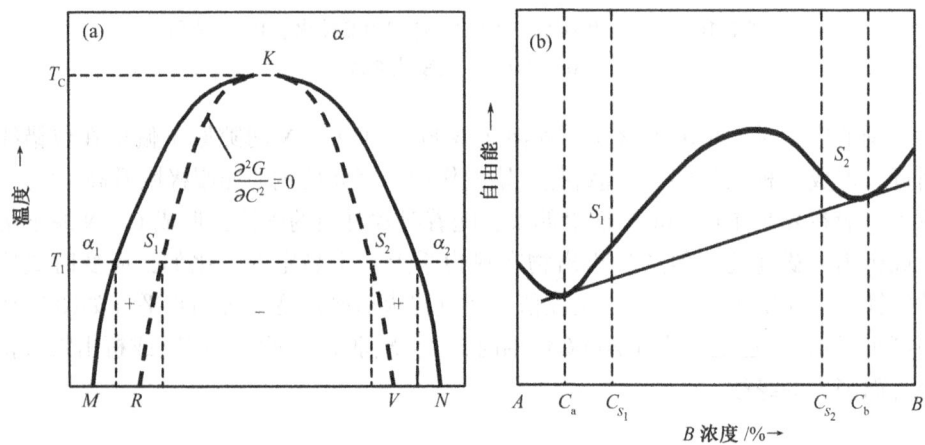

图 7.17 具有溶解度间隔 MKN 和拐点曲线 RKV 的平衡状态图（a）和 T_1 温度下的成分自由能关系曲线（b）

如图 7.18(a) 所示，在 $\frac{\partial^2 G}{\partial C^2} > 0$ 的范围内具有 C_0 成分的合金，从均匀固溶体 α 急冷至 T_1 温度时，虽然平衡的两相混合物的自由能小于固溶体 α 的自由能，即 $G_2 < G_1$，但分解初期，由于成分波动（如 $C_p C_q$），使系统自由能提高到 C_3，而 $G_3 > G_1$，所以这种成分波动是不稳定的。只有当成分波动超过 C_B 浓度（B 点

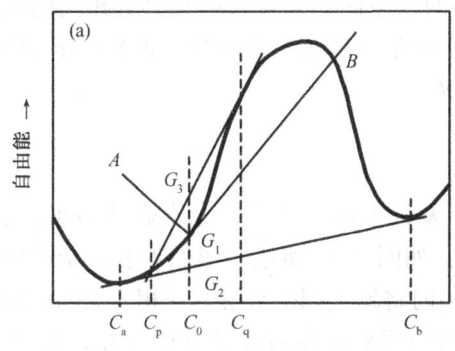 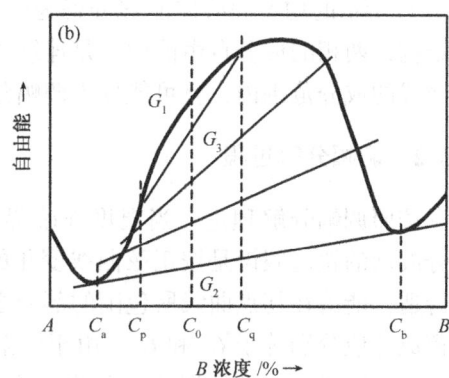

图7.18 温度为 T_1 时的成分-自由能关系曲线
(a) 亚稳固溶体 (b) 不稳固溶体

为过 A 点的切线与成分自由能曲线的交点）以上时，系统的自由能才可能下降。成分波动较小时会使系统自由能增高这一现象可以说明，固溶度间隔与拐点曲线之间的固溶体发生分解时，需要克服热力学势垒，在固溶体中，只有能量高于系统平均自由能的局部区域才有条件越过这一势垒。并且，这种局部区域不仅要达到一定的临界尺寸，而且还要达到一定的临界成分波动值，才能成为可以继续长大的晶核。在一般情况下，这种分解过程常常要在位错及晶界上进行非均匀形核。它仍为通常的形核长大型脱溶转变。

而在拐点 $C_{S_1} \sim C_{S_2}$ 之间的 C_0 成分合金（如图7.18(b) 所示），当温度降至 T_1 时，C_0 成分的 α 相将分解为成分分别为 C_a 和 C_b 的 $α_1$ 相和 $α_2$ 相。这时，平衡两相混合物的自由能小于固溶体 α 的自由能，即 $G_2 < G_1$。但与形核长大型机理截然不同，分解过程并不需要经过自由能增加的阶段。这是因为此段的成分-自由能关系曲线是向下凹的，表示该曲线函数的二阶导数小于零，即 $\frac{\partial^2 G}{\partial C^2} < 0$。合金中只要存在着成分波动，即使是成分波动相差很小，例如，成分波动范围为 $C_p \sim C_q$ 时，分解过程即可自发地开始，并一直进行到全部分解 $α_1$ 相（成分为 C_a）和 $α_2$ 相（成分为 C_b）为止。自由能从 G_1 就开始降低，经过 G_3…一直降低至 G_2 为止。由此可见，只有在 $\frac{\partial^2 G}{\partial C^2} < 0$ 的范围内的合金才能进行调幅分解，即拐点曲线范围内的合金才能产生调幅分解。

发生调幅分解，除了热力学条件之外，另一个条件是合金中可以进行扩散。通过扩散时溶质原子 A 和 B 分别向 $α_1$ 相和 $α_2$ 相聚集。因此调幅分解是按扩散-偏聚机构进行的一种固态相变。

从上述调幅分解的热力学分析可知，产生调幅分解的合金必须具有如

图7.17所示的均匀固溶体能够分解为两相的状态图，并且这两相具有相同的晶体结构，两相的成分自由能曲线是连续的。满足这种条件的合金，如果成分在拐点曲线的成分范围内，就可能发生调幅分解。

7.6.2 调幅分解过程

按照调幅分解理论，当温度在临界点 K 以上时，合金中已存在成分波动，成分波动的轨迹假设是按正弦曲线变化的，如图 7.19 所示。当温度和合金的成分合适，能落在拐点曲线所包围的部分之内时将发生调幅分解。新相 α_1 和 α_2 的平衡成分应分别等于 C_a 和 C_b。由于固溶体中原来存在的成分波动与 C_a、C_b 有偏差，所以成分波动的幅度 A 将自动调整，即发生所谓的成分调幅。当经过一定时间，如 τ_3 时，成分波动曲线的峰部和谷部将分别碰到 C_a 线和 C_b 线而逐渐变平（图 7.19）。成分波动曲线的波长 λ 可以用来作为新相大小的度量。根据合金成分等条件的不同，波长 λ 在 5～100nm 的范围内波动。波长 λ 与相对调幅分解界线的过冷度有关，调幅分解温度高（即过冷度小）波长 λ 大，调幅分解温度低（即过冷度大）则 λ 小，同时，因原子扩散困难，而使调幅分解速度减慢。

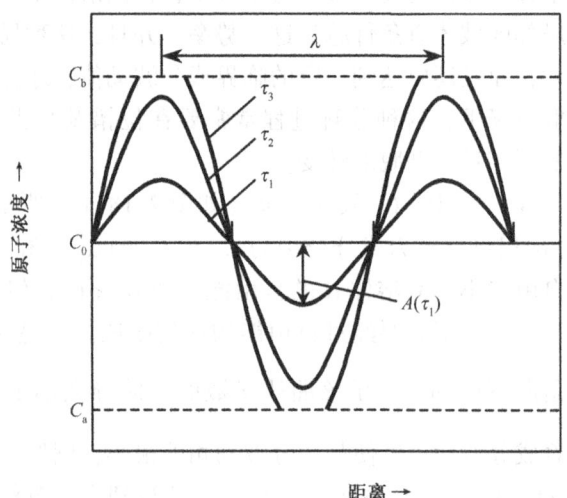

图 7.19 成分调幅示意图

与形核长大型脱溶不同，调幅分解单纯是一个扩散过程，可按扩散方程进行数学处理，而且所得结果较为可信。调幅分解过程中的扩散是上坡扩散，而脱溶转变中的扩散是下坡扩散。调幅分解过程中的上坡扩散之所以能够进行，是因为组元的扩散偏聚能降低系统的自由能之故。

7.6.3 调幅分解的结构、组织和性能

脱溶转变时，随着脱溶过程的进行，共格联系将逐渐消失，至析出平衡相时共格联系完全丧失。而在调幅分解过程中，新相和母相总是保持着完全共格关系。因为新相和母相仅在化学成分上有差异，而晶体结构却是相同的，故分解时产生的应力和应变较小，共格关系不易被破坏。

图 7.20 所示的是在平面上发生的成分调幅，实际调幅分解是在空间内发生的，需要采用空间直角系坐标制成立体图。可以这样设想：在这种立体图中，是以某一平面代表合金的原始成分，以许多"山峰"代表溶质原子富区空间，以若干"山谷"代表溶质原子贫区空间。因为显微组织所反映的是在某一方向上的截面，所以调幅分解后所得的显微组织应为上述"山峰"和"山谷"在某一方向上的截面（图 7.20）。大多数调幅组织常具有定向排列的特征，这是由于实际晶体的弹性模量总是各向异性的，因此，调幅分解所形成的新相将择优长大，即选择弹性变形抗力较小的晶向优先长大。调幅分解组织的方向性容易受应力场和磁场的影响，利用这一点可以调整调幅分解组织的结构，这是调幅分解组织的重要特征之一。

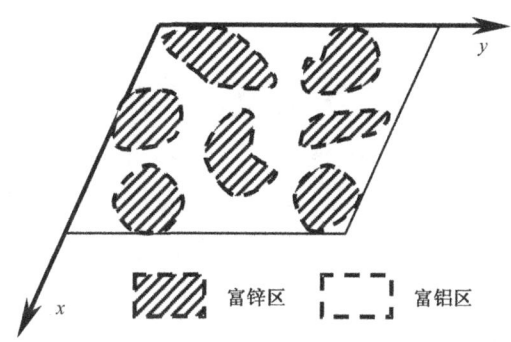

图 7.20 Al-Zn 系合金的调幅组织（示意图）

调幅分解现象首先是在 Ni 基、Al 基、Cu 基等有色金属中发现的，近年来在 Fe 基合金中（如 Fe-Cr、Fe-Mo、Fe-Al、Fe-Co-Cr 以及马氏体时效钢等）也相继发现调幅分解。

需要指出的是，调幅组织不但在调幅分解中形成，而且在有序-无序转变中也可以形成。

在一般情况下，调幅分解后所得的调幅组织的弥散度是非常大的，特别是在形成初期这种组织的分布很均匀，因而这种组织具有较高的屈服强度。

调幅组织现在已在某些硬磁合金（永磁合金）中获得应用。如阿尔尼科合金（Alnico alloy）是一种应用较为广泛的硬磁合金，通过调幅分解后可在其中形

成富铁、钴区和富镍、铝区，具有单磁畴效应。这种合金在磁场中进行调幅分解处理，可获得具有方向性的调幅组织，从而可以进一步提高硬磁性能。

调幅分解对合金的强韧化以及对合金的物理性能、化学性能都有显著的影响，因此，对调幅分解新材料的研究具有重要的实际意义。

参 考 文 献

1 徐祖耀. 相变原理. 北京：科学出版社，1999
2 曹明盛. 物理冶金基础. 北京：冶金工业出版社，1988
3 冯端. 金属物理学（第二卷 相变）. 北京：科学出版社，1998
4 徐祖耀，李麟. 材料热力学（第二版）. 北京：科学出版社，2000
5 戚正风. 金属热处理原理. 北京：机械工业出版社，1987
6 胡光立，谢希文. 钢的热处理. 西安：西北工业大学出版社，1993
7 金子秀夫. 金属热处理原论. 东京：丸善株式会社，1967
8 西山善次. マルテンサイト变态. 东京：丸善株式会社，1971
9 赵连城. 金属热处理原理. 哈尔滨：哈尔滨工业大学出版社，1987
10 刘云旭. 金属热处理原理. 北京：机械工业出版社，1981
11 D. A. 波特，K. E. 伊斯特林. 金属和合金中的相变. 北京：冶金工业出版社，1988
12 石田洋一. 结晶粒界の构造と粒界の移动特性. 铁と钢. 1984（70）：1819
13 刘春旸. 钢铁热处理. 北京：冶金工业出版社，1982
14 林慧国，傅代直. 钢的奥氏体转变曲线——原理、测试与应用. 北京：机械工业出版社，1988
15 康大韬，郭成熊. 工程用钢的组织转变与性能图册. 北京：机械工业出版社，1992
16 张世中. 钢的过冷奥氏体转变曲线图集. 北京：冶金工业出版社，1993
17 清水信善，田村今男. CCT曲线と冷却过程. 热处理. 1977（17）：275
18 田村今男. 钢の变态线图と潜伏期. 金属. 1977（47）：46
19 上海材料研究所，上海工具厂. 工具钢金相图谱. 北京：机械工业出版社，1979
20 钢铁热处理编写组，钢铁热处理——原理及应用. 上海：上海科学技术出版社，1979
21 徐祖耀. 马氏体相变与马氏体. 北京：科学出版社，1999
22 邓永瑞. 马氏体转变理论. 北京：科学出版社，1993
23 C. Hayzelden, B. Cantor, The Martensite Transformation in Fe-Ni-C Alloys. Acta metall., 1986 (34): 233
24 姚忠凯等. 钢的组织转变（译文集）. 北京：机械工业出版社，1980
25 田容璋. 金属热处理. 北京：冶金工业出版社，1985
26 牧正志，津崎兼彰，田村今男. ラスマルテンサイトの组织构成. 铁と钢. 1979（65）：515
27 雷廷权，赵连城等. 钢的组织转变（译文集续集）. 北京：机械工业出版社，1985
28 牧正志，田村今男. ラスマルテンサイトの形态と内部微视组织. 铁と钢. 1981（67）：852
29 梅本 实，田村今男. 铁合金マルテンサイトの诸形态. 水曜会志. 1980（19）：281
30 俞德刚，王世道. 贝氏体相变理论. 上海：上海交通大学出版社，1998
31 徐祖耀，刘世楷. 贝氏体相变与贝氏体. 北京：科学出版社，1991
32 方鸿生. 贝氏体相变. 北京：科学出版社，1999
33 《金相图谱》编写组. 金相图谱. 北京：电力工业出版社，1980
34 李炯辉，施友良，高汉文. 钢铁材料金相图谱. 上海：上海科学技术出版社，1981
35 T Ko（柯俊），S A Cottrell. JISI. 1952（172）：307
36 A Guinier. Un Noveau Type de Diagrams de Rayons x, Compt. Rend. 1938（206）：1641
37 G D Preston. The Diffraction of Age-Hardened Aluminium-Copper Alloys. Proc. Roy. Soc, 1938（A）：526
38 E Orowan. Symposium on Internal Stresses in Metals and Alloys. Institute of Metals. London：1948, 451